新时代智库出版的领跑者

国家智库报告 2023（39）
National Think Tank
社会·政法

政府数字服务能力指数报告（2023版）

胡广伟 等著

REPORT OF GOVERNMENT D-SERVICES CAPABILITY INDEX 2023

中国社会科学出版社

图书在版编目(CIP)数据

政府数字服务能力指数报告：2023 版 / 胡广伟等著 . —北京：中国社会科学出版社，2023.12

（国家智库报告）

ISBN 978 – 7 – 5227 – 2885 – 8

Ⅰ.①政⋯ Ⅱ.①胡⋯ Ⅲ.①电子政务—研究报告—中国—2023 Ⅳ.①D63 – 39

中国国家版本馆 CIP 数据核字（2023）第 237159 号

出 版 人	赵剑英
责任编辑	郭曼曼
责任校对	冯英爽
责任印制	李寡寡

出　　版	中国社会科学出版社
社　　址	北京鼓楼西大街甲 158 号
邮　　编	100720
网　　址	http://www.csspw.cn
发 行 部	010 – 84083685
门 市 部	010 – 84029450
经　　销	新华书店及其他书店
印刷装订	北京君升印刷有限公司
版　　次	2023 年 12 月第 1 版
印　　次	2023 年 12 月第 1 次印刷
开　　本	787×1092　1/16
印　　张	19.75
插　　页	2
字　　数	256 千字
定　　价	98.00 元

凡购买中国社会科学出版社图书，如有质量问题请与本社营销中心联系调换
电话：010 – 84083683
版权所有　侵权必究

编 委 会

主　　　任　　胡广伟

专 家 顾 问　　孟庆国　王　芳　樊　博　黄　璜
　　　　　　　马　亮　郑　磊

委　　　员　　滕　婕　刘　莉　李　硕　王子绵
　　　　　　　李　琳　印　玥

参 撰 成 员　　胡广伟　刘　莉　李　硕　王子绵
　　　　　　　李　琳　印　玥　黎旭文　王坤宁
　　　　　　　孔令圆

数据采集人员　刘　莉　李　硕　詹蕴韬　姚文斌
　　　　　　　王轶萌　俞露露　张洪艳　文雪仪
　　　　　　　刘　清　石益铭　辛俊莹　黎旭文
　　　　　　　李　琳　孔令圆　王坤宁　王子绵
　　　　　　　印　玥

前　言

近年来，在新一代信息技术的推动下，全国各地积极推进数字政府建设，政务服务的数字化和智能化水平得到进一步提升，数字化治理模式的运用和政府治理的数字化转型已经成为中国政府治理改革的重要目标之一。与此同时，智能化技术的普及和运用提高了政民互动、政企互动的频率，政府通过多渠道服务平台向作为终端用户的公民提供数字服务，社会和公众对政务服务的需求多元化和个性化趋势凸显，使得数字政府建设在满足社会多主体需求的同时，也推动政务服务质量不断迈向新台阶。

"十三五"规划实施以来，党中央和国务院高度重视数字政府建设，2016年《政府工作报告》正式提出"互联网＋政务服务"，实现部门间数据共享。2016年9月，国务院发布《关于加快推进"互联网＋政务服务"工作的指导意见》，2017年1月，国务院办公厅发布《"互联网＋政务服务"技术体系建设指南的通知》。2018年6月国务院办公厅发布的《进一步深化"互联网＋政务服务"推进政务服务"一网、一门、一次"改革实施方案》深入论述了线上和线下如何推进一网通办、最多跑一次、只进一扇门等改革；同年7月国务院发布的《关于加快推进全国一体化在线政务服务平台建设的指导意见》提出，要推进全国一体化在线政务服务平台建设。2019年10月，党的十九届四中全会提出建设数字政府、构建全国一体化政务服务平台等重点任务，为加快建设人民满意的服务型政府指明方向、提供根本遵循。国务院办公厅2020年9月发布的《关于加快推进政务服务"跨省通办"的指导意见》、2021年1月发布的《关于进一步优化地方政务服务便民热线的指导意见》和2021年11月发布的《全国一体化政务服务平台移动端建设指南》，则进一步从具体层面优化和完善解决政务服务问题的渠道。2022年3月，国务院发布的《关于加快推进政务服务标准化规范化便利化的指导意见》，指出了政务服务标准不统一、线上线下服务不协同、数据共享不充分、区域和城乡政务服务发展不平衡等问题。2022年6月，国务院发布的《关于加强数字政府建设的指导意见》指出"加强数字政府建设是适应新一轮科技革命和产业变革趋势、引领驱动数字经济发展和数字社会建设、营造良好数字生态、加快数字化发展的必然要求"。这些政策措施的出台，体现出政府数字服务的重要性和必要性，"最多跑一次""一网通办""一网统管""跨省通办"等创新实践也随之不断涌现。

当前，中国已经开启全面建设社会主义现代化国家的新征程，推进国家治理体系和治理能力现代化、适应人民日益增长的美好生活需要，对政府数字服务能力提出了新的更高要求。南京大学政务数据资源研究所、南京大学国家双创基地及南京大学信息管理学院，自2017年以来，连续七年围绕社会和公众对政府数字服务的"用户体验"，基于以用户为中心、多渠道多维度、指标应细化、数据易得可得、定性定量结合的思路进行测评指标的构建，按照科学客观、导向清晰的原则对政府数字服务能力开展评估，发布《政府数字服务能力指数报告》（以下简称"报告"）。项目团队以中国（港、澳、台除外）省级、地级市的政务网站、政务微信、政务微博、政务App和政务短视频五种服务渠道为切入点，通过全样本测评获得分析数据，采取定量和定性相结合的方法分析中国省、市政府数字服务能力的水平，并总结得到政府数字服务能力建设的最佳实践。首先，项目团队从三个层面（省、直辖市、地级市），结合五种渠道测算出省、市政府数字服务能力五个单项指数（政务网站、政务微博、政务微信、政务App和政务短视频）和三个复合指数（综合指数、"双微"指数和新媒体指数），并对政务服务渠道、政务服务能力的时间演化及政务服务能力的区域分布等进行深入分析。其次，针对测评过程和测评结果，项目团队总结当前政府数字服务中存在的问题，并对未来的发展提供参考建议，以期提升政府数字服务能力，推动政府数字服务全方面发展。

综合来看，中国各级政府数字服务在服务渠道、应用场景和使用体验方面有如下特征：第一，政府数字服务渠道功能日趋分化，形成以事项服务提供为主的网站、App、微信政务服务渠道和以信息宣传服务为主的微博、短视频政务服务渠道。第二，政务服务格局发生改变，中国政务服务平台逐渐从原来以政府网站为主过渡到政务新媒体作为主要政务服务平台的发展阶段。第三，政府数字服务更加集约丰富，逐步汇聚集成套餐式服务、"一网通办"和"跨省通办"等多层次应用场景。第四，政府数字服务更加个性化和精准化，用户专属服务空间、适老化改造、智能服务和服务评价反馈成效显著。总体而言，中国各级政府数字服务呈现出"两化两难""三强三弱"的特点，即"信息发布丰富化和事项服务集约化，数据共享难和业务协同难"；"信息发布强、办事服务强、传播推广强，地方特色弱、创新服务弱、亲民互动弱"。

项目团队希望通过理论与实践的结合，建立一套科学、客观、量化及导向清晰的电子政务服务能力指数体系，从用户体验的视角报告各级政府的数字服务能力发展水平，以评促建，以评促用，树立标杆，引导发展，从而助推中国政府数字化转型稳定、持续地进行。

项目团队对参与、支持测评工作的专家与各级政府部门表示由衷的感谢！我们将不懈努力，不断完善测评体系与测评工作流程，为学界、实务界提供一份科学的报告，为国家数字化发展贡献力量！

南京大学政务数据资源研究所
南京大学国家双创基地
南京大学信息管理学院
二〇二三年二月

摘要：随着数字时代的来临，数字技术已经成为推动经济社会发展、提升治理现代化水平的重要手段和工具，以数字化、智能化、网络化为核心的信息技术加快了"互联网+政务服务"的创新进程，政务服务数字化转型创新成为中国政务服务未来发展的新方向。政府通过多渠道服务平台向公众发布政务信息、提供公共服务、实现政民互动，有助于提升政务服务效能，提高群众对政府工作的满意度。为了满足公众对各政务渠道所提供服务的温度、深度与精准度的新期待，检验和提升各级政府的数字服务能力发展水平，进而建立一套科学、客观、量化及导向清晰的政府电子服务能力指数体系，达到"以评促建、以评促用、树立标杆，引导数字政务可持续化发展"目的。项目团队以政务网站、政务微博、政务微信、政务App、政务短视频五个服务渠道为切入点，构建了政府数字服务能力指数体系。

在测评指标体系的基础上，项目团队通过全样本测评、定量与定性相结合的方式展示了中国（港、澳、台除外）省级、直辖市和地级市数字服务能力的水平，应用综合指数、"双微"指数、新媒体指数等复合数据反映了我国政府数字服务渠道的整合情况。进而，总结获得了数字政务服务能力建设的最佳实践与案例：重庆市人民政府——服务完备的政务网站、上海发布——发展成熟的政务微博、上海发布——全方位服务的政务微信、随申办市民云——使用便捷的政务App、重庆发布——彰显特色的政务短视频等，并分别进行细致介绍和深入剖析。

各项指数表明，中国政府数字服务在服务渠道、应用场景和使用体验方面有如下特征：（1）政府数字服务渠道功能日趋分化；（2）政务服务格局发生改变；（3）政府数字服务更加集约丰富；（4）政府数字服务更加个性化和精准化。但各渠道政府数字服务还存在省市政府协同能力不足、智能化服务发展不足、创新性和地方特色不足等问题，从技术、人员、数据、制度等方面进行优化的机遇与挑战并存。

本报告仅从能力管理与用户体验的视角测评了政府数字服务水平，数据和结论难免偏颇，供各界参考。

关键词：政务服务；数字服务；数字化转型；服务能力；能力指数

Abstract: With the advent of the digital era, digital technology has become an important means and tool to promote economic and social development and improve the level of governance modernization. Information technology with digitalization, intelligence and networking as the core has accelerated the innovation process of "Internet + government services", and the digital transformation and innovation of government services has become a new direction for the future development of China's government services. The government releases government information to the public, provides public services, and realizes the interaction between the government and the people through the multi-channel service platform, which helps to improve the efficiency of government services and improve the people's satisfaction with government work. In order to meet the public's new expectations for the temperature, depth and accuracy of services provided by various government channels, test and improve the development level of digital service capabilities of governments at all levels, and then establish a scientific, objective, quantitative and clearly oriented government electronic service capability index system, to achieve the goal of "promoting construction by evaluation, promoting use by evaluation, setting a benchmark, and guiding the sustainable development of digital government". The project team has built a government digital service capability index system based on five service channels: government website, government microblog, government WeChat, government App, and government short video.

On the basis of the evaluation index system, the project team demonstrated the level of digital service capability of provincial, municipal and prefecture level cities in Chinese Mainland (excluding Hong Kong, Macao and Taiwan) through full sample evaluation, quantitative and qualitative methods, and used composite data such as comprehensive index, "micro and micro" index, and new media index to reflect the integration of government digital service channels in China. Furthermore, the best practices and cases of the construction of digital government service capacity were summarized and obtained: Chongqing Municipal People's Government—a fully serviced government website, Shanghai Publishing—a mature government microblog, Shanghai Publishing—a comprehensive service of government WeChat, the citizen cloud with the bid—a convenient government App, Chongqing Publishing—a featured government short video, etc., and detailed introduction and in-depth analysis were made respectively.

Various index data show that Chinese government digital services have the following characteristics in service channels, application scenarios and use experience: (1) The functions of government digital service channels are increasingly differentiated; (2) The pattern of government services has changed; (3) Government digital services are more intensive and rich; (4) Government digital services are more personalized and precise. However, there are still some problems in government digital services of various channels, such as the lack of coordination capacity of provincial and municipal governments, the lack of development of intelligent services, and the lack of innovation and local characteristics. In the future, improvements should be made in technology, personnel, data, systems and other aspects.

This report only evaluates the level of government digital services from the perspective of capability management and user experience. The data and conclusions are inevitably biased and are only for reference by all sectors.

Keywords: Government Service; Digital Services; Digital Transformation; Service Capability; Capability Index

目 录

第一章 指数体系与数据采集 ……………………………（1）
  一 指数的研制 ……………………………………………（1）
  二 指数编制原则 …………………………………………（2）
  三 数据采集流程 …………………………………………（3）
  四 数据采集实施 …………………………………………（4）

第二章 省市政府数字服务能力指数 ………………………（6）
  一 省市政府数字服务能力指数构成 ……………………（6）
  二 省市政务网站服务能力指数 …………………………（7）
  三 省市政务微博服务能力指数 …………………………（11）
  四 省市政务微信服务能力指数 …………………………（16）
  五 省市政务 App 服务能力指数 …………………………（20）
  六 省市政务短视频服务能力指数 ………………………（25）

第三章 政府数字服务能力指数分析 ………………………（31）
  一 省市政务网站服务能力指数分析 ……………………（31）
  二 省市政务微博服务能力指数分析 ……………………（34）
  三 省市政务微信服务能力指数分析 ……………………（38）
  四 省市政务 App 服务能力指数分析 ……………………（42）
  五 省市政务短视频服务能力指数分析 …………………（46）

第四章　省市政府数字服务能力综合指数 …………… (52)
　　一　省市政府数字服务能力综合指数 ……………… (52)
　　二　省市政府数字服务能力"双微"指数 …………… (58)
　　三　省市政府数字服务能力"新媒体"指数 ………… (63)

第五章　省市政府数字服务最佳实践 ………………… (69)
　　一　政府数字服务最佳实践甄选 …………………… (69)
　　二　省市政务网站最佳实践 ………………………… (70)
　　三　省市政务微博最佳实践 ………………………… (90)
　　四　省市政务微信最佳实践 ………………………… (104)
　　五　省市政务 App 最佳实践 ………………………… (123)
　　六　省市政务短视频最佳实践 ……………………… (147)
　　七　"跨省通办"专区最佳实践 ……………………… (160)

第六章　政府数字服务综合能力空间分布 …………… (180)
　　一　中国数字服务综合能力总体情况 ……………… (180)
　　二　中国数字服务综合能力区域分析 ……………… (183)

第七章　省市政府数字服务发展问题和建议 ………… (198)
　　一　省市政府数字服务发展的不足和建议概述 …… (198)
　　二　省市政务网站服务发展的不足与建议 ………… (202)
　　三　省市政务微博服务发展问题和建议 …………… (207)
　　四　省市政务微信服务发展不足和建议 …………… (210)
　　五　省市政务 App 服务发展的不足与建议 ………… (215)
　　六　省市政务短视频服务发展的不足与建议 ……… (219)

第八章　同类报告的比较及分析 ………………………… (225)
　　一　比较对象 ………………………………………… (225)
　　二　指标体系构建的比较 …………………………… (227)

  三 数据采集的比较 ……………………………………………（228）
  四 各省市服务能力评价结果的比较 …………………（230）

第九章 问题与反馈 ……………………………………………（232）
  一 测评过程说明 ……………………………………………（232）
  二 特殊情况处理 ……………………………………………（233）
  三 局限与不足 ………………………………………………（234）
  四 版权说明 …………………………………………………（235）
  五 交流反馈 …………………………………………………（235）
  六 改进设想 …………………………………………………（235）

附录1 政府电子服务能力测评指标 ………………………（239）

附录2 政府电子服务能力测评标准 ………………………（242）

附录3 省市政府电子服务能力测评样本来源 ……………（253）

第一章　指数体系与数据采集

一　指数的研制

在信息技术高速发展的背景下，政务服务聚焦于数字化转型，决策科学化、民主化，办事个性化、人性化。同时，社会和公众对政府数字服务的需求不断增加，如何更好地服务企业和公众，满足其对数字服务的多样化需求，提升中国各级政府数字服务水平，已成为现阶段治理能力现代化的重要内容。

2015年7月，国务院发布《关于积极推进"互联网+"行动的指导意见》，强调"互联网+政务"对加快转变政府职能的积极作用，提出要实现互联网与政府公共服务体系的深度融合，促进公共服务创新供给和服务资源整合，构建面向公众的一体化在线公共服务体系。2016年9月，时任国务院总理李克强主持召开国务院常务会议，部署加快推进"互联网+政务服务"工作，以深化政府自身改革更大程度利企便民。2017年10月，党的十九大报告指出要不断推进国家治理体系和治理能力现代化，加强互联网内容建设，建立网络综合治理体系。2018年4月，在国家发展和改革委员会、国家互联网信息办公室等多个部门支持下的第一届数字中国建设峰会顺利召开，会上发布了30个全国电子政务最佳案例。2019年10月，党的十九届四中全会对坚持和完善中国特色社会主义制度、推进国家治理体系和治理能力现代化作出重大战略部署，指出要创新行政管理和服务方式，加快推进全国一体化政务服务平台建设。国务院办公厅2020年发布的《关于加快推进政务服务"跨省通办"的指导意见》和2021年发布的《国务院办公厅关于进一步优化地方政务服务便民热线的指导意见》《关于印发全国一体化政务服务平台移动端建设指南的通知》，则进一步从具体层面优化和完善解决政务服务问题的渠道。2022年国务院发布的《关于加快推进政务服务标准化规范化便利化的指导意见》，指出了政务服务标准不统一、线上线下服务不协同、数据共享不充分、区域和城乡政务服务发展不平衡等问题。为响应国家号召，客观反映中国政府数字服务发展现状，寻找推进政务服务数字化转型创新的优化路径，提升中国政府数字服务能力水平，南京大学政务数据资源研究所在国家双创示范基地的支持下，开展了2023年中国电子政务服务能力测评工作。

本次调查评估以"用户体验"为出发点，构建政府数字服务能力指数体系，以客观公正、可量化、可重复为原则，分成多个小组对中国（港、澳、台除外）27个省级政府、4个直辖市、333个地级市政府的门户网站、政务微博（以新浪微博为主）、政务微信、政务App（Android和iOS系统）、政务短视频（抖音、快手）五种渠道进行了全方位的交叉测评和复查，主次分明、凸显特色，旨在推动中国政务服务数字化转型创新，提升政府数字服务能力和公民满意度，促进中国政府数字服务健康有序发展。

二 指数编制原则

本次测评指数基于以用户为中心、多渠道多维度、指标应细化、数据易得可得、定性定量结合的思路进行构建。本次测评以用户为导向，关注用户需求，注重用户体验，模拟用户调研；多渠道多维度，政务网站、政务微信、政务微博、政务App、政务短视频五种渠道，信息服务能力（ISC）、事务服务能力（TSC）、参与服务能力（PSC）、服务传递能力（SDC）、服务创新能力（SIC）五种能力；指标应细化，避免"一刀切"，采用阶梯打分，考核更加完善、详细；数据易得可得，采用浏览、使用、下载、体验等方法可得；定性定量结合，指标测量分为有无型、区间型等。

本次测评指数按照科学、客观、量化、导向清晰的原则进行编制。

第一，科学性原则。调查小组以构建科学合理且适用于综合评价的指标体系为目标。

第二，客观性原则，调查小组基于文献调研，从第三方视角调查民众、企业的需求，同时咨询专家的意见，选取能够客观反映各地区政府数字服务能力水平的评价指标。

第三，量化性原则，调查小组构建各评价指标时充分考虑进行定量处理的可行性，并对所有指标进行量化处理，避免模糊处理和其他因素的干扰。

第四，导向性原则，调查小组希望实现以评促建、以评促用、树立标杆，引导政府数字服务的可持续化发展。

三 数据采集流程

本期测评工作自 2022 年 9 月开始筹备，10 月进行团队组建与工具方法的准备，10 月、11 月完成政府数字服务能力指数指标和数据采集标准的预测评、正式测评、补测评等工作，12 月进行数据的整理与分析工作，2023 年 1 月—2023 年 2 月完成研究报告。主要工作思路如图 1-1 所示。

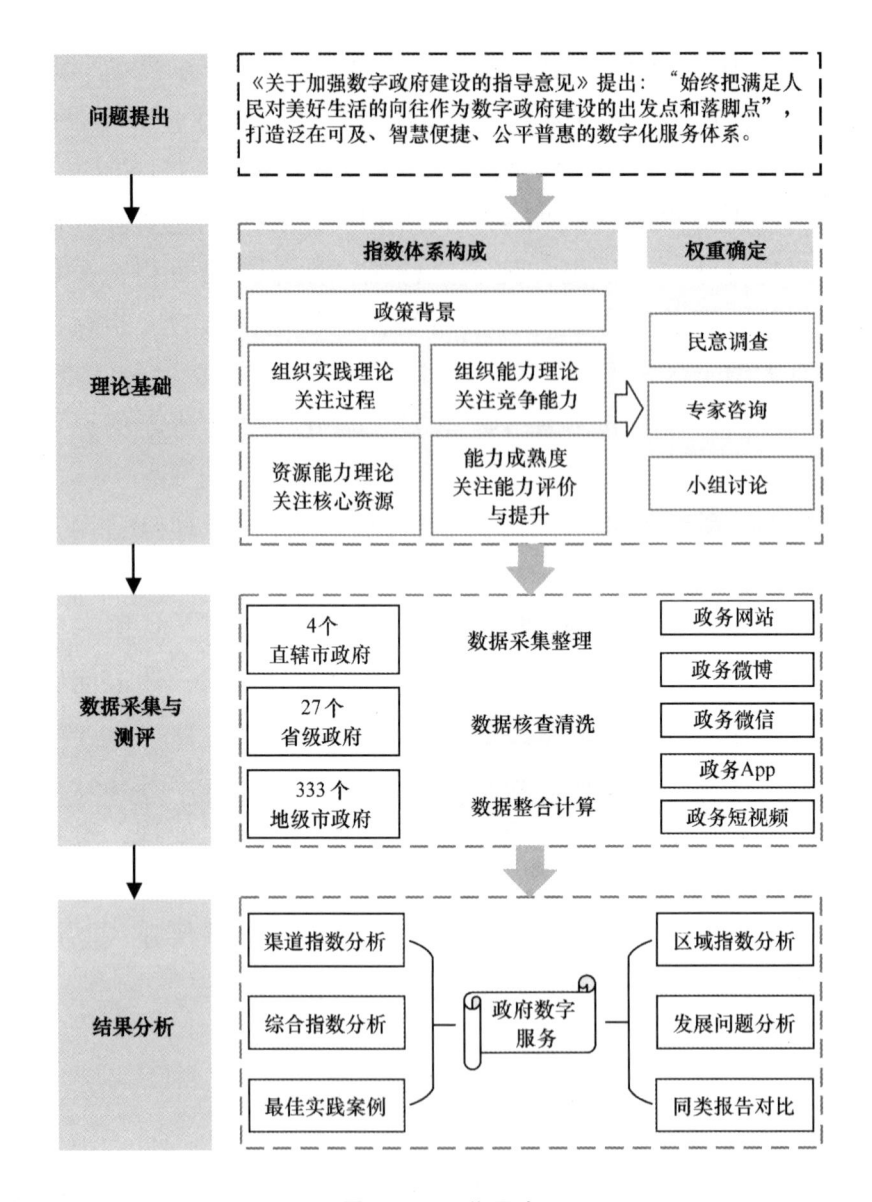

图 1-1 工作思路

四 数据采集实施

数据采集时间：2022 年 10 月 19 日至 2022 年 11 月 24 日。

采集对象：中国的 4 个直辖市、27 个省（自治区）、333 个地级城市（包括副省级市和计划单列市）的政府官方网站、政务微信、政务微博、政务 App、政务短视频（抖音、快手），实现省、直辖市、地级市的全样本测评。①

本次测评中，"两微一端"的定义如下：有主体标识的，且经过认证的微博、微信订阅号或服务号。其中，凡是认证主体不是人民政府的，不予测评，这可能包括仅以党委、党委宣传部、信息中心等为主体标识的；没有主体标识的，比如由相关部门或者第三方单位开发、运营的微信订阅号与服务号、政务服务客户端，如其提供的信息、政务服务是与政府紧密相关的，能够清楚体现出政府职能的，予以测评。

测评指标见附录 1，测评标准见附录 2，测评样本见附录 3。

---

① 省市部分测评对象共有 364 个行政区划单位（未包括港澳台），其中省级行政区 31 个，包括 22 个省、5 个自治区、4 个直辖市；地级行政区划单位 333 个，包括 293 个地级市、7 个地区、30 个自治州、3 个盟。

第二章 省市政府数字服务能力指数

一 省市政府数字服务能力指数构成

政府数字服务能力指数是通过对政府各服务渠道的测评，计算得到的用以反映政府数字服务能力的指标，包括政务网站、政务微博、政务微信、政务 App 和政务短视频服务能力指数。目前，政务网站、政务微博、政务微信及政务 App 是主要的服务渠道。为获得指数，工作团队主要从信息服务能力、事务服务能力、参与服务能力、服务传递能力、服务创新能力等方面对省（直辖市）、地级市政府政务网站、政务微博、政务微信、政务 App 及政务短视频（抖音、快手）进行测评。

省份政府数字服务能力指数，是综合考虑省级政府数字服务能力指数与所辖各地级市政府数字服务能力指数的结果，用以更加全面、客观地反映各省份数字服务能力的高低。主要考虑每个省份的政府数字服务能力高低不仅取决于其省级的服务渠道的建设情况，同时也体现所辖地级市政府数字服务渠道的建设情况。该省份所辖地级市的数字服务能力越高，企业和公众体验到的政府数字服务能力也相应越好。

省份政府数字服务能力指数，由省级及所辖各市电子服务能力综合指数平均得到，计算公式如下：

$$EGSAI_{pi} = \frac{1}{n+1}(EGSAI_p + \sum_{i=1}^{n} EGSAI_C)$$

其中，$EGSAI_p$ 为省级政府电子服务能力指数，$EGSAI_c$ 为省辖地级市政府电子服务综合能力指数，n 为省辖市个数。

二 省市政务网站服务能力指数

(一) 直辖市政务网站服务能力指数

与 2022 年直辖市政务网站服务能力指数相比，重庆市的指数值显著提升。总体来看，重庆市各项指标得分较为突出，北京市服务创新能力表现良好，天津市服务传递能力更为突出，上海市信息服务能力与事务服务能力表现优秀。

(二) 省级政务网站服务能力指数

与 2022 年省级政务网站服务能力指数相比，2023 年指数变化较大。陕西省、辽宁省、甘肃省、贵州省、广西壮族自治区政务网站水平大幅提升，四川省政务网站水平仍保持前列。

根据省级政务网站服务能力指数得分，将政务网站服务能力指数划分为高（>80）、较高（60—80）、中（40—60）和低（0—40）4 个区间；从省级政务网站服务能力的区间分布来看，四川省、贵州省和陕西省等 14 个省（自治区）的政务网站服务

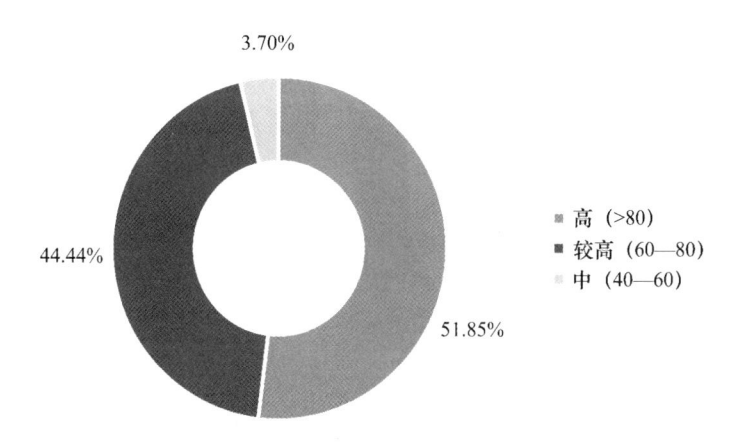

图 2-1 省级政务网站服务能力指数区间分布

能力处于高水平，占比为51.85%，指数均值为84.88；内蒙古自治区、海南省和甘肃省等12个省（自治区）的政务网站服务能力处于较高水平，占比为44.44%，指数均值为76.99。

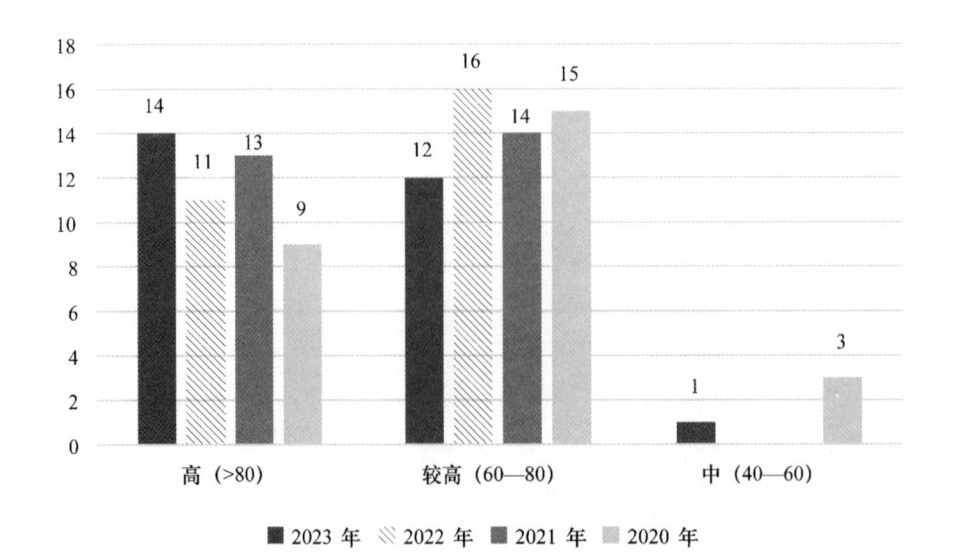

通过图2-2省级政务网站服务能力指数区间分布4年对比可以看出，2020年以来，网站整体的服务能力呈现明显的提升，在服务能力大于80的区间内，从9增长至14；在服务能力介于60—80区间内的省级数量有所减少，由15下降到12。与2022年省级政务网站服务能力指数相比，陕西省各项指标表现突出，涨幅达16.43分。事务服务能力指数和参与服务能力指数均有所提升，其中参与服务能力进步非常大，信息服务能力、服务创新能力和服务传递能力有所下降，但在合理的范围内。而与2021年政务网站服务能力指数相比，省级政务网站服务能力指数、参与服务能力指数和事务服务能力指数均有所上升。在省级政务网站服务能力指数区间分布方面，近两年政务网站服务能力指数处于高水平的省份数量有所增加，保持稳定进步的趋势。

图2-2 省级政务网站服务能力指数区间分布4年对比

(三) 地级市政务网站服务能力指数

从省域内地级市之间政务网站服务能力指数差异来看，江西省、福建省和山东省等省（自治区）内地级市之间政务网站服务能力指数相对均衡，标准差分别为 2.1、2.74 和 2.81。总体来看，省域内地级市之间政务网站服务能力指数虽有差异，但差异值较为合理，与 2022 年省域内地级市之间政务网站服务能力指数差异表相比，2023 年差异值总体有明显降低，这说明各个省域内地级市之间政务网站服务能力指数的差距在逐渐缩小，呈现出整体均衡发展趋势。

根据地级市级政务网站服务能力指数排名和得分，可将政务网站服务能力指数划分为高（>80）、较高（60—80）、中（40—60）和低（0—40）4 个区间；由图 2 - 3 地级市政务网站服务能力指数地域分布来看，吉林省、青海省和西藏自治区没有政务网站服务能力处于高水平的地级市；广东省入选高水平地级市的数量最多，全省有 20 个地级市的政务网站服务能力处于高水平（见图 2 - 3）。

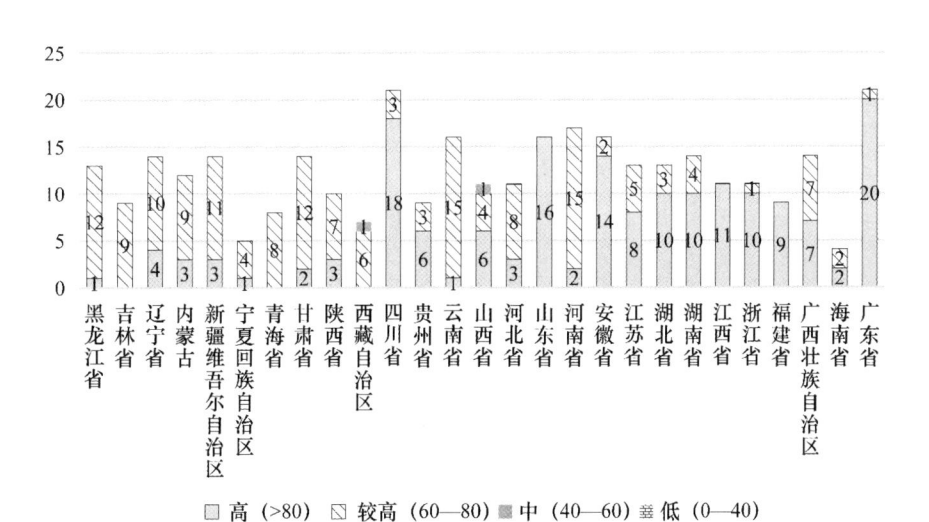

图 2 - 3　地级市政务网站服务能力指数地域分布

根据图 2-4 地级市政务网站服务能力指数区间分布来看，贵州省贵阳市、浙江省杭州市和四川省德阳市等 170 个地级市政务网站服务能力处于高水平，指数均值为 84.47，占比为 51.05%；广东省潮州市、河北省沧州市和广西壮族自治区柳州市等 161 个地级市政务网站服务能力处于较高水平，指数均值为 74.39，占比为 48.35%。

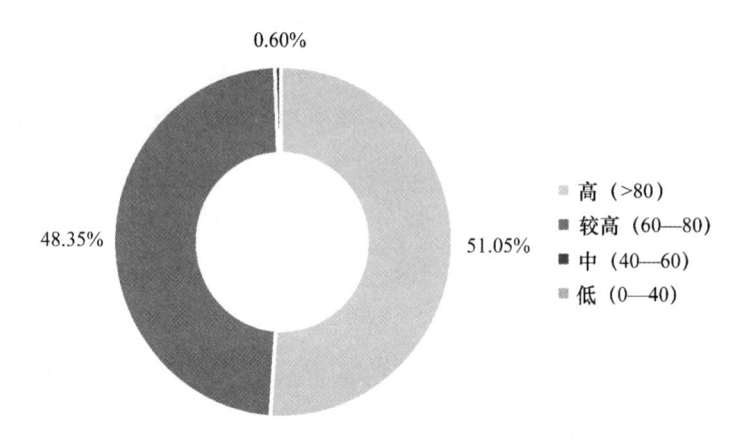

图 2-4 地级市政务网站服务能力指数区间分布

通过图 2-5 地级市政务网站服务能力指数区间分布 4 年对比来看，整体服务能力指数处于显著提升状态。在服务能力指数大于 80 的区间内，地级市级政务网站从 2020 年的 112 上升至 2023 年的 170；在服务能力指数小于 40 的区间内，地级市级政务网站从 2020 年的 6 下降至 2023 年的 0。2023 年政务网站服务能力处于高水平的地级市数量有所上升，处于低水平的地级市数量为 0。整体来看，地级市政务网站服务能力指数有了较大的提高，低水平逐步向中水平、较高水平和高水平过渡，地级市政府政务网站的服务能力在不断提升。

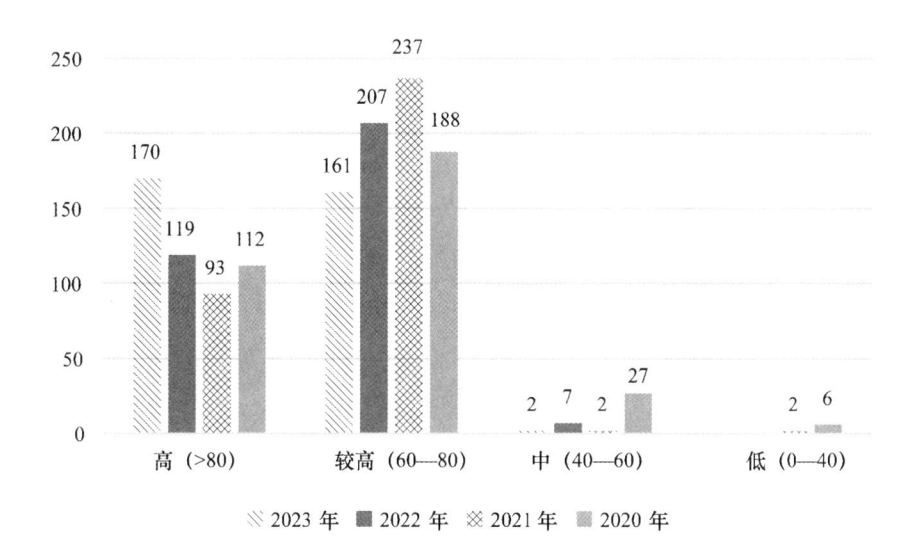

图 2-5 地级市政务网站服务能力指数区间分布 4 年对比

（四）省份政务网站服务能力指数

在省份政务网站服务能力指数中，浙江省、福建省、广东省、山东省和四川省表现优秀，同时这些省份的省级和地级市的政务网站服务能力指数也同样取得骄人成绩，省内地级市政务网站服务建设发展都较为均衡，西部地区还有较大的发展空间。另外，除直辖市以外，全国的政务网站能力指数均值为 78.77，有 12 个省份的政务网站服务能力指数高于平均水平。

三 省市政务微博服务能力指数

（一）直辖市政务微博服务能力指数

四个直辖市中，重庆市政务微博（重庆发布）和上海市政务微博（上海发布）在信息服务能力上表现较好，北京市政务微博（北京发布）和上海市政务微博（上海发布）在服务传递能力上表现亮眼。在服务创新能力上，"重庆发布"和"上海发布"表现出色。综合来看，"上海发布"的信息服务能力更全面、更吸引用户。

（二）省级政务微博服务能力指数

在省级政务微博服务能力指数中，四川省、云南省这两个省份的政务微博在信息服务能力上表现优异，所发布微博的实用性、权威性和时效性较好。除了这两个省级政务微博外，湖北省和新疆维吾尔自治区的政务微博在服务创新能力方面表现同样出色。

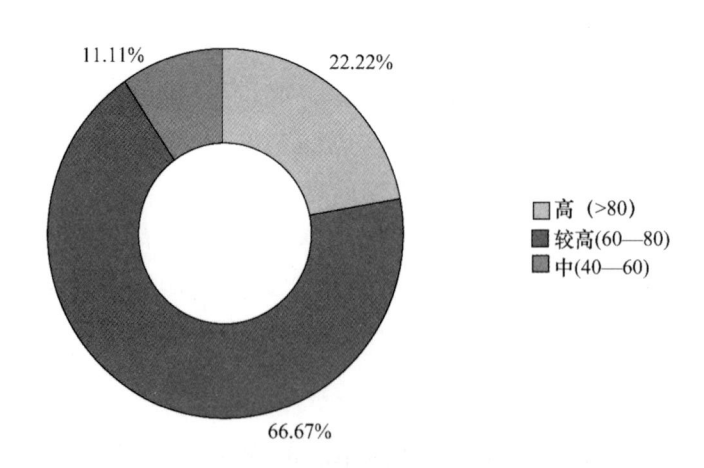

从省级政务微博服务能力指数区间分布来看，云南省、四川省等6个省份的微博服务能力属于高水平，占比22.22%，指数均值为86.46；甘肃省、黑龙江省、河北省等18个省份的微博服务能力处于较高水平，占比66.67%，指数均值为71.35（见图2-6）。

图2-6 省级政务微博服务能力指数区间分布

与2022年省级政务微博服务能力指数相比，河南省政务微博水平大幅提升，各项指标表现突出。在省级微博指数区间分布方面，与2022年相比，微博指数大于80的省份数量减少1个，微博指数在60—80区间的省份数目增加5个，40—60中水平区间的省份数量减少4个。

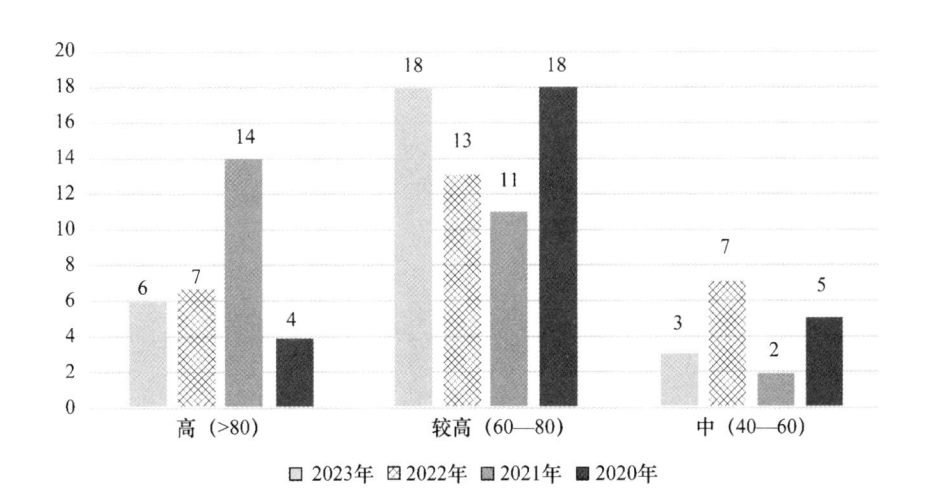

图 2-7 省级政务微博服务能力指数区间分布年度对比

(三) 地级市政务微博服务能力指数

在地级市政务微博服务能力指数中，武汉市、广州市、杭州市、南京市等省会城市的政务微博在信息服务能力、服务创新能力上均有出色表现。然而，存在部分地级市尚未开通政务微博的情况，无法发挥微博互动交流的媒介作用；同时有部分地级市政务微博为新注册账号，尚未积累一定的粉丝规模，且发布微博的形式单一，服务创新能力较弱，难以形成较好的微博用户黏性。

从地级市政务微博服务能力的地域分布来看，江苏省、江西省均有超过20%的地级市政务微博服务能力达到高水平；浙江省、山东省、安徽省、吉林省、贵州省、江苏省、四川省、广东省、江西省、河北省、湖南省、陕西省均有70%以上的地级市政务微博服务能力达到较高水平，其中浙江省、山东省和安徽省政务微博服务能力较强的地级市超过80%；此外，西藏自治区和青海省有过半地级市尚未开通政务微博。

从地级市层面来看，省域内地级市之间也存在着政务微博服务能力指数差异。四川省、安徽省、江苏省、山东省、河北省、浙江省、贵州省这7个省份的省内地级行政区之间的微博

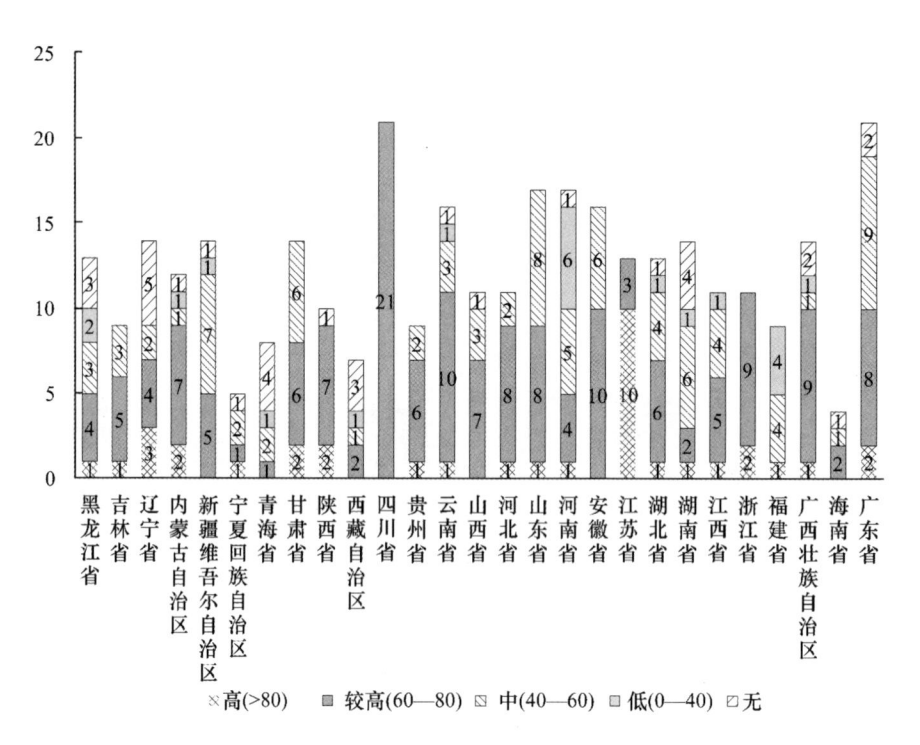

图2-8 地级市政务微博服务能力指数地域分布

服务能力指数差异较小，标准差在10以内。

从微博服务能力的区间分布来看，有40个地级市的微博服务能力指数超过80，指数均值为86，占比11.98%；有158个地级市政务微博服务能力处于较高水平，指数均值为69，占比47.30%；有84个地级市政务微博服务能力指数在40—60这一区间，指数均值为52，占比25.15%；有20个地级市政务微博服务能力较低，提升空间较大，指数均值为17，占比5.99%；此外，仍有32个地级市尚未开通政务微博，占比9.58%（见图2-9）。

与2022年地级市政务微博服务能力指数相比，2023年高水平、较高水平的地级市政务微博数量均有所下降，且开通政务微博的地级市数量不增反降，表明各地级市对"互联网+政务服务"中微博渠道建设的重视度有所下降。从地级市政务微博服务能力指数区间分布年度对比来看，微博指数大于80的地级

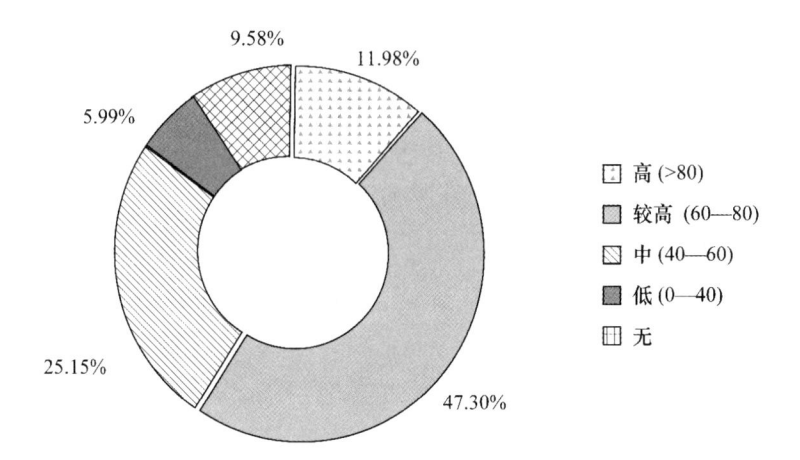

图 2-9 地级市政务微博服务能力指数区间分布

市数量下降 10 个，微博指数在 60—80 区间的地级市数量下降 11 个，处于 40—60 中水平区间的地级市数量增加 16 个，处于 0—40 低水平区间地级市数量增加 5 个，尚未开通政务微博的地级市数量增加 1 个（见图 2-10）。

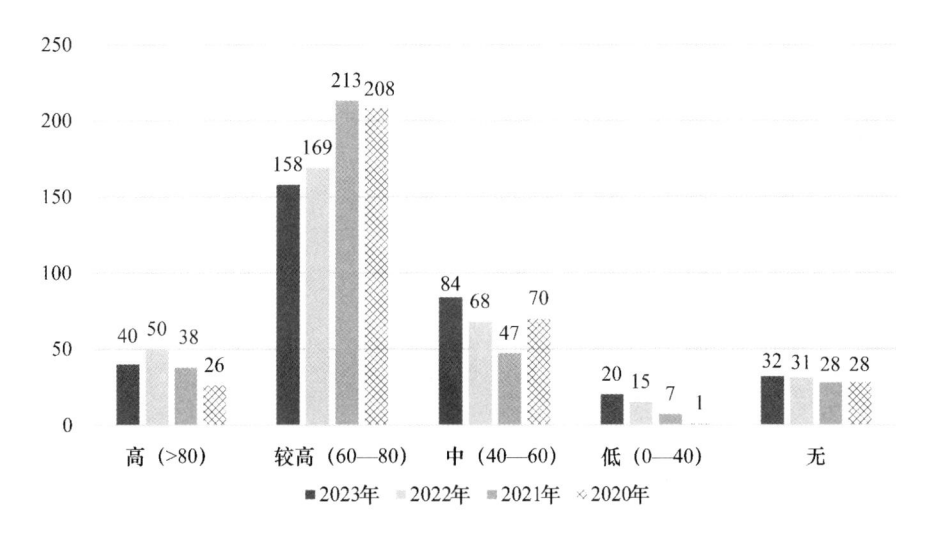

图 2-10 地级市政务微博服务能力指数区间分布年度对比

（四）省份政务微博服务能力指数

省份的微博服务能力指数是包含省级政府和各省地级市的

微博服务能力的综合指数,2023年省份政务微博服务能力指数整体都不是特别高,均值为57.36,相较于2022年有所增长。总体来看分数较高的省份地级市的微博服务能力比较均衡,而分数较低的省份中有一些地级市则尚未开通政务微博。

四 省市政务微信服务能力指数

(一) 直辖市政务微信服务能力指数

4个直辖市中,上海市不仅能及时发布市民需要的政务信息,还较好地实现了各类事务的在线办理。此外,上海市和北京市微信服务能力指数高于平均水平。

与2022年直辖市政务微信服务能力指数相比,2023年,4个直辖市的微信服务能力指数均值下降9.31%。其中,天津市微信服务能力指数上升1.17%。

(二) 省级政务微信服务能力指数

在省级政务微信服务能力指数中,所有省份均已开通政务服务微信公众号,但其服务能力和水平差异较大。部分省级政务微信在用户规模和用户活跃度方面处于全国领先地位,但仍有部分已开通政务微信的省份因其内容更新不及时、服务内容单一而难以发挥微信平台的服务潜能。具体来看,省级政务微信服务能力指数均值达到64.97。其中黑龙江省、辽宁省、内蒙古自治区等17个省份的省级微信服务能力指数高于均值,占比62.96%,另有10个省份的省级微信服务能力指数低于均值,占比37.04%。

从省级政务微信服务能力指数区间分布来看,云南省、河北省、湖北省、湖南省的微信服务能力处于高水平,占比14.81%,指数均值为83.04;黑龙江省、辽宁省、内蒙古自治区、新疆维吾尔自治区等15个省份的微信服务能力处于较高水平,占比55.56%,指数均值为72.67(见图2-11)。

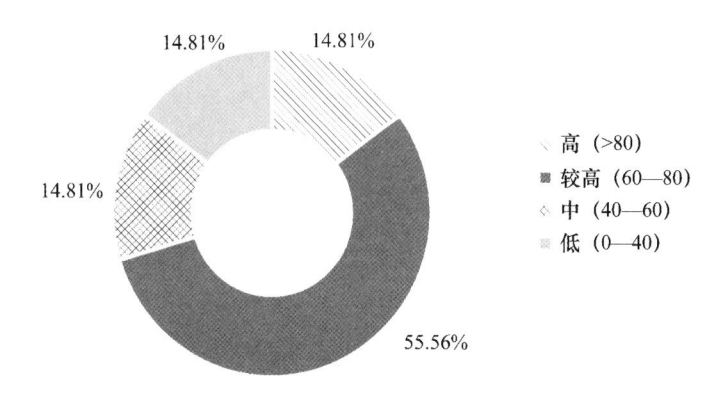

图 2-11 省级政务微信服务能力指数区间分布

如图 2-13，与 2022 年的省级政务微信服务能力指数相比，2023 年 27 个省级政务微信服务能力指数均值上升 1.75%。其中黑龙江省、吉林省和内蒙古自治区等 13 个省份的省级微信服务能力指数有所上升，占比 48.15%；14 个省份的省级微信服务能力指数有所下降，占比 51.85%。河南省和浙江省的省级微信服务能力进步较大，其指数分别上升了 57.18% 和 50.79%，均从中水平发展到较高水平。与 2022 年相比，2023 年微信指数位于高水平区间的省份数量减少 1 个，位于较高水平区间的省份数量增加 3

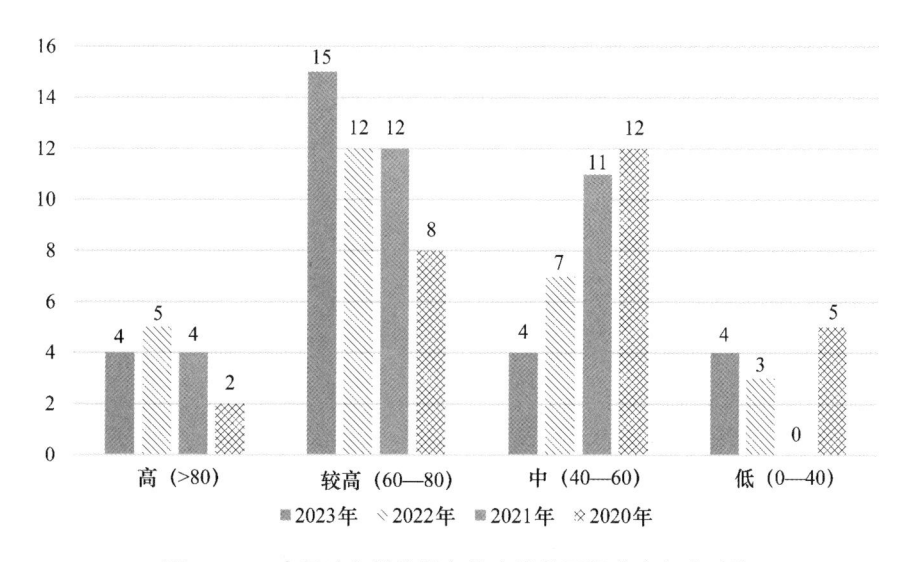

图 2-12 省级政务微信服务能力指数区间分布年度对比

个,位于中水平区间的省份数量减少3个。

(三) 地级市政务微信服务能力指数

在地级市政务微信服务能力指数中,一些表现较好的政务微信发布的信息权威、准确、及时,且事务服务的流程清晰、入口易寻。然而,也有一些地级市的政务微信仅用于信息发布,其他拓展功能还未上线,整体实力与表现较好的地级市差距很大。2023年地级市政务微信指数均值为63.09,与2022年的指数均值56.54相比,同比增长11.58%,总体服务水平小幅增长。其中180个地级市政务微信指数超过全国平均水平,占比54.05%,数量较2022年减少3个;46个地级市政务微信服务能力指数达到了80以上,处于高水平,占比13.81%。

从地级市政务微信服务能力的地域分布来看,政务微信服务能力达到高水平的省份共有10个城市上榜,其中湖北省和湖南省分别有4个和6个城市上榜;处于较高水平的地级市中,安徽省上榜城市最多,有12个城市;其次是新疆维吾尔自治区有11个城市上榜,黑龙江省和四川省均有10个城市上榜(见图2-13)。

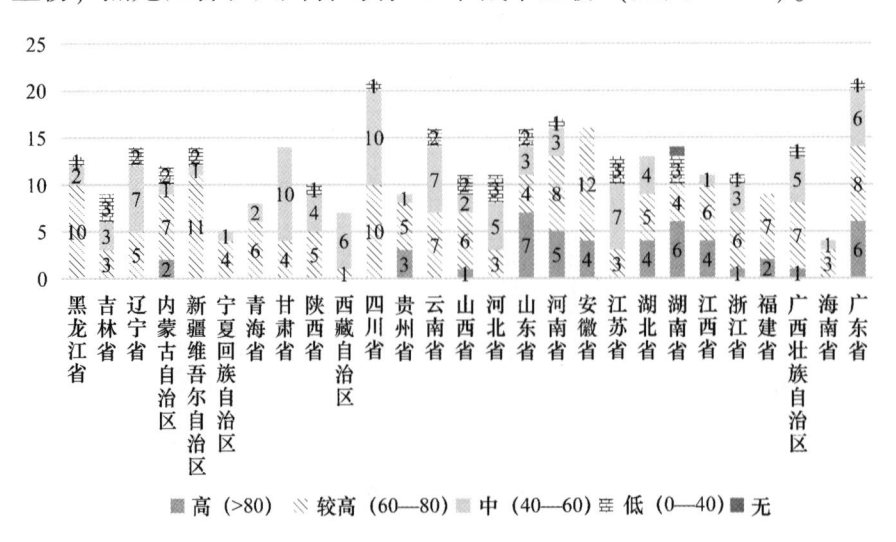

图2-13 地级市政务微信服务能力指数地域分布

从省内地级市之间微信服务能力指数差异来看,青海省、宁夏回族自治区、福建省的省份内微信服务能力指数相对均衡,标准差分别为 5.50、5.34、4.84。标准差较大的省份主要因为下辖地级市微信服务能力发展不均衡,主要体现在"高、较高、中、低"4 个指数水平中基本都有地级市涉及 3 个不同的发展水平,且 27 个省份中共有 7 个省份在 4 个指数水平区间均有地级市涉及。

从地级市政务微信服务能力指数区间分布来看,晋城市、呼和浩特市、呼伦贝尔市、温州市等 46 个地级市的政务微信服务能力达到高水平,占比 13.81%,指数均值为 83;保定市、衡水市、邯郸市、大同市等 160 个地级市的政务微信服务能力达到较高水平,占比 48.05%,指数均值为 70.48;95 个地级市的政务微信服务能力处于中水平,占比 28.53%,指数均值 51.01;32 个地级市的政务微信服务能力处于低水平,占比 9.61%,指数均值为 33.37(见图 2-14)。

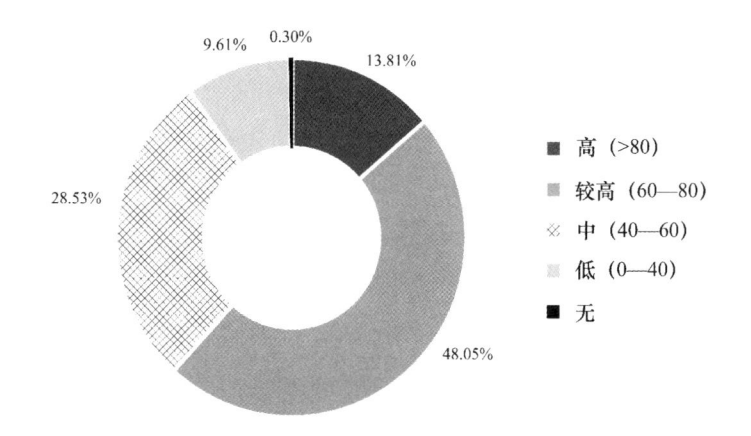

图 2-14 地级市政务微信服务能力指数区间分布

注:湘西土家族苗族自治州暂无政务微信官方账号,占比 0.3%。

与 2022 年政务微信服务能力指数相比,2023 年各地级市政务微信的信息服务能力依旧维持在较高水平,事务服务能力、参与服务能力和服务传递能力均有所上升。总体来看

2023年各地级市政务微信服务能力与2022年相比有所下降，指数均值从2022年的63.85降至63.09。近4年来，政务微信服务能力处于低水平的地级市数量呈下降趋势，各地级市在政务微信服务能力建设方面取得了一定成效。与2022年相比，政务微信服务能力指数达到高水平的地级市由10个增加到46个，达到较高水平的地级市由150个增加至160个，处于中水平的地级市由109个下降至95个（见图2-15）。

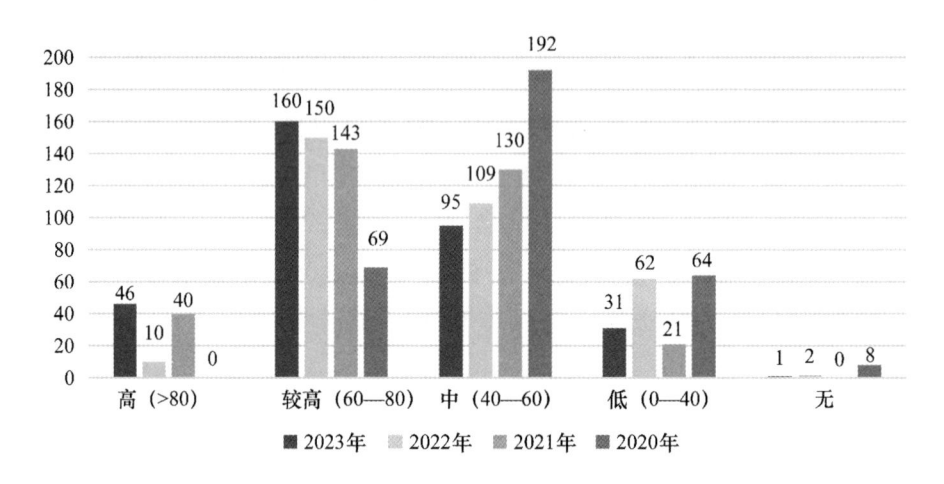

图2-15 地级市政务微信服务能力指数区间分布年度对比

（四）省份政务微信服务能力指数

在省份政务微信服务能力指数中，安徽省、福建省和贵州省表现突出，反映出这几个省份省级及其下辖地级市的微信渠道建设比较均衡。中西部地区的部分省份，其微信渠道的建设和发展整体滞后。此外，全国各省份的微信服务能力指数均值为62.99，有14个省份高于平均水平，占比51.85%。

五 省市政务App服务能力指数

（一）直辖市政务App服务能力指数

2023年，4个直辖市的政务App服务能力总体水平较高。

其中，上海市的政务App功能全面便捷、信息分类清晰，且用户能够积极地参与反馈、及时得到有效回应，在各个维度都表现较为良好；重庆市政务App服务能力指数与2022年相比增长最为明显；北京市、天津市的政务App服务表现相较于2022年也都有所进步。

（二）省级政务App服务能力指数

省级政务服务平台移动端（政务App）是本地区移动政务服务的主要提供渠道和总入口，通过省级政务App可以切换到省内各地级市办理事务。江苏省、福建省以及广东省未开通省本级服务，只有地级市政务服务渠道。浙江省、山东省的政务App服务表现十分突出，其中浙江省在事务服务能力与服务传递能力方面均获得满分。

从省级政务App服务能力的分布区间来看，黑龙江省、新疆维吾尔自治区等13个省份的政务App服务能力属于高水平，占比48.15%，指数均值为85.89；吉林省、辽宁省、内蒙古自治区等9个省份的政务App服务能力处于较高水平，占比33.33%，指数均值为73.94；2个省份的政务App数字服务能力处于中等水平，占比7.41%，指数均值为51.20（见图2-16）。

通过省级政务App服务能力指数区间分布4年对比可以发现，2020年以来，政务App服务水平整体呈现明显的上升趋势。在政务App服务能力指数大于80的区间内所分布的省份从2021年的0个增长为2023年的13个。整体而言，中国的省级政务App数字服务能力正在不断向高水平方向迈进，处于中低水平的省份逐渐消失。各省坚持统筹规划、需求引领、创新驱动、安全可控，使政务服务平台移动端向更优质、更便捷的方向发展（见图2-17）。

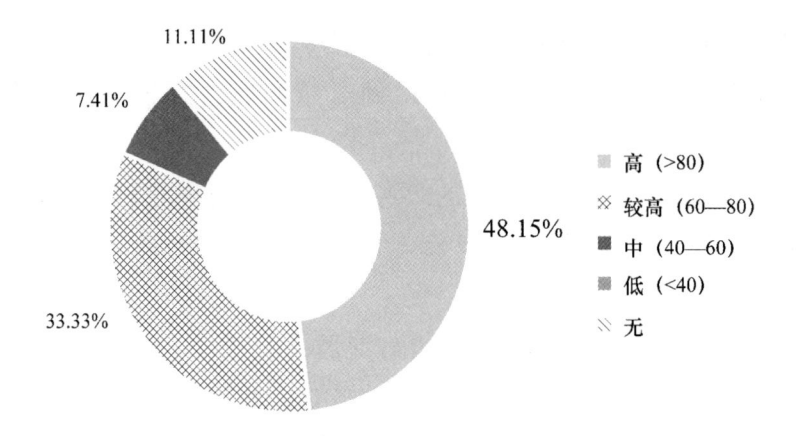

图 2-16 省级政务 App 服务能力指数区间分布

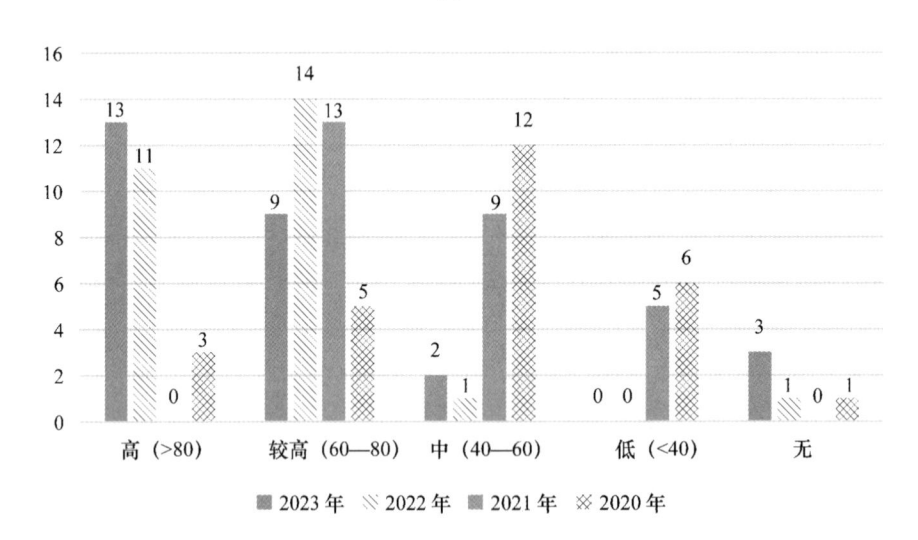

图 2-17 省级政务 App 服务能力指数区间分布 4 年对比

(三) 地级市政务 App 服务能力指数

在地级市政务 App 服务能力指数中,除几个没有省市连通的政务 App,其余省份都已实现"一省通办"。省市连通有助于省级政府统筹规划,充分发挥省级政务服务平台移动端的枢纽作用,加强和规范全省(自治区)一体化平台移动端建设管理,推动各地区各地级市政务服务平台移动端标准化、规范化建设与互联互通,全面提升移动端政务服务能力和水平,最大限度地利企便民。

从政务 App 服务能力的地域分布来看,大部分省份的地级市政务 App 服务能力处于高水平与较高水平。在达到高水平的地级市中，安徽省、浙江省、福建省等 7 个省份内的地级市全部上榜。

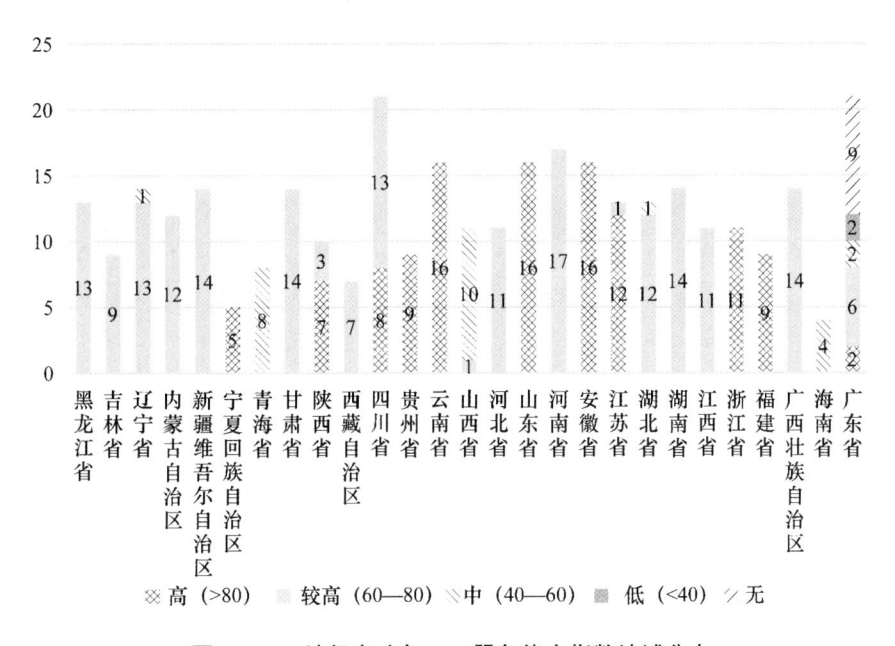

图 2-18 地级市政务 App 服务能力指数地域分布

从省域内地级市之间 App 服务能力差异来看，黑龙江省、内蒙古自治区和宁夏回族自治区等 11 个省份的标准差均为 0，表明政务 App 省市连通已取得较好成效。

从地级市政务 App 服务能力指数区间分布来看，南京市、杭州市和合肥市等 111 个地级市政务 App 服务能力达到高水平，指数均值为 88.23，占比 33.33%，较 2022 年提升了 7.04%，可见其发展态势良好。哈尔滨市、长春市和乌鲁木齐市等 185 个地级市的政务 App 服务能力较强，指数均值为 73.99，占比 55.56%。26 个地级市政务 App 服务能力处于中等水平，指数均值为 54.77，占比 7.81%。2 个地级市的政务 App 服务能力较弱，指数均值为 35.52，占比 0.60%。此外，仍有 9 个地级市尚未开通政务 App，占比 2.70%（见图 2-19）。

24 国家智库报告

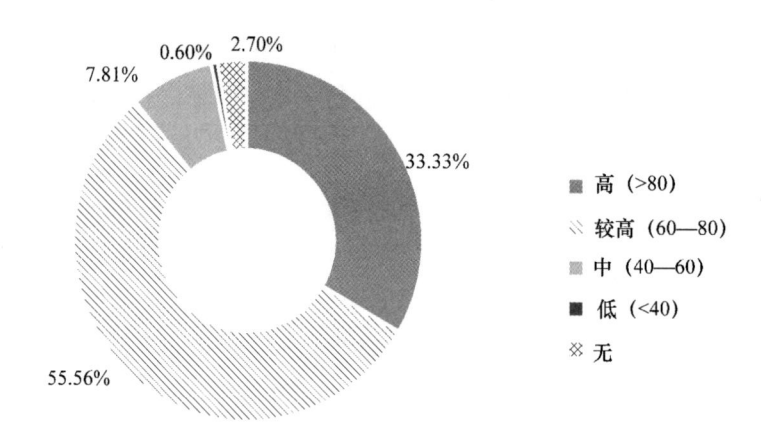

图 2-19 地级市政务 App 服务能力指数区间分布

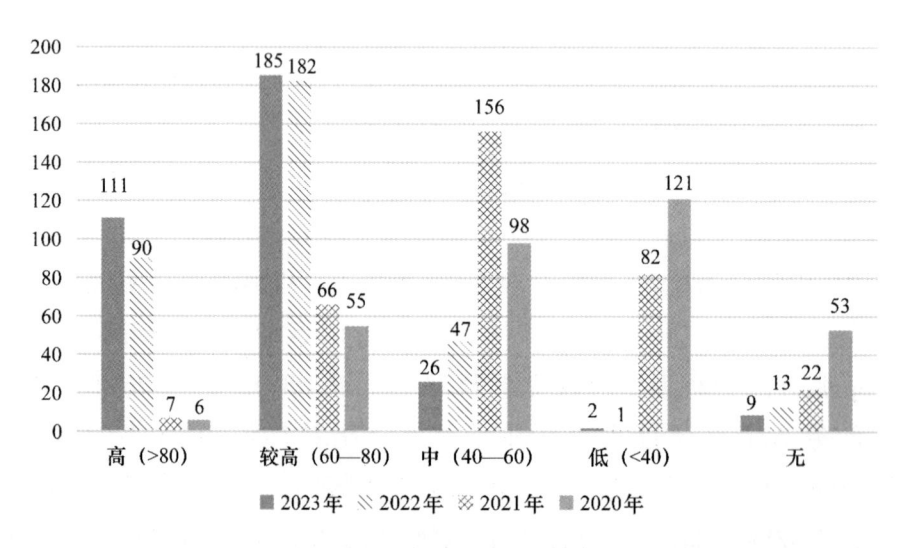

从地级市政务 App 服务能力指数区间分布 4 年对比来看，整体服务能力指数稳步提升。在政务 App 服务能力指数大于 80 的区间内，地级市政务 App 数量从 2020 年的 6 个上升到 2023 年的 111 个，尤其是在 2021—2022 年，处于高水平和较高水平区间的地级市政务 App 的数量呈飞跃式发展，分别从 7 个增长到 90 个、从 66 个增长到 182 个。总体上看，地级市政务 App 服务能力有了较大提高，呈逐步向高水平与较高水平过渡的趋势（见图 2-20）。

图 2-20 地级市政务 App 服务能力指数区间分布 4 年对比

（四）省份政府 App 服务能力指数

省份政务 App 服务能力是省级政务 App 服务能力指数与地级市政务 App 服务能力指数的平均数。在省份政务 App 服务能力指数中，山东省在信息服务能力、事务服务能力、服务传递能力等维度的表现均十分出彩，整体服务水平较高。除个别省份外，其他省份均已实现省市连通，可见政务 App 的建设已基本形成省市一体化。此外，全国各省份政务 App 服务能力指数均值为 74.71，与 2022 年的平均值 72.56 相比，整体水平稳步提升。

总体上看，在全国政务 App 服务能力中，直辖市政务 App 整体服务能力处于较高水平，省级政务 App 服务能力略高于地级市，逐渐形成以直辖市为引领、省级及其省域内地级市连通的协同发展形式。

六　省市政务短视频服务能力指数

（一）直辖市政务短视频服务能力指数

4 个直辖市中，重庆市人民政府新闻办公室官方短视频账号（"重庆发布"）、上海市人民政府新闻办公室官方短视频账号（"上海发布"）和北京市官方短视频账号表现优异，3 个直辖市政务短视频发展水平差距较小。

与 2022 年政务短视频服务能力指数相比，重庆市由于其信息服务能力和服务传递能力的改善从而取得高分。

（二）省级政务短视频服务能力指数

在省级政务短视频服务能力指数中，浙江省，湖北省和四川省表现优异。其中，浙江省在发布信息的权威性、及时性和实用性方面处于全国领先地位；湖北省则凭借用户规模、活跃度等巩固了自身优势；而指数较低的省级政务短视频账号用户数量较少,发布短视频数量有限,时间间隔长,且缺乏与粉丝之间的互动。除此之外,仍有较多的省份尚未开通官方政务短视频账号。

从省级政务短视频服务能力指数的区间分布来看,浙江省、湖北省和四川省政务短视频服务能力处于较高水平,指数均值为67.55,占比19%;7个省区的政务短视频服务能力处于中水平,指数均值为47.94,占比44%;6个省区的政务短视频服务能力处于低水平,指数均值为32.07,占比37%。已开通政务短视频的省级服务能力指数均值为45.67,处于中水平,表明中国省级政务短视频处于蓬勃发展阶段,省级政务短视频服务水平正在不断进步(见图2-21)。

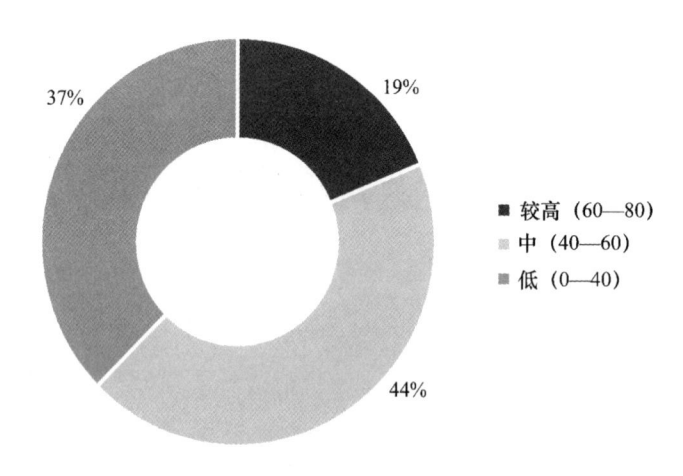

图2-21 省级政务短视频服务能力指数区间分布

与2021年、2022年省级政务短视频服务能力指数相比,湖北省和四川省政务短视频服务能力指数实现了从中水平到较高水平的跨越,在信息服务能力和服务传递能力上表现优异;西藏自治区、甘肃省和湖南省等省区的政务短视频服务能力下降。此外,省级政务短视频服务能力指数区间分布相比往年逐渐趋向于金字塔形,处于低水平的省级政务短视频数量增加,整体发展态势依然以中低水平为主,缺乏具有代表性的高水平政务短视频账号。总体而言，2023年仅有2个省份新开通了官方政务短视频账号，仍然未实现政务短视频在省级层面上的全覆盖，各省份对于政务短视频的发展建设任重道远（见图2-22）。

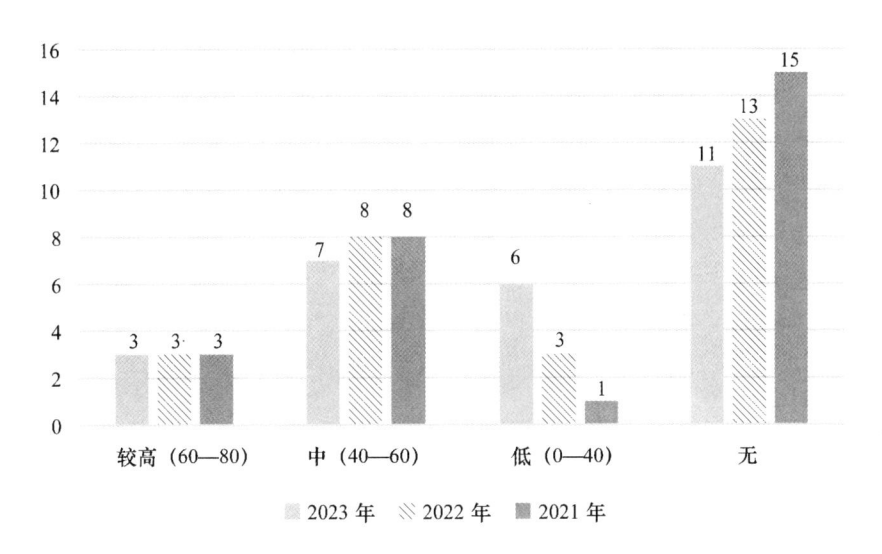

图2-22 省级政务短视频服务能力指数区间分布3年对比

（三）地级市政务短视频服务能力指数

在地级市政务短视频服务能力指数中，七台河市、湖州市和衢州市表现突出。其中七台河市政务短视频在服务传递能力和服务创新能力方面独树一帜；湖州市在信息服务能力上表现优异；七台河市、湖州市和衢州市在参与服务能力上都取得满分的好成绩。指数得分偏低的地级市中，较多地级市的政务短视频账号为新开通或不活跃账号，粉丝数量少，用户活跃度低，发布内容形式单一，在参与服务能力上稍显逊色。此外，截至测评结束，仍有145个地级市尚未开通政务短视频账号，没有发挥短视频在传播政务信息中的重要作用。

从政务短视频服务能力的地域分布来看，大部分省份的地级市政务短视频服务能力处于中、低水平。在达到较高水平的地级市中，浙江省有4座城市上榜，江苏省有3座城市上榜，江西省和西藏自治区各有两座城市上榜。此外，有7个省区的政务短视频普及率低于50%（见图2-23）。

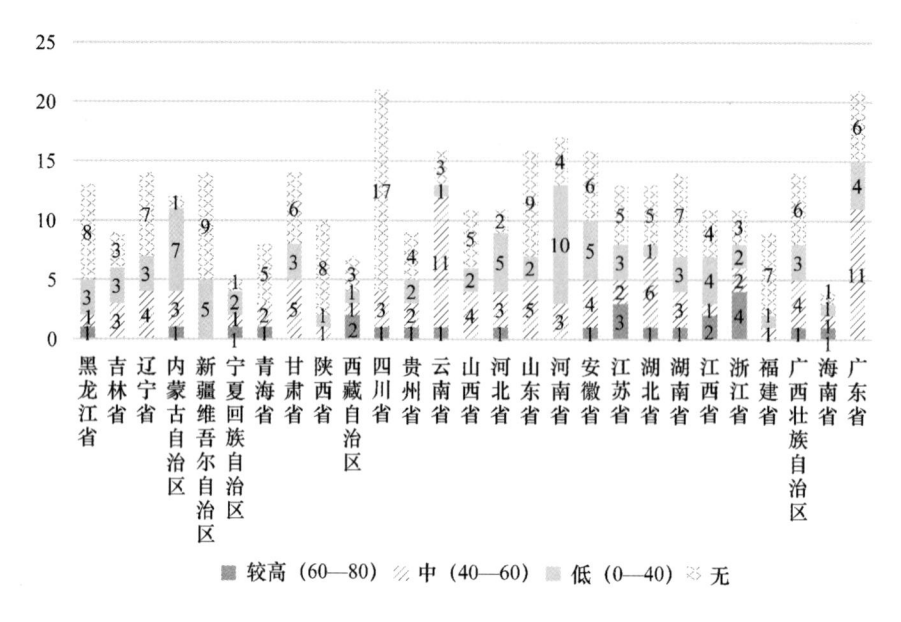

图2-23 地级市政务短视频服务能力指数地域分布

从地级市层面来看，省域内地级市的政务短视频服务能力指数也存在差异。标准差偏低的省区里，新疆维吾尔自治区、福建省、山西省的标准差虽然较低，但各省区内仅有少数地级市开通了官方政务短视频账号，且服务能力指数整体不高；只有广东省、云南省辖区内的大多数地级市指数为中水平，政务短视频发展建设相对均衡。标准差偏高的省区里，浙江省和西藏自治区的政务短视频服务能力指数在"较高、中、低"三个水平均有地级市涉及，并且存在少数地级市尚未开通政务短视频账号的情况，省内各地级市政务短视频发展现状差距过大。

从政务短视频服务能力指数的区间分布来看，仅有七台河市、湖州市、衢州市等24个地级市的短视频服务能力处于较高水平，指数均值为68.26，占比7%；87个地级市的政务短视频服务能力指数处于中水平，指数均值为48.2，占比26%；77个地级市的政务短视频服务能力指数低于40，有很大的进步空间，指数均值为27.21，占比23%；此外，仍有145个地级市尚未投入政务短视频建设，占比44%。

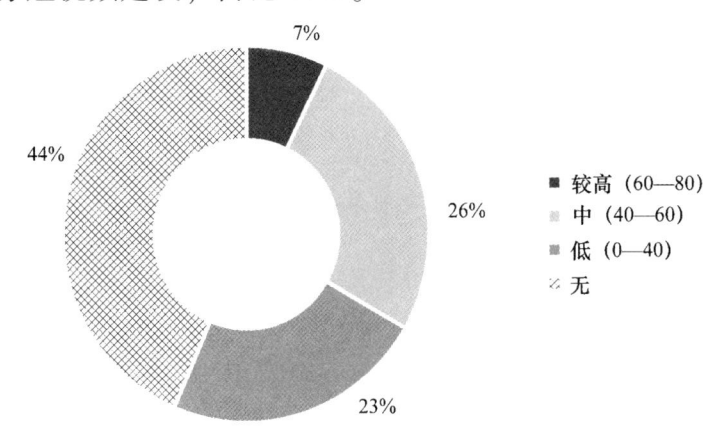

图2-24 地级市政务短视频服务能力指数区间分布

与2021年、2022年地级市政务短视频服务能力指数相比，2023年各地级市的总体信息服务能力、服务传递能力和参与服务能力，都有较大幅度提升，而服务创新能力有略微降幅。可见，各地级市的政务短视频正处于积极发展阶段，各地级市的政府越发重视短视频在政务服务中的地位。具体到各个城市，政务短视频服务能力指数的变化趋势不尽相同。2022年夺得榜首的城市在2023年有较大程度的下滑，七台河市实现了弯道超越，一举夺魁。浙江省和江苏省依然保持了政务短视频发展最优的势头，连续两年拥有较高水平地级市的数量最多。与2022年相比，从政务短视频服务能力指数区间分布上来看，处于较高水平和中水平的地级市数量均有不同程度的增加，新开通政务短视频账号的地级市数量增幅较小，这表明越来越多的地级市开始重视短视频在"互联网+政务服务"建设中的重要作用，并且中国政务短视频的发展开始从数量增多转换到质量改善。

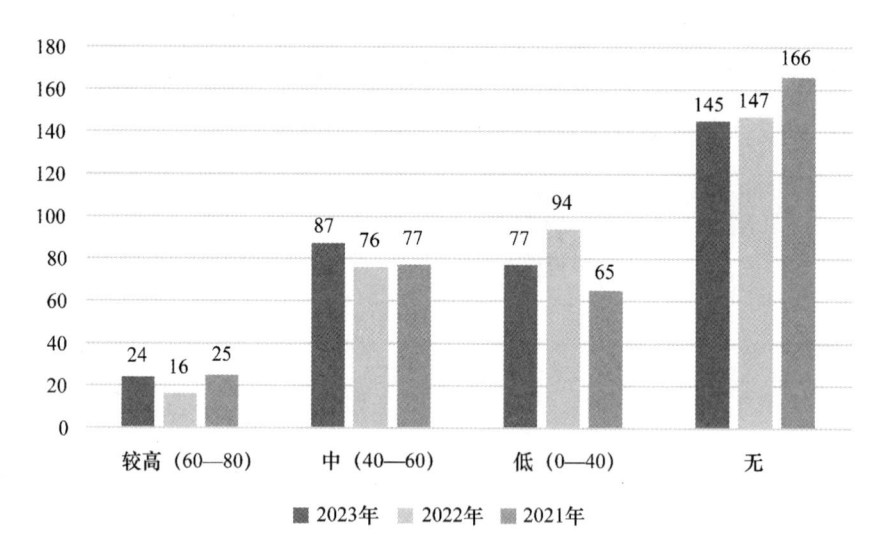

图 2-25 地级市政务短视频服务能力指数区间分布 3 年对比

(四) 省份政务短视频服务能力指数

省份政务短视频服务能力是包含省级和各省（自治区）所有地级市在内的政务短视频服务能力综合指数。总体来看，各省份的政务短视频服务能力仍处于起步阶段，指数均值为 24.44。与 2022 年省份政务短视频服务能力指数相比，浙江省跃升榜首，海南省稳步发展紧随其后，二者表现亮眼；云南省和广东省进步明显。服务能力指数较高省份的下辖城市多数开通了官方短视频账号，短视频渠道建设相对均衡；而服务能力指数较低的省份中仅有少部分下辖城市拥有官方短视频账号，省级与地级市之间短视频发展水平良莠不齐。

第三章　政府数字服务能力指数分析

一　省市政务网站服务能力指数分析

(一) 直辖市政务网站服务能力指数分析

在北京市、天津市、上海市和重庆市4个直辖市中，重庆市政务网站信息发布及时、来源权威、保质保量，网站办事方便、便捷易用、稳定可靠，在信息服务能力和服务传递能力方面表现突出。天津市和上海市指数差距较小，天津市在服务传递能力和服务创新能力方面表现突出；上海市在事务服务能力和信息服务能力方面表现突出。

总体来看，4个直辖市的事务服务能力表现都比较好，具体表现为用户能成功在电脑端处理个人和法人事务，准确高效；但参与服务能力和服务创新能力方面有待改进。由图3-1直辖市政务网站各维度服务能力总体指数得知，4个直辖市政务网站的事务服务能力和服务传递能力位于前列，指数均值分别达到了100和95.20；服务创新能力表现较好，指数均值达到了83.36；而信息服务能力和参与服务能力，指数均值分别为80.64和65.66。

(二) 省级政务网站服务能力指数分析

在省级政务网站服务能力指数中，四川省、贵州省、陕西

信息服务能力 80.64
服务创新能力 83.36
事务服务能力 100.00
服务传递能力 95.20
参与服务能力 65.66

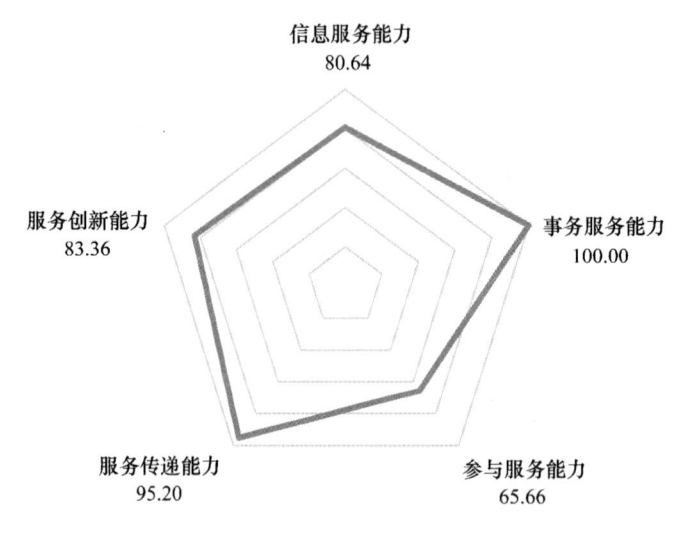

图 3-1 直辖市政务网站服务子能力总体指数

省、江西省和福建省表现突出。四川省政务网站信息发布清晰完整、及时权威，网上办事功能完善、便捷有效，网站建设人性化、互动性强，在信息服务能力、事务服务能力、参与服务能力和服务传递能力等方面均表现突出。广东省在事务服务能力、服务创新能力等方面均居于首位；西藏自治区在参与服务能力方面表现较为突出。

总体来看，省级政务网站在事务服务能力方面表现较好，其次分别是服务传递能力、信息服务能力、服务创新能力以及参与服务能力。由此可见，省级政务网站比较关注网上办事服务和网站服务传递等方面的能力建设；信息服务能力、服务创新能力和参与服务能力等方面有较大提升空间。

由图 3-2 省级政务网站服务能力总体指数可知，省级政务网站服务子能力表现总体较均衡，其中事务服务能力位于前列，指数均值高达 97.04，服务传递能力指数为 94.52。

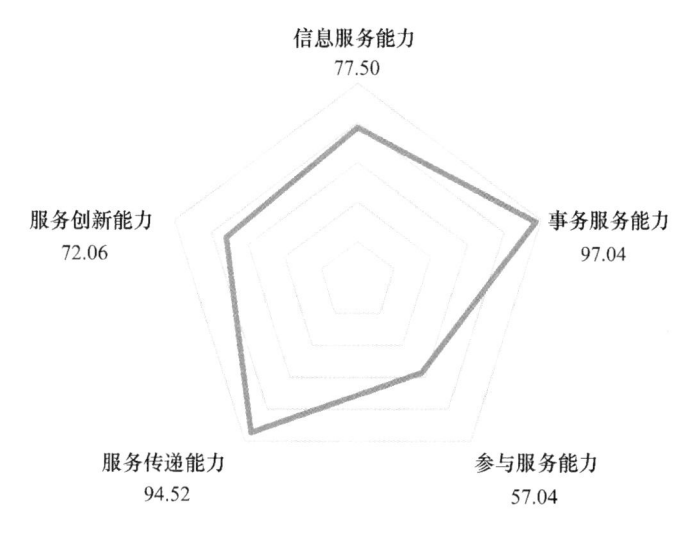

图 3-2 省级政务网站服务子能力总体指数

（三）地级市政务网站服务能力指数分析

在地级市政务网站服务能力指数中，贵州省贵阳市在信息服务能力、事务服务能力、参与服务能力、服务传递能力和服务创新能力方面均有突出的表现。该政务网站不仅能便捷、及时地提供各类政务服务，积极采纳公众的意见与建议，也能有效利用社交平台分享、传播政务服务信息。浙江省杭州市、四川省德阳市、广东省深圳市和安徽省六安市这4个地级市政务网站在各个评价指标的表现相对均衡，各项能力相对出色。具体表现为网站信息更新频率高、政策信息解读量大、围绕公众关注的热点和重大舆情问题回应及时，同时线上服务事项完善，政民互动模块建设逐步优化。

从政务网站服务能力的子能力维度来看，各地级市的事务服务能力和服务传递能力表现突出，指数均值分别为99.16和90.94；信息服务能力和服务创新能力处于中水平，指数均值分别为76.53和67.66。这说明当前各地级市政务网站建设相对成熟，网站便捷易用与在线事务办理齐头并进，但在服务创新和参与互动等方面还有待进一步完善，尤其是网站端的政务参与服务（见图3-3）。

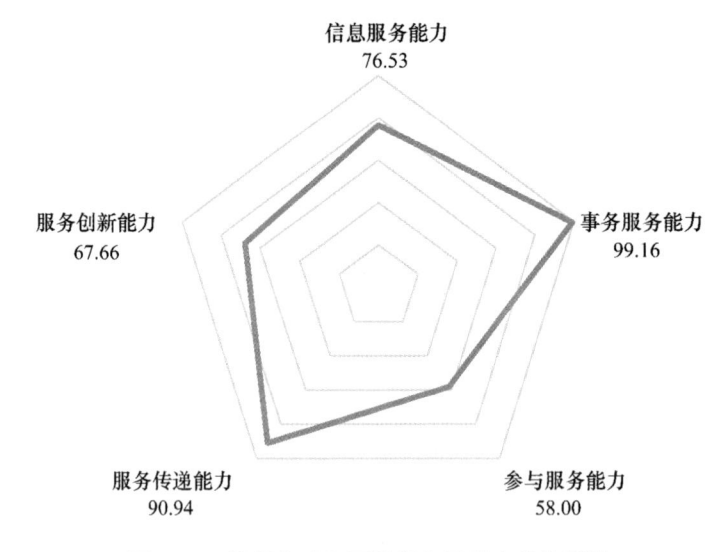

图 3-3 地级市政务网站服务子能力总体指数

二 省市政务微博服务能力指数分析

(一) 直辖市政务微博服务能力指数分析

从政务微博服务能力的各维度指数来看，4 个直辖市的信息服务能力达到较高水平，指数均值高达 96.25，相比之下，服务传递能力和服务创新能力则稍显不足，指数均值分别只有 76.67 和 72.50。具体而言，各直辖市的信息服务能力发展相对均衡，最低得分 38.81，最高得分 41.96（满分 41.96）（见图 3-4）。

在信息服务能力方面，4 个直辖市在"来源权威"和"时间效度""易得可得"这 3 个二级指标中都表现优异，均值达 5 分（满分 5 分）；另外，上海市在"有用实用"方面也达到满分水平。可见直辖市通过政务微博发布的消息会依据时事更新内容和进度，并明确标注消息来源，可靠性强，但在内容实用性上有待提高。

在服务传递能力方面，北京市在"活跃度"二级指标中得分达 5 分（满分 5 分），微博发布频率高；天津市在"信息规模"二级指标中得分达 5 分，发布消息数量庞大；上海市在

信息服务能力
96.25

服务创新能力
72.50

服务传递能力
76.67

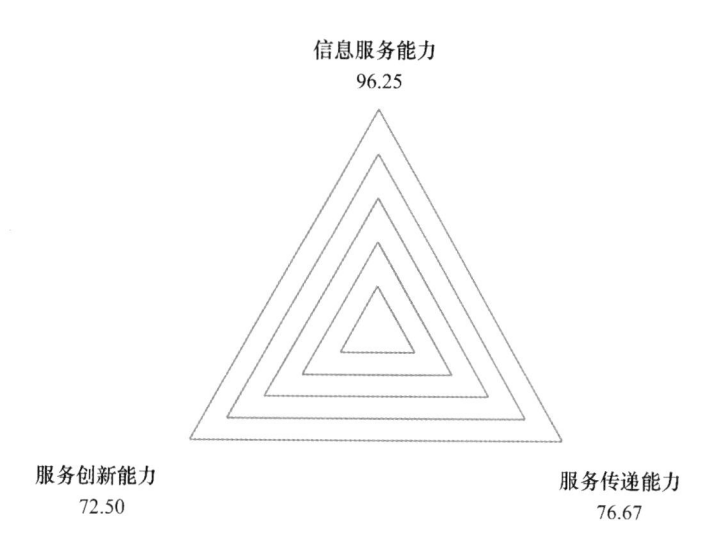

图 3-4　直辖市政务微博服务能力各维度总体指数

"受众规模"二级指标得到 5 分,粉丝数量众多;在"交互性"二级指标中,上海市和重庆市得分最高,与粉丝互动积极。可见,4 个直辖市在服务传递方面的表现各有千秋,在群众中有较大的影响力。

在服务创新能力方面,4 个直辖市在"新技术、方法采纳能力"的指数均值接近满分(4 分),通过官方话题、投票抽奖、直播等形式传播消息,更有利于群众积极参与,基于话题进行讨论,增强了官方影响力。另外,上海市和重庆市在"渠道推广吸纳能力"指标评分中达到 5 分的满分,在微博中积极对官方微信、官方 App 等其他途径进行宣传。

(二)省级政务微博服务能力指数分析

从微博服务能力的组成维度来看,各省政务微博的信息服务能力相对突出,指数均值接近 90;服务传递能力和服务创新能力水平较低,指数均值分别仅有 54.27 和 67.41。具体而言,各省的政务微博信息服务能力相对均衡,但其服务传递能力和服务创新能力参差不齐(见图 3-5)。

信息服务能力
89.72

服务创新能力
67.41

服务传递能力
54.27

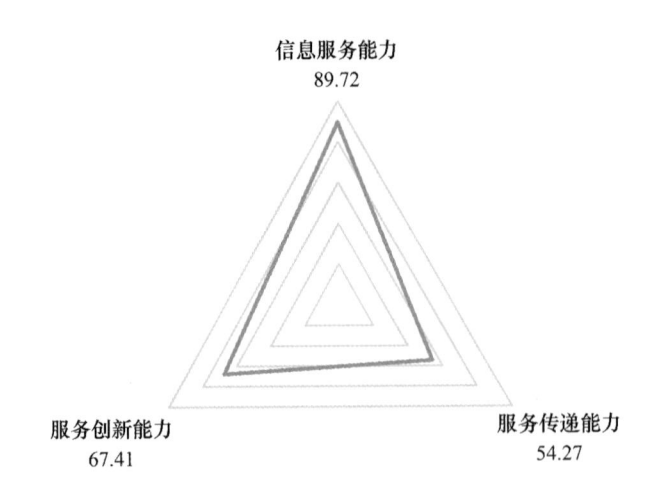

图3-5 省级政务微博服务能力各维度总体指数

在信息服务能力方面，省级政务微博在"来源权威""时间效度""易得可得"3个二级指标中表现出色，均值分别为4.85分、5分、4.7分（满分5分），发布信息的权威性高、时效性强，第一时间给用户带来准确真实的资讯。省级政务微博在"有用实用"上得分略低，有待改进。

在服务传递能力方面，"有无政务微博"指标的均值为5分，说明所有省份都开通了省级微博这一数字服务渠道。然而各个省份在"受众规模""信息规模""活跃度"和"交互性"4个二级指标上的表现参差不齐，均值得分在2分附近，服务传递表现欠佳。具体而言，云南省、四川省、河南省在"受众规模"上表现出色，政务微博的粉丝数量多；河北省、四川省、陕西省在"信息规模"方面得到满分，发布信息总量大；陕西省、新疆维吾尔自治区在"活跃度"测评中达到满分，日均发博频率高；四川省在"交互性"指标得分较高，粉丝积极评论、点赞、转发。

在服务创新能力方面，各省级政务微博"渠道推广吸纳能力"的均值为3.4分，"新技术、方法采纳能力"的均值为3.3

分，各省级微博得分平均，对其他政务渠道进行推广，消息发布方法技术多样，但尚有提高的空间。

（三）地级市政务微博服务能力指数分析

从微博服务能力的各维度来看，各地级市整体的信息服务能力基本达到中等偏上水平，指数均值为75.32；服务创新能力、服务传递能力水平较低，指数均值分别为41.86、46.34，说明当前地级市政府的政务微博采纳能力（如视频、直播、微博故事等）和吸收能力（与政务微信的关联程度）较弱，且在粉丝运营、增强粉丝黏性方面还需进一步努力。

信息服务能力
75.32

服务创新能力
41.86

服务传递能力
46.34

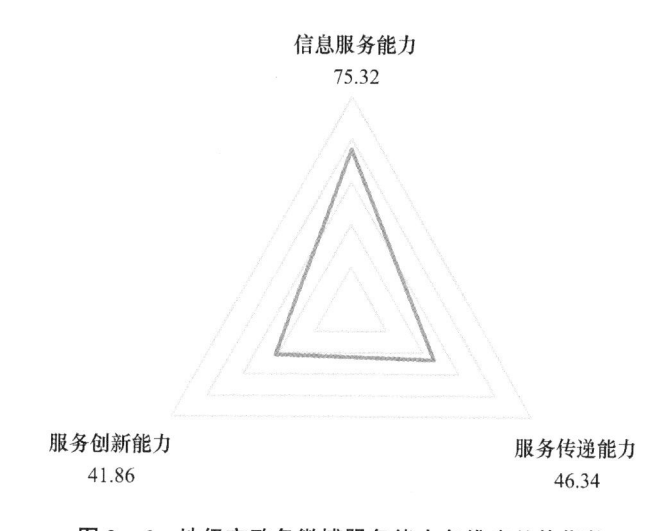

图3-6 地级市政务微博服务能力各维度总体指数

在信息服务能力方面，各地级市政务微博在"来源权威""时间效度""易得可得"3个二级指标中表现出色，均值分别为4.2分、4.0分、4.0分（满分5分），大部分地级市政务微博注重消息的权威性、时效性，紧跟时事热点，能够做到及时发布近期的重要新闻和当地热门事件，并保证用户轻松获取消息。然而，地级市政务微博在"有用实用"方面得分较低，均值为2.8分，亟须改善微博内容的质量。其中浙江省衢州市、江苏省南京市等地级市的政务微博在"有用实用"中得分较高,它们发布的视频点赞、转发、评论数量均不为0,和粉丝的交互效果出色。

在服务传递能力方面,"有无政务微博"指标的均值为4.4分,说明绝大多数地级市开通了微博这一数字服务渠道。然而各个地级市在"受众规模""信息规模""活跃度"和"交互性"4个二级指标上的表现参差不齐,均值在1—2分,服务传递表现欠佳。江苏省无锡市、江苏省苏州市在服务传递能力方面的评分达到满分,微博评论、点赞、转发数量高,与粉丝积极互动,受到用户的欢迎。

在服务创新能力方面,"渠道推广吸纳能力"的指数均值为2.2分,"新技术、方法采纳能力"的指数均值为1.95分,大部分地级市得分较低,缺少对其他政务渠道的推广,消息发布方法技术单一,忽视了数字服务的创新性。但江苏省宿迁市、江苏省南京市在服务创新能力测评方面得到满分,采用直播、投票等互动方式,积极推广微信、客户端等多个政务平台的账号,搭建了政务新媒体渠道之间的桥梁。

三 省市政务微信服务能力指数分析

(一)直辖市政务微信服务能力指数分析

从微信服务能力的子能力维度来看,整体上4个直辖市的信息服务能力很强,指数均值达99.38,有3个直辖市超过了均值;事务服务能力处于高水平,指数均值为85.00,有3个直辖市超过了均值;服务传递能力处于较高水平,指数均值为60.00,有2个直辖市超过了均值;参与服务能力则相对较弱,指数均值为41.67,有1个直辖市超过了均值。总体而言,目前直辖市政务微信处于从信息发布、事务服务阶段,逐渐向服务传递、参与服务方面过渡,形成以用户为中心、协同参与的局面(见图3-7)。

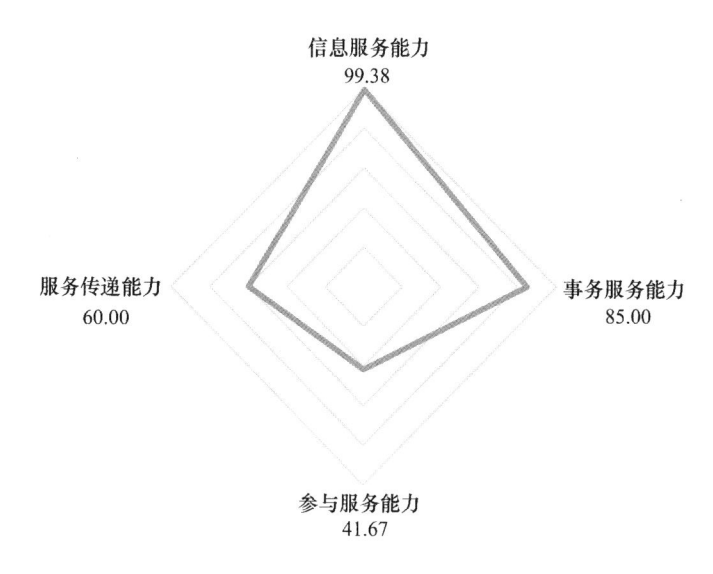

图 3-7 直辖市政务微信服务能力各维度指数

具体来看，4个直辖市在信息服务能力上表现得较为优秀，均达到了较高水平，说明各直辖市在信息服务的有用实用、来源权威、时间效度和易得可得4个方面表现优异。各直辖市政务微信仍主要在信息传播阶段发展，参与服务、事务服务和服务传递仍有较大的提升空间，是政务微信发展的主要改进方向。

（二）省级政府政务微信服务能力指数分析

从微信服务能力的各维度能力指数来看，27个省区整体的信息服务能力较强，指数均值达到96.94，有18个省区超过了均值；事务服务能力处于中水平，指数均值为59.26，有17个省区超过了均值；参与服务能力处于中水平，指数均值为50.62，有11个省区超过了均值；服务传递能力处于中水平，指数均值为52.10，有17个省区超过了均值（见图3-8）。

具体来看，所有省区在信息服务能力上均达到高或较高水平，说明各省区在信息服务的有用实用、来源权威、时间效度和易得可得4个方面表现优异。在事务服务能力维度，浙江省、

信息服务能力 96.94
事务服务能力 59.26
参与服务能力 50.62
服务传递能力 52.10

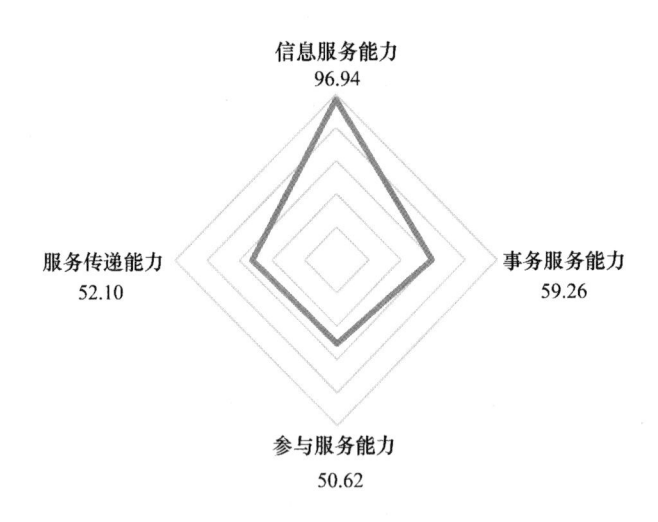

图 3-8　省级政务微信服务能力各维度总体指数

湖南省、湖北省和河北省等 13 个省区表现较好，主要体现为在事务服务的便捷全面和程序规范两个方面表现较好；在参与服务能力维度，广东省、海南省、湖南省和湖北省等 7 个省区表现较好，主要体现为参与服务渠道丰富；在服务传递能力维度，各省区在便捷易用方面均表现不足，指数均值为 3 分（满分 5 分）；浙江省、江西省和贵州省在受众规模方面表现优异，指数均值为 5 分（满分 5 分）；陕西省、新疆维吾尔自治区、内蒙古自治区在信息规模方面表现较好，指数均值为 4 分（满分 5 分）。

总体上看，在信息服务能力方面各省级政务微信服务能力差异不大，但参与服务能力、事务服务能力与服务传递能力差异较大，就实现"一站式"或"集约化"政务目标而言仍有一定距离。这表明，各省份在重视政务微信的信息服务能力建设基础上，还亟待提升政务微信的事务服务能力、参与服务能力和服务传递能力建设。

（三）地级市政务微信服务能力指数分析

从政务微信服务能力的组成维度来看，各地级市整体的信息服务能力指数均值为 93.50，处于高水平，有 234 个地级市超过了均值；事务服务能力指数均值为63.54，处于较高水平，有197个地级市超过了均值；参与服务能力指数均值为45.45，处于中水平，有181个地级市超过了均值；服务传递能力指数均值为48.49，处于中水平，有155个地级市超过了均值。说明各地级市政务微信在政民互动和服务传递方面仍存在较大的改进空间（见图3-9）。

图3-9 地级市政务微信服务能力各维度总体指数

具体来看，在信息服务能力维度，承德市、大同市、呼和浩特市和大庆市等153个地级市表现优异，在信息服务的有用实用、来源权威、时间效度和易得可得四个方面均取得满分（5分）。在事务服务能力维度，郴州市、塔城地区、阿勒泰地区表现优异，在事务服务的便捷全面和程序规范两个方面均取得满分（5分）；在参与服务能力维度，呼伦贝尔市、乌海市、湛江市、三亚市和海西蒙古族藏族自治州表现优异，其政务微信参与服务渠道在6个及以上。在服务传递能力维度，鞍山市、平凉市和哈密市表现最优，在便捷易用、受众规模和信息规模方面均有较好表现。

总体上看，各维度指数在信息服务能力方面差异不大，但参与服务能力、事务服务能力与服务传递能力差异较大，就实现"一站式"或"集约化"政务目标而言仍有一定距离。这表明，各地级市在重视政务微信的信息服务能力建设基础上，还亟待提升政务微信的事务服务能力、参与服务能力和服务传递能力。

四 省市政务App服务能力指数分析

（一）直辖市政务App服务能力指数分析

从政务App服务能力各维度总体指数上看，4个直辖市的信息服务能力处于高水平，指数均值达到94.50；服务传递能力、参与服务能力也均处于高水平，指数均值分别为93.57和85.00；事务服务能力则略有不足，指数均值为78.34。具体而言，上海市在信息服务能力、事务服务能力、参与服务能力和服务传递能力维度上的表现都高于平均水平，线上与线下的结合趋于完善。天津市在直辖市政务App服务能力的其他各维度均有出色的表现，尤其是事务服务能力最为突出。北京市的信息服务能力和服务传递能力处于中上水平。重庆市的政务App服务能力指数较2022年已有明显增长。

从本次测评的4个维度的子指标来看，在信息服务能力中，上海市和天津市在4个子指标有用实用、来源权威、时间效度和易得可得中均表现优异得到满分。

在事务服务能力方面，天津市表现最优，其次是上海市、北京市和重庆市，对事务服务能力的测评围绕教育、医疗、交通、社会保障、营商环境、不动产登记等领域，聚焦与群众、企业生产生活密切相关的高频事项。在公众（个人）办事方面，北京市、天津市和上海市表现优异，有清晰的办事流程说明，且能完成整个服务的全程办理。在企业办事方面，天津市表现优异，因此在全程办理率上，北京市、天津市和上海市的政务

信息服务能力
94.50

服务传递能力
93.57

事务服务能力
78.34

参与服务能力
85.00

图 3-10 直辖市政务 App 服务能力各维度总体指数

App 发展水平较高。

在参与服务能力方面，上海市在 3 个子指标参与渠道、参与回应、参与反馈中均获得满分，综合表现最优。在通过"市长信箱""市长热线""12345"等进行咨询时，4 个直辖市均能在 24 小时之内进行回复，在参与回应方面得到满分。在参与反馈方面，上海市、重庆市能给予正面、充分的回应。

在服务传递能力方面，4 个直辖市的政务 App 均有 Android 和 iOS 版本，且覆盖面较广，与政务网站功能基本一致，App 稳定可靠，便捷易得，能满足大多数人的使用习惯。

(二) 省级政务 App 服务能力指数分析

从政务 App 服务能力的组成维度来看，各省（自治区）政务 App 的事务服务能力与服务传递能力处于高水平，指数均值分别达到 86.95 和 86.06；而信息服务能力则稍显不足，指数均值为 74.99。此外，在参与服务能力维度，指数均值仅为 65.57，是各省（自治区）政务 App 数字服务能力的短板。总体来看，各省（自治区）政务 App 的信息服务能力、事务服务能力与服务传递能力旗鼓相当，而参与服务能力发展水平则参差不齐（见图 3-11）。

信息服务能力 74.99
服务传递能力 86.06
事务服务能力 86.95
参与服务能力 65.57

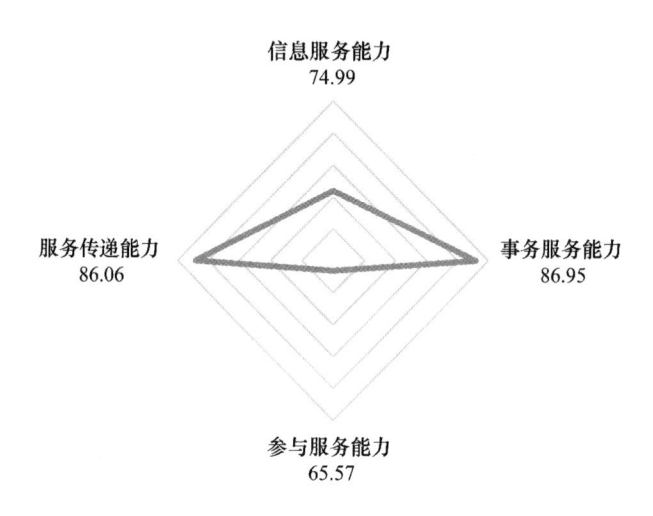

图 3-11 省级政务 App 服务能力各维度总体指数

具体来看，在信息服务能力维度，湖南省、河南省与黑龙江省表现优异，均获得了满分。其余各省（自治区）之间的差距主要表现在政务信息的分类是否足够清晰、实用，以及信息是否在有效期内第一时间向社会发布。

在事务服务能力维度，各省（自治区）的总体表现尤为突出。浙江省、安徽省、山东省等 12 个省（自治区）都取得了满分。

在参与服务能力维度，各省（自治区）的表现差异较大。其中，云南省、贵州省在参与渠道、参与回应、参与反馈三个子维度均表现较好。

在服务传递能力维度，浙江省与新疆维吾尔自治区在政务 App 的覆盖面、易得性、稳定可靠、易用性、使用反馈及社交性等各子维度都获得了满分，表现十分突出。其余各省（自治区）的服务传递能力也都表现良好。部分省份由于缺少政务

App 的使用意见反馈功能，或是分享到社交平台的功能尚未完善，使服务传递能力稍有逊色。

（三）地级市政务 App 数字服务能力指数分析

从政务 App 服务能力的总体维度指数上看，各地级市服务传递能力表现突出，指数均值达到 84.27，同时事务服务能力也表现优异，指数均值为 83.81。相较之下，各地级市的信息服务能力则稍显不足，指数均值为 72.34。尤其需要引起重视的是各地级市的参与服务能力，指数均值仅为 59.20。这说明如何努力拓宽参与渠道、及时进行参与回应以及充分给予参与反馈是当前各地级市提升移动端政务数字服务能力亟待解决的问题（见图 3-12）。

图 3-12 地级市政务 App 服务能力各维度指数

具体来看，在信息服务能力方面，韶关市、清远市、东莞市、云浮市与深圳市在有用实用、来源权威、时间效度和易得可得四个方面均获得了满分。在事务服务能力方面，各地级市均表现优良，其中兰州市、乌鲁木齐市、广州市、成都市、贵阳市等 167 个地级市在公众（个人）办事、企业（法人）办事以及全程办理率 3 个子指标中全部取得满分。在参与服务能力方面，各地级市的表现差异较大，且尚未有地级市能在参与渠道、参与回应、参与反馈3个子维度均发展得较好。但表现较为出色的有福州市、昆明市、贵阳市、蚌埠市等35个地级市。在服务传递能力方面，新疆维吾尔自治区内的乌鲁木齐市、克拉玛依市等14个地级市在政务App的覆盖面、易得性、稳定可靠、易用性、使用反馈及社交性等各子维度全部获得满分，其余各地级市的服务传递能力也都表现良好。

五 省市政务短视频服务能力指数分析

（一）直辖市政务短视频服务能力指数分析

从政务短视频服务能力的组成维度来看，4个直辖市的信息服务能力和服务传递能力处于较高水平，指数均值分别为73.33、76.00；服务创新能力处于中水平，指数均值为41.25；参与服务能力处于低水平，指数均值仅为12.52。总体而言，有3个直辖市在信息服务能力方面皆达到了较高水平。在参与服务能力方面，上海市表现最优，能够针对市民的疑问和诉求做出

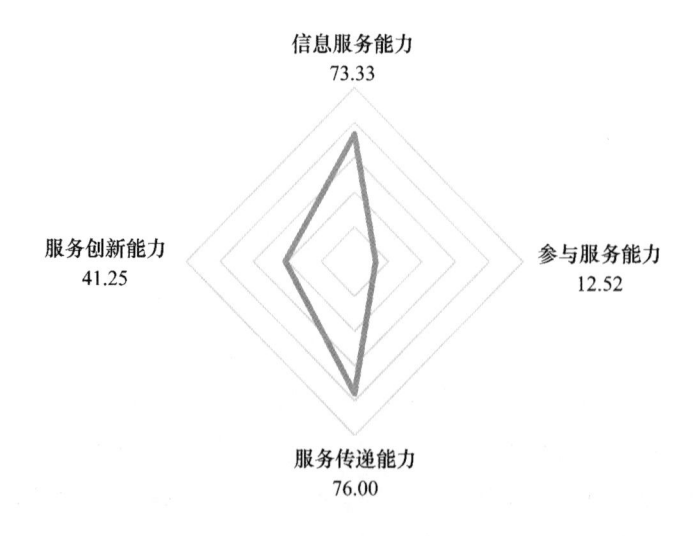

图3-13 直辖市政务短视频服务能力各维度总体指数

准确、及时的回应。在服务传递能力方面，重庆市相较于其他3个直辖市表现格外突出。总体而言，各直辖市重视政务短视频突出的信息服务能力和服务传递能力，努力推动服务创新，但参与服务能力建设仍存在很大的提升空间。

在信息服务能力维度，3个直辖市在"有用实用""来源权威"和"时间效度"这3个二级指标中都表现优异，均值达4.67分（满分5分）。可见直辖市通过政务短视频发布的信息实用性高，会依据时事更新视频内容和进度，并明确标注视频来源，可靠性强，将政务短视频在信息发布和服务传递方面的影响发挥到极致。

在参与服务能力维度，上海市在"参与回应"二级指标中表现突出，上海市通过政务短视频回复群众提出的疑问或发表的建议，并通过直白、幽默的语言拉近与群众的距离，推动政民互动。然而，直辖市均没有在政务短视频主页提供投稿或联系方式。

在服务传递能力维度，4个直辖市都开通了多个频道的政务短视频，实现了政务短视频的全平台应用，提高了信息传递的效率。在"信息规模""活跃度"和"交互性"二级指标中，重庆市得分最高。重庆市不仅发布的视频数量以及原创视频的数量最多，而且视频受到的转发、点赞与评论数量也最多。可见，重庆市发布的视频质量高，符合大众审美，在群众中的影响力较大。在"受众规模"二级指标中，上海市得分最高，粉丝数量庞大，更有利于信息的传递与扩散。

在服务创新能力维度，4个直辖市在"新技术、方法采纳能力"方面的均值接近满分（4.1分），善于通过官方话题、视频合集、直播等形式传播视频，更有利于群众搜索关键信息，基于话题进行讨论，增强了官方影响力。然而，"渠道"方面的指数均为0，均没有在账号中介绍和推广其他政务平台，减弱了平台间的联系。

(二) 省级政务短视频服务能力指数分析

从政务短视频服务能力的组成维度来看，各省区政务短视频的信息服务能力相对突出，指数均值为73.13，其中浙江省更是夺得满分；服务传递能力处于中水平，指数均值为62.67，湖北省和浙江省表现优异；而服务创新能力和参与服务能力明显落后，指数均值分别仅为31.88和12.50。由于形式的限制，各省区主要通过短视频发展信息服务能力和服务传递能力，在其他维度上的表现仍有所欠缺（见图3-14）。

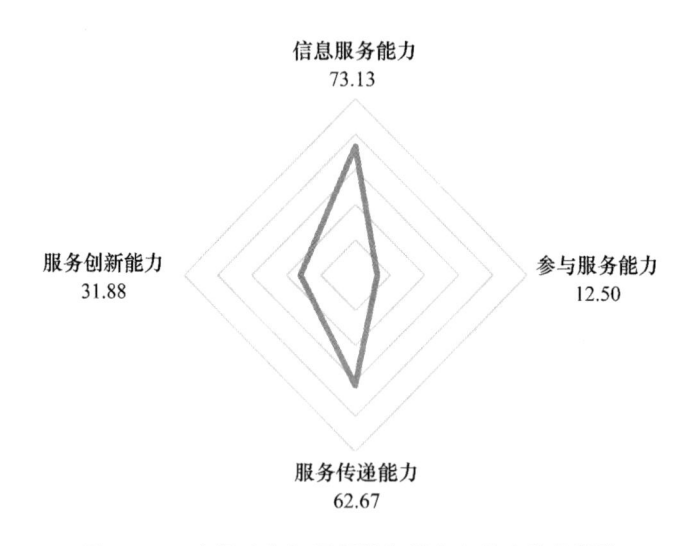

图3-14 省级政务短视频服务能力各维度总体指数

在信息服务能力维度，省级政务短视频在"时间效度"方面表现最佳，指数均值为4，大部分省区注重视频的时效性，紧跟时事热点，能够做到及时发布近期的重要新闻和当地热门事件，确保群众了解新颖的内容。省级政务短视频在"有用实用"方面指数均值为3.59，在"来源权威"方面指数均值为3.38，仍有较大的提升空间。其中浙江省、河南省在"有用实用"中获得满分，它们发布的视频点赞、转发、评论数量可观，对于用户来说颇为有用，随之产生了一定的交互效果；并且视频内容主要涉及当地时政事件、热点新闻、防疫安排等实用信息。绝大部分省级政务短视频注重视频的权威性，视频内标明原创作者和来源，或者通过文本内容提及原创者，能够让用户得知视频的真实来源，帮助用户自行判断视频的权威程度，提高了视频内容的可靠性。

在参与服务能力维度，省级政务短视频在"参与回应"方面表现不佳，所有已开通的账号均没有对群众的评论给予回复，忽视了评论回复渠道在政民互动中的作用。在"参与传播"方面，浙江省、湖北省、四川省和甘肃省表现良好，提供了投稿信箱或联系方式，让群众参与到视频创作中，扩大了省级政务短视频账号的内容来源，在一定程度上减轻了工作人员的制作压力。此外，政务短视频发布的内容既包括了官方的通报、方案、文件等，又包含了群众日常生活的趣事、有意义的事，让政务短视频账号更加接地气，具有亲和力。

在服务传递能力维度，已开通政务短视频账号的省份大多有2—3个平台的账号，实现了多平台同步，"有无政务短视频"指标均值为4.5分。"活跃度"指标均值为2.88分，说明省级政务短视频的活跃度不高。浙江省政务短视频账号在"受众规模""信息规模"和"交互性"上均表现最佳。通过数据可发现，"受众规模"与"交互性"存在正相关性。视频信息的发布有利于吸引粉丝的关注，扩大粉丝规模；粉丝数量的增加，促进了视频内容点赞、转发、评论数量的增加；已发布视频的交互性强可以提升工作人员信心，激励其发布更多的短视频；如此正向循环推动了浙江省政务短视频账号的发展，影响力快速增长。

在服务创新能力维度，"新技术、方法采纳能力"的指标均值为3.19，超过80%的省级政务短视频账号会参与和发布官方话题，通过话题聚集粉丝讨论，从而提高账号知名度；也会整理视频合集，汇总重点视频内容，传播弘扬正能量。有7个省级政务短视频账号通过短视频平台直播,并公开了历史直播动态,可以让用户回溯直播内容,不遗漏重要信息。省级政务短视频在二级指标"渠道"的指数均值为0,所有账号均没有介绍其他的政务平台。

(三) 地级市政务短视频服务能力指数分析

从政务短视频服务能力的组成维度来看,各地级市整体的信息服务能力处于较高水平,指数均值为64.13,服务传递能力处于中水平,指数均值为59.40;服务创新能力相对较弱,指数均值为30.69;而参与服务能力依然处于起步阶段,指数均值仅为12.50。可见,当前地级市政务短视频在回应粉丝诉求以及介绍推广其他政务平台等方面亟待加强(见图3-15)。

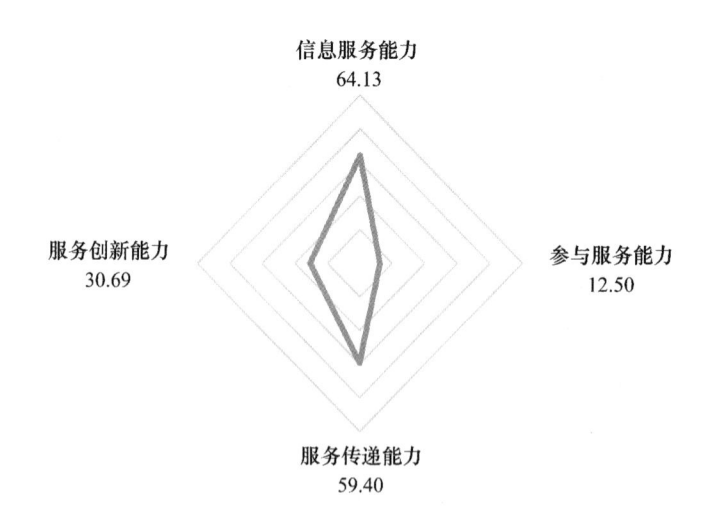

图3-15 地级市政务短视频服务能力各维度总体指数

在信息服务能力维度,"有用实用"指标均值为2.55分;"来源权威"指标均值为3.21分,"时间效度"指标均值为3.86分。活跃度高的地级市政务短视频账号发布信息的时效性强,注重在第一时间给用户带来资讯。地级市政务短视频账号的权威意识和版权意识逐渐增加,会在视频和附属内容中标注视频来源和原创作者，保障信息的权威性，有利于用户自主判断视频真实性。

在参与服务能力维度，"参与回应"指标均值为 0.45 分；"参与传播"指标均值为 0.80 分。地级市政务短视频账号在这两个维度内均表现不佳。在测评过程中，仅有 10% 的地级市（17 个）对短视频下方的评论内容进行了回复，政务短视频缺乏与用户互动产生的温度与亲密度。基于此，本书认为，一方面政务短视频作为一个信息传播的重要渠道，工作人员忽视了它在参与服务中发挥的作用；另一方面，工作人员由于工作精力有限，对评论回复的积极性较低。此外，仅有 17% 的地级市提供了邮箱等投稿方式或联系方式，削弱了用户投稿的积极性，增强了工作人员创作的压力。

在服务传递能力维度，甘肃省兰州市政务短视频在各指标下均表现优秀，获得了满分。四川省成都市和河南省郑州市也表现优异，政务短视频受到用户的评论、点赞、转发数量高，视频发布频繁，仅在信息规模方面稍显不足。

在服务创新能力维度，"新技术、方法采纳能力"指标均值为 4.8 分，超过 90% 的已开通政务短视频账号的地级市会利用官方话题的发布、视频合集的整理推动信息的宣传，基于当地特色，弘扬优秀传统文化，发展特色产业，带动经济和旅游业的发展。18% 左右的地级市已学会通过短视频账号进行新闻直播，通过直播动态帮助用户进行直播内容回顾。但是各地级市在"渠道"维度表现不佳。仅有 4 个地级市——江西省新余市、黑龙江省七台河市、广东省广州市和安徽省宿州市提供了其他平台的政务账号。值得表扬的是，江西省新余市是唯一一个在主页同时推广微信、微博、客户端等多个政务平台的短视频账号，搭建了政务新媒体渠道之间的矩阵。

第四章 省市政府数字服务能力综合指数

一 省市政府数字服务能力综合指数

(一) 省市政府数字服务能力综合指数构成

数字服务能力综合指数是政务网站、"两微一端"、政务短视频等5个渠道服务能力的综合测评指标，用以更加全面、客观地评价现阶段中国省市政府电子政务服务渠道的建设水平。其计算公式如下：

$$EGSAI_C = \sum_{i=1}^{5} \sigma_i EGSCI_i$$

其中，$EGSAI_C$为政府数字服务能力渠道综合指数，σ_i指权重，$EGSCI_i$为政府数字服务能力各渠道指数，$i=1,2,3,4,5$。

(二) 直辖市政府数字服务能力综合指数

4个直辖市中，上海市政府数字服务渠道建设表现优异，在政务App和"两微一端"的建设上成效显著，北京市和重庆市政府数字服务渠道建设也不甘示弱，在政务App、政务网站和政务短视频渠道均表现优秀。

从政府数字服务能力综合指数的组成维度来看，4个直辖市的网站、微博以及App指数相对均衡，渠道建设皆达到较高水平以上；其中重庆市的短视频渠道和上海市的微信渠道表现优异；

而短视频作为政务新兴渠道，各直辖市仍处于发展阶段，相比于其他政务平台还有更多的服务功能等待挖掘。

(三) 省级政府数字服务能力综合指数

在省级政府数字服务能力综合指数中，云南省、浙江省、四川省、湖北省和甘肃省表现优异。指数较高的省份在电子政务的渠道建设上均有不错的表现，其中云南省微博渠道的便捷易用给用户带来了良好的使用体验，App提供的信息资讯实用可靠，办事服务便利快捷，好评率高，各渠道发展势头迅猛、齐头并进；四川省的网站提供的办事流程清晰可靠，功能健全完善；湖北省和甘肃省各渠道建设则相对均衡。指数较低的省份在政务平台的完整性上明显不足，难以整合多渠道服务，同时普遍缺乏重要事项的网上办理功能。总体而言，中国省级政府数字服务能力综合指数的均值为65.33，处于中水平，共有15个省级政府得分超过平均值，占比约为55.56%。

从省级政府数字服务能力渠道指数的组成维度来看，云南省、浙江省、四川省、湖北省、甘肃省总体水平高，且各渠道表现较为均衡，整体管理推进机制较为完善。从整体来看，中国大部分省级政府数字服务的5个渠道建设水平仍不平衡，特别是短视频这种新型政务服务渠道的建设经验还严重缺乏，与网站和微博渠道相比处于弱势地位。而App渠道建设已经逐渐成熟，相较于2022年进步可观。从渠道建设的完整性来看，仍有较多省份缺少短视频服务渠道，需要根据实际情况进一步优化。

从省级政府数字服务能力渠道综合指数的平均水平来看，政务微博、政务网站、政务微信和政务App的总体建设情况优于政务短视频。以百分制计，各省（自治区）政务网站服务能力指数均值为77.58，明显领先于其他三个渠道，说明近年来国家推动的全国一体化在线政务服务平台建设已初见成效，政务微博和App指数均值分别为72.24和69.79，处于较高水平；但微信指数均值为 64.97，仍有很大提升空间；而短视频指数均值仅为 27.06，亟须受到各省（自治区）的重视（见图 4-1）。

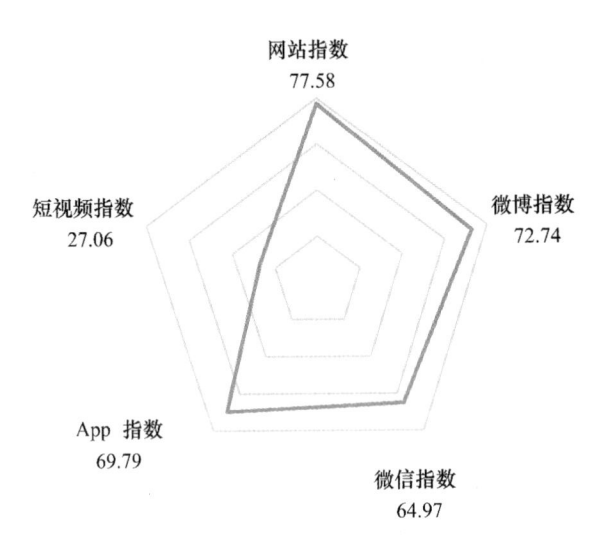

网站指数 77.58
微博指数 72.74
微信指数 64.97
App 指数 69.79
短视频指数 27.06

图 4-1　省级政府数字服务能力渠道综合指数

从省级政府数字服务能力综合指数的区间分布来看，各省数字服务综合能力的建设水平梯次分布明显，大部分处于较高水平，总体情况与 2022 年相比有所变化，云南省、浙江省、吉林省、辽宁省等 6 个省份数字服务能力有所上升。云南省和浙江省携手取得佳绩，政府数字服务能力已迈入高水平行列；此外，四川省、湖北省、甘肃省等 17 个省级政府数字服务能力也已达到较高水平，占比约为 62.96%（见图 4-2）。

由省级政府数字服务能力综合指数区间分布以及年度对比可见，近四年省级政府数字服务能力综合指数区间分布情况整体变化不大，各省稳步发展，均处于中水平以上。与 2022 年相比，2023 年高水平省级政府的数量增加了 1 个，综合指数处于较高水平的省级政府数量减少了 1 个，处于中水平的省级政府数量减少了 1 个，但是处于低水平的省级政府数量增加了 1 个，需逐步完善政府数字服务渠道建设（见图 4-3）。

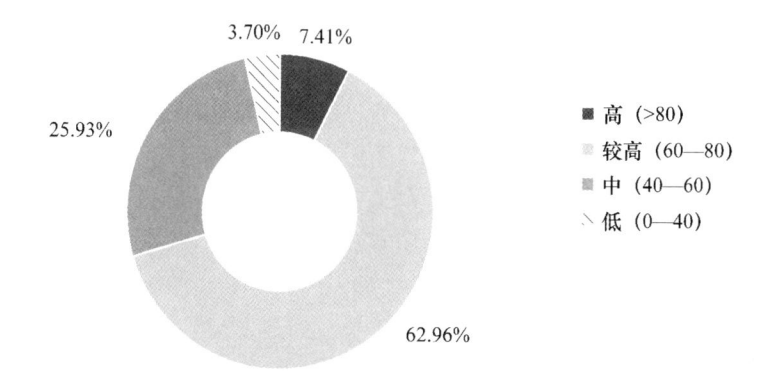

图4-2 省级政府数字服务能力综合指数区间分布

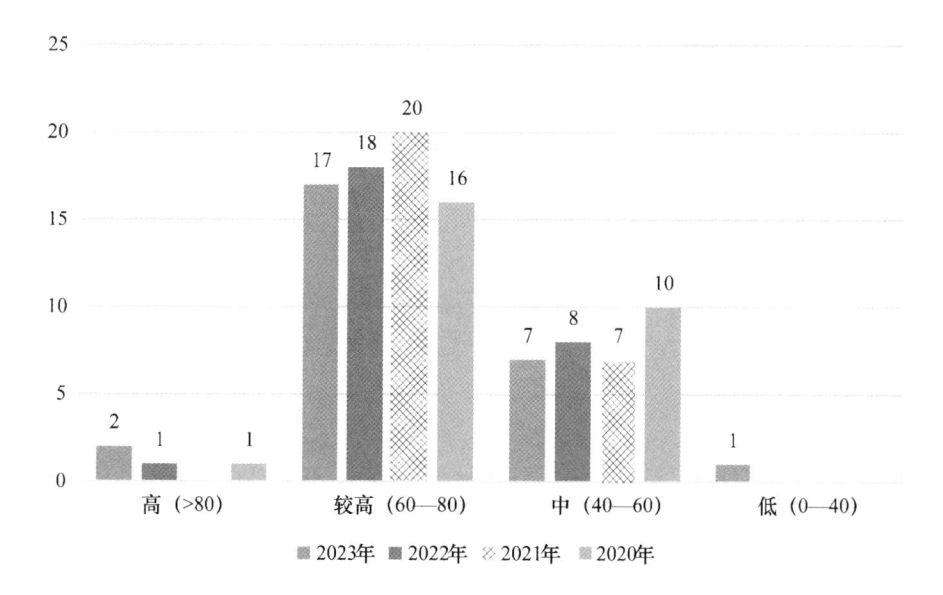

图4-3 省级政府数字服务能力综合指数区间分布年度对比

(四) 地级市政府数字服务能力综合指数

在地级市政府数字服务能力综合指数中,广州市、青岛市、衢州市和合肥市,指数均值达到80以上,成功跻身高水平区间。全国地级市综合指数的平均得分为60.02,处于中水平,相较于2022年地级市综合指数59.22有所进步,全国共有211个地级市的综合指数得分超过平均水平,占比约为63.36%。从地级市政府数字服务能力综合指数各维度的平均水平来看,各地级市 5 个渠道的指数情况差异较大。其中，政务 App 指数发展较好，指数均值达到 71.95，略高于其他 4 个渠道；政务网站指数居于其后，均值为 71.44；微信和微博指数则稍显逊色，均值分别为 61.82 和 54.23；短视频指数居末位，均值仅为 23.80，仍然有非常大的上升空间（见图 4-4）。

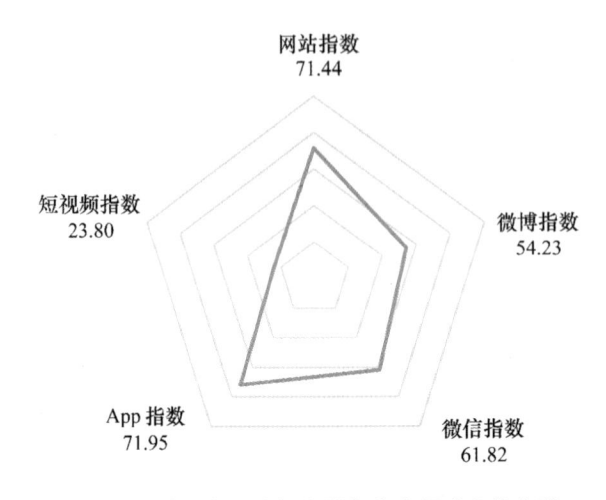

图 4-4 地级市政府数字服务能力渠道总体指数

从省域内地级市数字服务能力综合指数来看，各地级行政区之间的数字服务能力也都存在一定差异。其中，地级市间数字服务能力综合指数差异最小的是安徽省，标准差为 4.51，并且有着最高的综合指数均值，说明省域内地级市政府数字服务能力发展均衡、稳中向好。

从地级市政府数字服务能力综合指数的区间分布来看，仅有广州市、青岛市、衢州市和合肥市综合指数达到 80 以上，成功跻身高水平行列；潍坊市、苏州市等 207 个地级市的综合指数已达到较高水平，占比 62.16%；秦皇岛市、定西市等 101 个地级市的综合指数处于中等水平，占比 30.33%。由此可以看出，各地级市政府数字服务能力综合指数相较于 2022 年有所提升，大部分地级市的电子政务服务渠道的建设水平已处于较高及中水平，但处于高水平的地级市政府数量略显单薄，处于低水平的地级市需要加强重视"互联网+政务服务"建设,加快落实相关政策要求,逐步提升政府数字服务整体水平(见图4-5)。

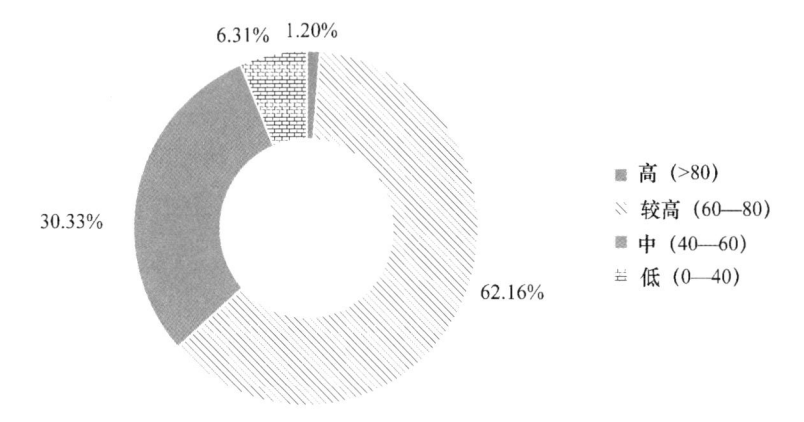

图4-5 地级市政府数字服务能力综合指数区间分布

如图4-6所示,2023年全国地级市综合指数的平均得分为60.02,初步跻身较高水平,相较于2022年的平均得分59.22有所提升。从地级市综合指数的分布情况来看,处于较高水平的地级市数量大幅上升,同时处于中水平的地级市数量明显减

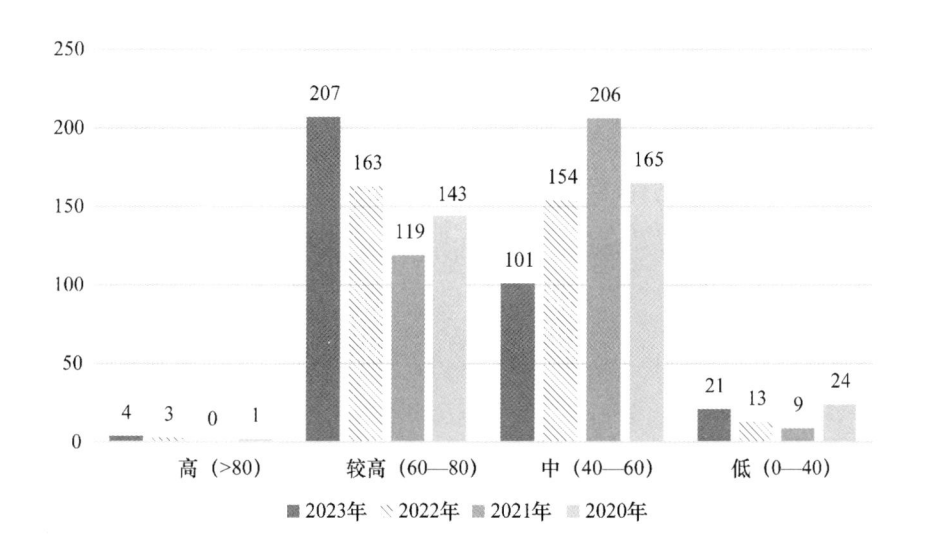

图4-6 地级市政府数字服务能力综合指数区间分布年度对比图

少，这表明各地级市的政府数字服务能力水平也在稳步提高，但高水平层面的地级市数量还有待增加。

(五) 省份政府数字服务能力综合指数

在省份政府数字服务能力指数中，安徽省、浙江省、山东省齐头并进，成为政府数字服务能力综合指数突破70的省份。其中，安徽省、浙江省、江苏省和贵州省连续三年表现突出，值得肯定；中西部地区和东北地区的综合指数与其他地区相比还存在一定差距，有待发展。另外，全国各省份政府的数字服务能力综合指数均值为60.00，有17个省份高于平均水平，占比约为62.96%，相较于2022年有所提升。

总体而言，与2022年相比，绝大多数省份的综合指数是有进步的，安徽省、浙江省和江苏省则稳定在前五名中，指数低于40的省份也仅剩两个，这两个省份还需要进一步加大政府数字服务建设力度，提高数字服务能力水平。

二 省市政府数字服务能力"双微"指数

(一) 省市政府数字服务能力"双微"指数构成

政府数字服务能力"双微"指数是政务微信、政务微博两个渠道服务能力的综合测评指标，用以客观和全面地评价现阶段中国（港澳台除外）政府数字服务的"双微"建设情况。其计算公式如下：

$$EGSAI_{dw} = \sum_{i=2}^{3} \sigma_i EGSCI_i$$

其中，$EGSAI_{dw}$为政府数字服务能力"双微"指数，σ_i指权重，$EGSCI_i$为政府数字服务能力指数，$i=2,3$。

(二) 直辖市政府数字服务能力"双微"指数

4个直辖市中，上海市与北京市的"双微"综合表现优秀，两直辖市的"双微"服务能力均处在平均水平以上，在政务微博和政务微信的建设上成效显著。在政务微博服务能力方面，上海市、重庆市和北京市表现相当。在政务微信服务能力方面，上海市和北京市表现优异。整体情况与2022年相比变化不大。

从直辖市"双微"指数的组成维度来看，北京市和上海市的"双微"建设水平相对均衡，但上海市和北京市的微博服务能力指数略高于微信服务能力指数，重庆市和天津市的微博服务能力指数则明显高于微信服务能力指数；且重庆市的微博服务能力指数大幅度超过微信服务能力指数。总体看来，4个直辖市的政务微博服务能力指数之间的差距相对较小，政务微信服务能力指数的差距略大。但由于在计算"双微"指数得分时，微博渠道的权重大于微信渠道的权重，因此从直辖市政府数字服务能力"双微"渠道指数来看，"双微"服务能力指数与微博服务能力指数分布情况较为吻合。

（三）省级政府数字服务能力"双微"指数

在省级政府数字服务"双微"指数中，云南省、四川省、陕西省在"双微"渠道的建设上处于高水平。各省份的"双微"指数均值与2022年的指数均值67.20相比有明显进步，并且总体处于较高水平，省级政府在"双微"建设上大部分都表现较好，共有16个省份高于平均水平，占比约为59.26%。

从省级"双微"指数的组成维度来看，政务微博的服务能力普遍大于政务微信的服务能力。大部分呈现出来的是政务微博的服务能力指数大于政务微信的服务能力指数，与2022年正好相反，其中27个省（自治区）中，有26个省（自治区）的政务微博服务能力大于政务微信服务能力，"双微"渠道的发展仍未能找到一个恰当的平衡点。

从省级"双微"指数的区间分布来看，各省区数字服务的

"双微"建设水平大多处于较高水平，云南省、四川省和陕西省省级政府的"双微"指数达到高水平，指数均值为85.17，占比约为11.11%。有17个省级政府"双微"指数达到较高水平，指数均值为72.40，占比约为62.96%；有7个省级政府"双微"服务能力处于中水平，指数均值为55.21，占比约为25.93%。整体来看，处于较高及以上水平的占比从2022年的70.37%到2023年的74.07%，同比上升3.7个百分点（见图4-7）。

与2022年省级政府数字服务能力"双微"指数相比，云南省、四川省、陕西省发展稳定，连续两年成为处于高水平区间的省份，这些省份的微博服务能力和微信服务能力表现都较为突出。从省级政府数字服务能力"双微"指数区间分布年度对比来看，与2022年相比，2023年"双微"指数大于80的省份数量减少了1个，"双微"指数在60—80区间的省份数量增加了2个，40—60分中水平区间省份数目减少了1个，整体表现略有上升（见图4-8）。

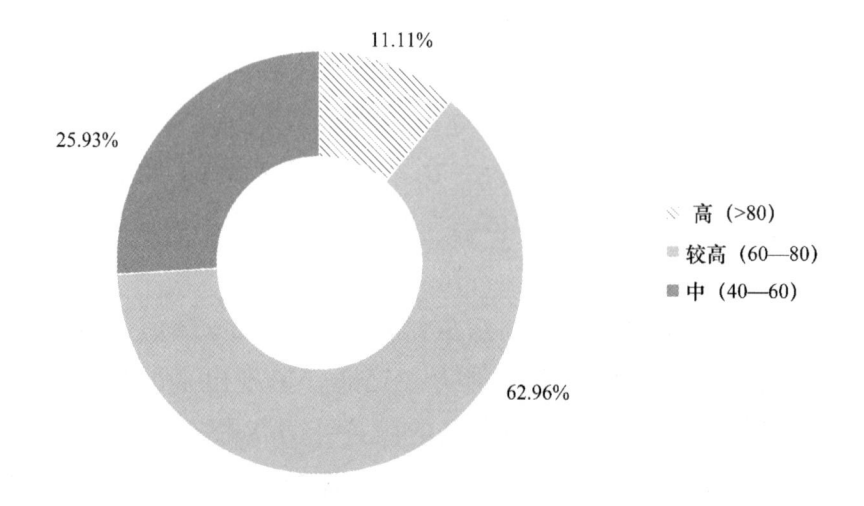

图4-7 省级政府数字服务能力"双微"指数区间分布

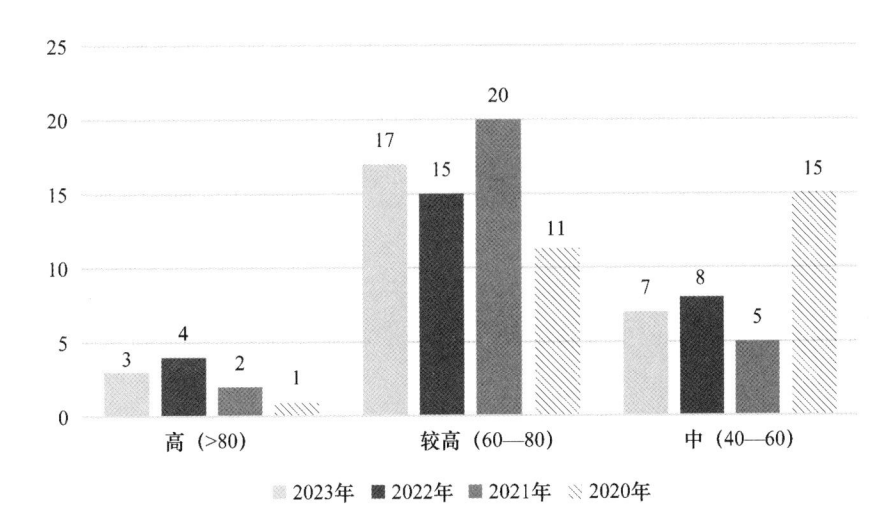

图4-8 省级政府"双微"服务能力指数区间分布年度对比

(四) 地级市政府数字服务"双微"指数

在地级市政府数字服务能力"双微"指数中，广州市的两个指标均处于高水平区间。武汉市、苏州市和长沙市都处于高水平区间。

从地级市层面来看，省域内地级市之间也存在着"双微"服务能力指数差异。安徽省、四川省、贵州省、甘肃省的省区内地级行政区之间的"双微"服务能力指数差异较小；而海南省、西藏自治区、吉林省和新疆维吾尔自治区等省区内地级行政区之间的"双微"服务能力指数差距较大。

从地级市"双微"指数的区间分布来看，大部分地级市的"双微"渠道建设都处于较高水平，在333个地级行政区划单位中，只有9个地级市的"双微"服务能力指数处于高水平，分别是广州市、武汉市、苏州市、长沙市、福州市、南昌市、青岛市、赤峰市和宿迁市，指数均值为84.52，占比约为2.70%；有186个地级市的"双微"指数处于较高水平，指数均值为68.22，占比约为55.86%；有81个地级市的"双微"指数处于中水平，指数均值为52.97，占比约为24.32%；有57个地级市的"双微"服务能力指数处于低水平，指数均值为28.47，占比约为15.02%。与2022年相比，"双微"服务能力指数处于高水平和较高水平区间的地级市数量有了一定的提升，且总体上地级市"双微"服务建设水平略有上升（见图4-9）。

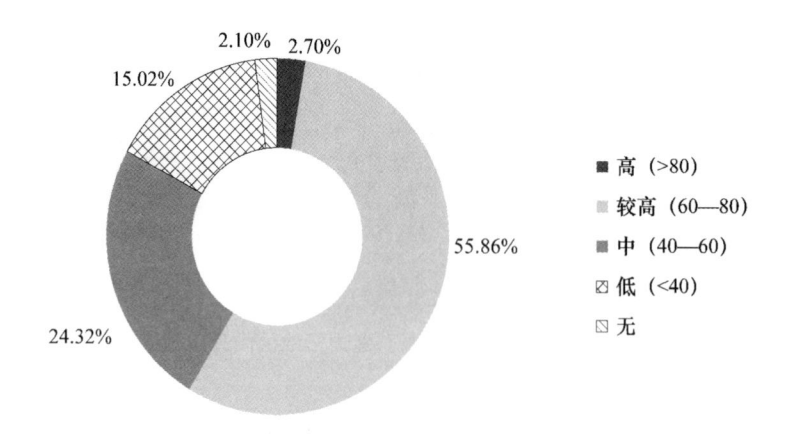

图4-9 地级市政府数字服务能力"双微"指数区间分布

从地级市政府"双微"服务能力指数区间分布年度对比来看，与2022年地级市政府数字服务能力"双微"指数相比，从分布方面来看，"双微"指数大于80的地级市数目增加了1个，"双微"指数在60—80较高水平区间的地级市数目增加了19个，40—60中水平区间地级市数目减少了36个，0—40低水平区间地级市数目增加了9个，尚无政务微博和微信的地级市数目增加了7个，因此整体来看，地级市"双微"指数水平较2022年有所上升（见图4-10）。

（五）省份政府数字服务能力"双微"指数

省份的"双微"服务能力指数是包含省级政府和各省地级市政府的"双微"服务能力的综合指数。贵州省、安徽省、四川省等13个省份的"双微"指数处于较高水平，其中贵州省、安徽省、四川省的"双微"指数分别为69.49、67.78和67.13，

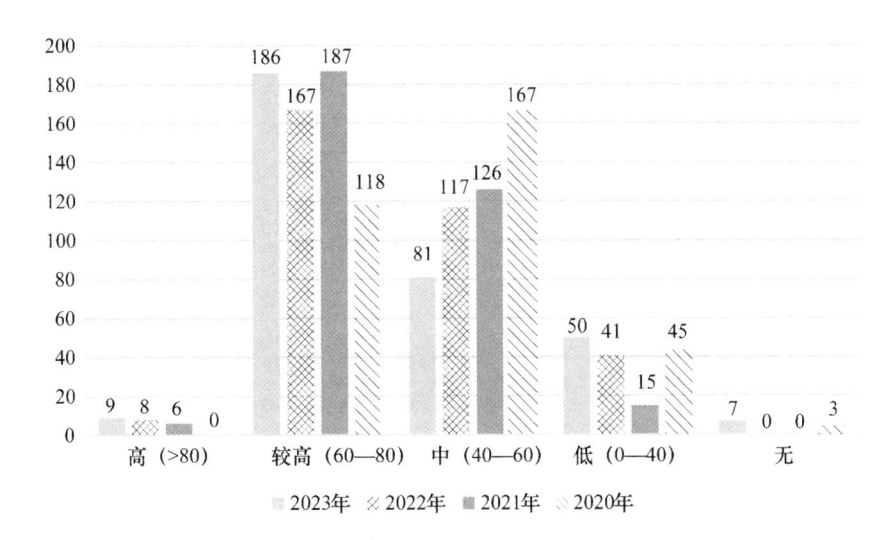

图 4-10 地级市政府"双微"服务能力指数区间分布年度对比

总体均值为 57.68。贵州省、安徽省、四川省等省份的"双微"渠道基本都已建成,而个别省份中的一些地级市尚没有开通微博或微信的服务渠道。

三 省市政府数字服务能力"新媒体"指数

(一) 省市政府数字服务能力"新媒体"指数构成

"新媒体"指数是政府官方微信、官方微博、App 和短视频四个渠道服务能力的综合测评指标,用以测评政府数字服务的"两微一端"建设情况。其计算公式如下:

$$EGSAI_{nm} = \sum_{i=2}^{5} \sigma_i EGSCI_i$$

其中,$EGSAI_{nm}$ 为电子政务服务能力"新媒体"指数,σ_i 指权重,$EGSCI_i$ 为电子政务服务渠道指数,$i = 2,3,4,5$ 分别代表微博、微信、App 和短视频政务服务能力指数(见第二章)。

(二) 直辖市政府数字服务能力"新媒体"指数

4 个直辖市中,上海市的"新媒体"服务能力指数为

85.84，远高于平均水平，在"两微一端"平台上表现优异。但是与2022年直辖市政府数字服务能力"新媒体"指数相比，整体水平略显下滑。

从直辖市"新媒体"指数的组成维度来看，4个直辖市的政务App渠道建设水平较为均衡，且都达到较高水平；而微信渠道建设和短视频渠道建设存在比较大的差异。除北京市和上海市外，其他直辖市都分别在某个渠道建设上有所欠缺。

与2022年直辖市"新媒体"指数相比，2023年，各直辖市依然注重政务App的建设，4个直辖市的App服务能力指数均已达到高水平。其中，重庆市政务App在一年内发展迅速，跻身高水平行列，充分体现了重庆市对于政务平台发展的重视程度；北京市在政务短视频、上海市在政务App、天津市在政务微信的建设方面也都有不错的进步，但是总体上看，各个直辖市在其他渠道的建设稍显下滑。

（三）省级政府数字服务能力"新媒体"指数

在省级政府数字服务能力"新媒体"指数中，云南省、浙江省、甘肃省、四川省和湖北省表现优秀。相较于2022年省级"新媒体"指数情况，云南省稳步发展，得益于其在政务App和政务微信上的优异表现，尤其是政务App为用户提供了清晰全面的办事流程和方便快捷的参与渠道；浙江省也因为加大了政务短视频建设从而实现了质的飞跃。总体而言，各省（自治区）"新媒体"指数的均值为61.67，处于中水平，整体相比2022年有所提升。

从省级"新媒体"指数的组成维度来看，大部分省份4个渠道建设的发展状况参差不齐。例如，指数较高的省份中，云南省的政务微博和政务App渠道政务服务能力较为优秀，但短视频政务服务能力却明显落后；指数较低的省份的政务微博和政务App建设相对较好，微信渠道建设则与处于头部的省份存在一定的差距，并且由于政务短视频渠道的缺失，以及 2023 年的指标权重仍侧重于微信和政务 App，因此取得的分数不太理想。

从省级"新媒体"指数各渠道维度的平均水平来看，微博的建设最优，微信和 App 略微逊色，短视频最差。各省（自治区）的微博服务能力指数均值为 72.74，处于较高水平；App 服务能力指数和微信服务能力指数的均值分别为 69.69 和 64.97，处于中水平。短视频服务能力指数仅为 27.06，处于低水平。与 2022 年各渠道指数的平均水平相比，微博服务能力指数有不小的进步，这与各省（自治区）逐步完善政务微博信息发布的准确性与时效性以及加强与公众的互动交流和在线服务功能息息相关；App 服务能力指数略微下降，这表明部分省（自治区）对政务 App 渠道的定位仍侧重于信息发布，未能充分发掘和利用移动端自主软件的特性，线上服务覆盖范围未能扩充，和公众互动交流功能未完善。而短视频作为政务服务新兴渠道，虽然相比 2022 年有略微进步，但仍处于起步阶段，近半数省（自治区）仍未开通政务短视频账号（见图 4-11）。

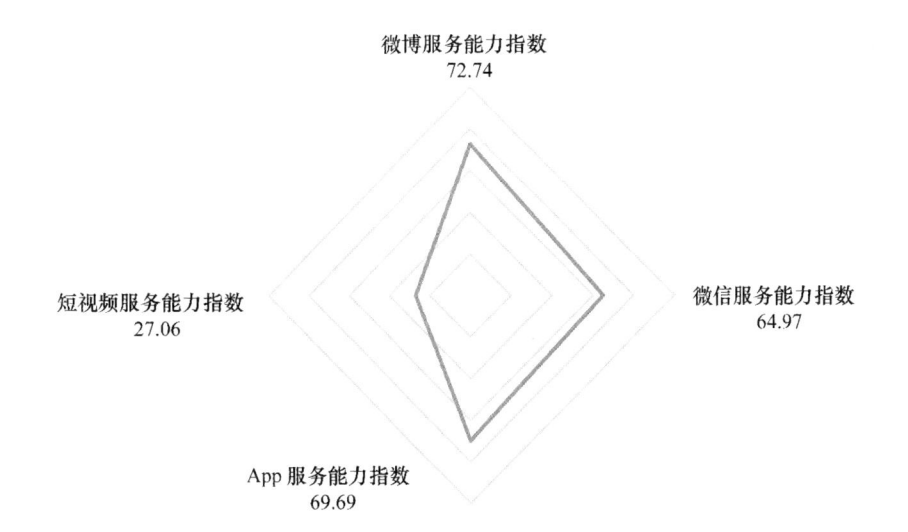

图 4-11 省级政府数字服务能力"新媒体"渠道总体指数

从省级"新媒体"指数的区间分布来看,各省(自治区)政府数字服务能力的"新媒体"建设水平基本达到较高水平和中水平,占比分别59.26%和25.93%,并且云南省的政府数字服务能力指数达到了高水平,指数为82.84(见图4-12)。

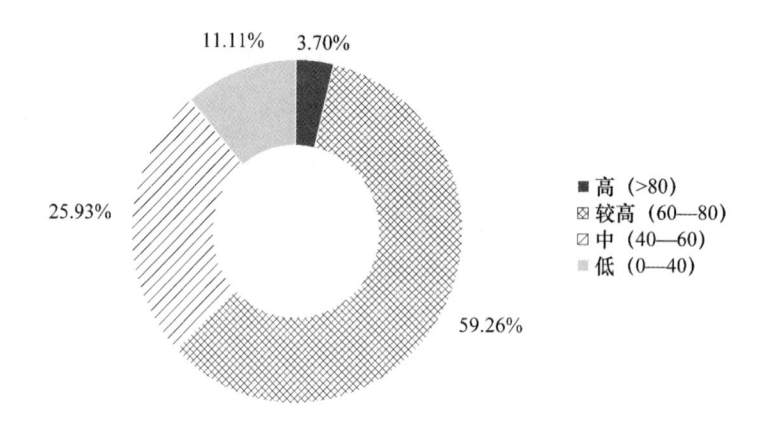

图4-12 省级政府数字服务能力"新媒体"指数区间分布

如图4-13所示,与2022年省级政府数字服务能力"新媒体"指数相比,2023年,处于高水平和较高水平的省份分别增加了1个和2个,整体情况差别不大,各省份在政务"新

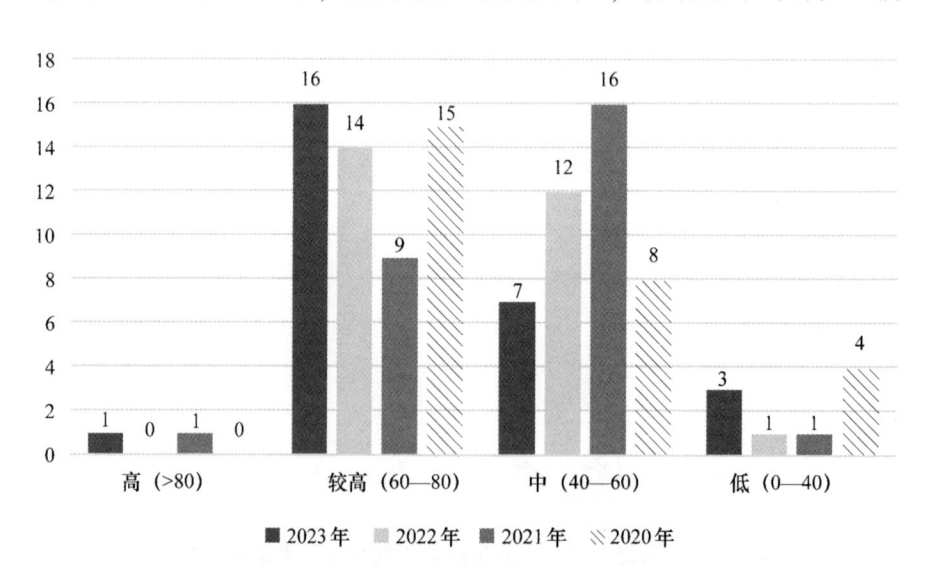

图4-13 省级政府"新媒体"服务能力指数区间分布年度对比

媒体"渠道上发展平稳。其中，云南省和河南省值得表扬，分别从较高水平迈向高水平、从中水平迈向较高水平，在微博和政务 App 两个渠道上均有出色表现。

（四）地级市政府数字服务能力"新媒体"指数

在地级市"新媒体"服务能力指数中，广州市表现突出，4个渠道建设均取得优异成绩；衢州市和青岛市分别在政务 App 和政务微信渠道建设上表现亮眼；各省（自治区）均有突出表现的地级市，2023 年除了山东省有 2 个地级市位于前 10 名，其余地级市均属于不同省份。此外，全国地级市的"新媒体"指数均值为 56.61，整体处于中水平。

从省域内地级市之间政府数字服务能力"新媒体"指数来看，地级市服务能力差异最小的是安徽省，标准差为 4.33；其次是贵州省，标准差为 5.70。虽然两省标准差最小，但省域内各地级市的服务供给能力仍处于中水平。

如图 4-14 所示，从地级市"新媒体"指数的区间分布来看，广州市和衢州市的"新媒体"服务能力达到高水平，占比约为 0.60%；青岛市、大理白族自治州等 150 个地级市（自治州）的"新媒体"服务能力达到较高水平，占比约为 45.05%；

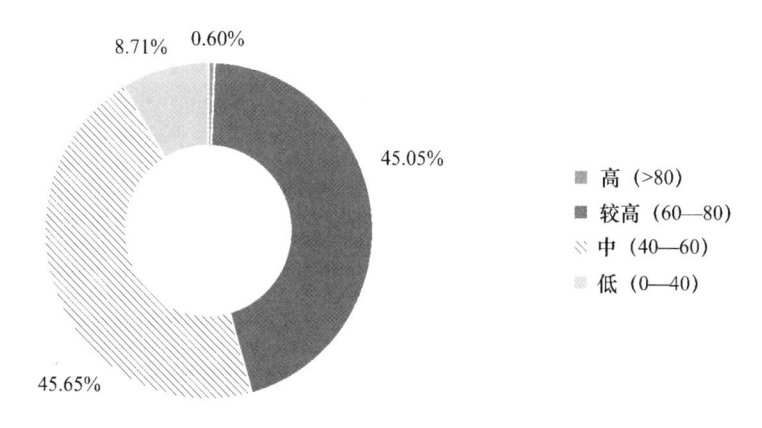

图 4-14 地级市政府数字服务能力"新媒体"指数区间分布

宝鸡市、朔州市等152个地级市的"新媒体"服务能力处于中水平，占比约为45.65%；其余29个地级市（自治州）的"新媒体"服务能力处于低水平，占比约为8.71%。

总的来说，与2022年地级市"新媒体"指数区间分布相比，处于高水平区间的地级市数量稳定，广州市连续两年成为高水平地级市，表现优异；另外，处于较高水平的地级市增加了54个，处于中水平的地级市减少了53个，处于低水平的地级市减少了1个。整体来看，2023年，全国地级市政务"新媒体"渠道建设稳中向好，总体建设水平有较大增幅（见图4-15）。

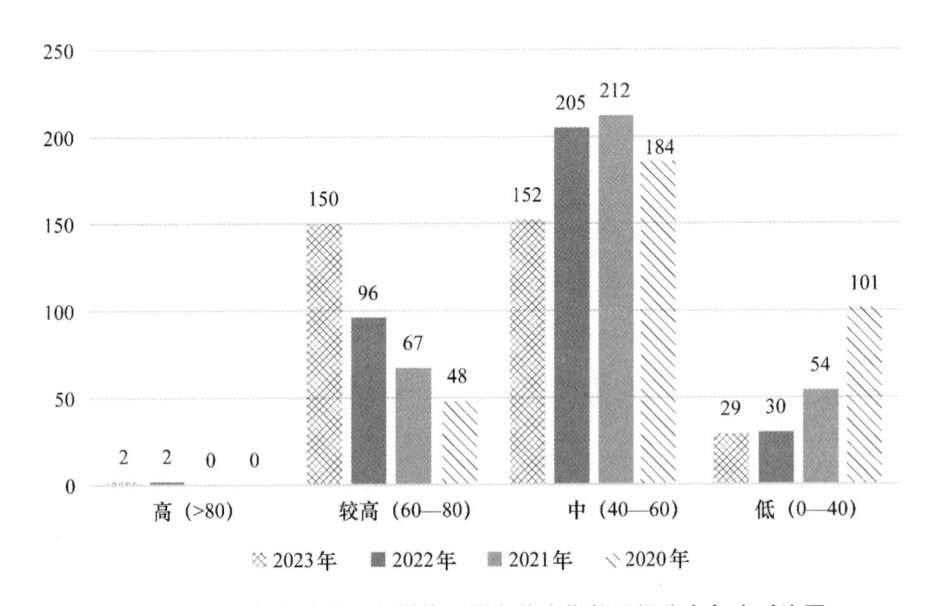

图4-15 地级市政府"新媒体"服务能力指数区间分布年度对比图

（五）省份政府数字服务能力"新媒体"指数

在省份政府数字服务能力"新媒体"指数中，浙江省、安徽省、贵州省、云南省和山东省表现优异，这几个省及其下辖地级市的"新媒体"渠道建设相对均衡。指数较低的省份主要集中在西部地区和东北地区，在"新媒体"渠道的建设和发展上整体滞后。另外，全国各省份的数字政务服务能力"新媒体"指数均值为56.65，有16个省份高于平均水平，占比约为59.26%。

第五章 省市政府数字服务最佳实践

一 政府数字服务最佳实践甄选

在政府数字服务领域，随着科技发展，社会公众日益增长的服务需求与实际供给不足、质量不高之间的矛盾逐渐显现，各省（自治区、直辖市）服务供给能力水平之间的差距逐渐拉大。如何缩小各地区差距，保障不同地区、行业、阶层、群体的利益，是目前政府数字服务持续发展首先要解决的问题。本报告选取了政府数字服务能力水平较高的优秀案例，希望对各省（自治区、直辖市）政府数字服务建设起到启发性的作用。

通过筛选，在政务网站、政务微博、政务微信、政务App和政务短视频5个渠道中分别从省、市中各选取3个数字服务媒体作为最佳实践。政务网站的最佳实践分别是"重庆市人民政府""四川省人民政府""贵州省人民政府""陕西省人民政府""贵阳市人民政府""杭州市人民政府""德阳市人民政府"；政务微博的最佳实践分别是"上海发布""云南发布""四川发布""南京发布""武汉发布""中国广州发布"；政务微信的最佳实践分别是"上海发布""云南省人民政府""湖北省人民政府网""河北省人民政府""湛江政府网""湘潭微政务""淮南市人民政府发布"；政务App的最佳实践分别是"随申办市民云""浙里办""爱山东""办事通""皖事通·蚌埠市""皖事通·安庆市""皖事通·黄山市"；政务短视频的最佳实践分别是"重庆发布""美丽浙江""湖北发布""网信七台河""美丽湖州""大理发布"。此外，针对"跨省通办"专区，本报告甄选了部分表现出色的省市和地区，包括：北京市、重庆市、江苏省、浙江省等各省市网站或 App 设置的跨省通办服务专区以及全国一体化政务服务平台开设"跨省通办"服务专区。

本报告中的最佳实践是根据工作团队对"两微一端"及政务网站进行测评时对典型案例的挖掘及最终得到的各项渠道指数的表现，分别从直辖市、省级和地级市政府中甄选出指数表现较好同时具有典型特色的最佳实践案例。

二 省市政务网站最佳实践

（一）直辖市政务网站最佳实践

重庆市在直辖市政务网站服务能力指数测评中表现优异，其官方网站"重庆市人民政府"在信息服务能力、事务服务能力和服务传递能力方面均有出色表现，在 4 个直辖市中位列第一。在信息服务能力方面，重庆市政务网站的机构职能介绍完整、清晰，信息发布权威、时效性高，基本满足市民对信息互通互联、资源共享的需求；在事务服务能力方面，重庆市政务网站的办事流程说明完整、清晰，绝大部分办事服务能全程、高效地在网站进行；在服务传递方面，重庆市政务网站便捷易用、功能灵活、稳定可靠，能够支持老人、盲人等特殊人群的使用。

重庆市人民政府网站在信息服务能力、事务服务能力、参与服务能力、服务传递能力和服务创新能力方面得分都位于前列，尤其是信息服务能力、事务服务能力和服务传递能力。重庆市政务网站作为直辖市政务网站最佳实践，主要表现为市长信箱等完善的咨询渠道，及时公布征集调查，信箱及时回复、留言办理时间短且办结比例高，在线访谈及时回复，以及对于民众反馈的问题能及时回应解决。

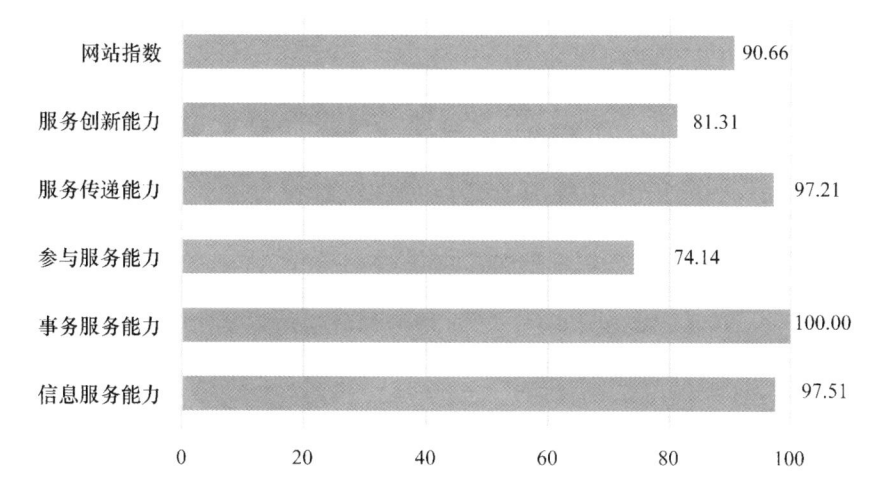

维度	指数
网站指数	90.66
服务创新能力	81.31
服务传递能力	97.21
参与服务能力	74.14
事务服务能力	100.00
信息服务能力	97.51

图 5-1　重庆市人民政府网站总指数与各维度能力指数

图 5-2　重庆市人民政府网站首页

图 5-3　重庆市人民政府网站政民互动页面

72　国家智库报告

在服务传递能力方面，重庆市人民政府网站设有便捷易用的导航栏，网站设计具有人文关怀，清晰的标题和事务类目；支持多种语言和无障碍阅读，功能简单易用，同时设置了智能问答机器人，能及时帮助民众解决一些技术操作和事务流程方面的问题。

图 5-4　重庆市人民政府无障碍服务和智能问答页面

(二) 省级政务网站最佳实践

1. 四川省

四川省在省级政务网站服务能力指数表现最佳，其官方网站"四川省人民政府"在信息服务能力、事务服务能力和服务传递能力等方面均有出色表现。

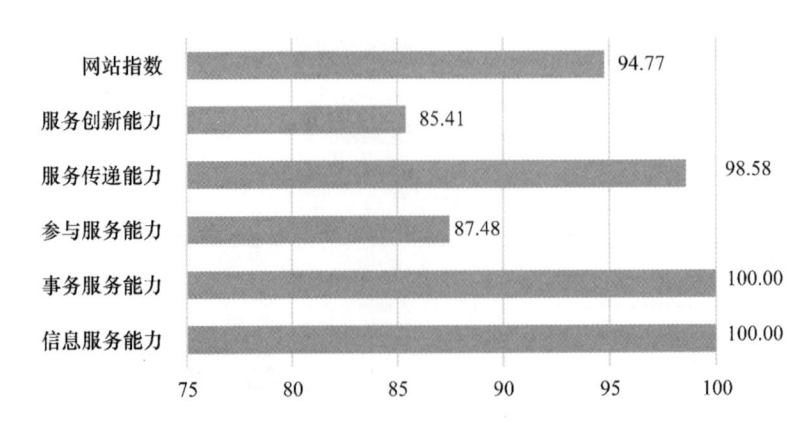

维度	指数
网站指数	94.77
服务创新能力	85.41
服务传递能力	98.58
参与服务能力	87.48
事务服务能力	100.00
信息服务能力	100.00

图 5-5　四川省人民政府网站总指数与各维度能力指数

四川省人民政府网站功能上支持四种外国语言和辅助老人、盲人使用的无障碍浏览，并且有帮助公众使用网站的智能客服。在信息服务能力方面，该网站及时发布权威要闻及政策动态，基本满足公众的信息需求。

图 5-6 四川省人民政府网站政务公开页面

在事务服务能力方面，四川省人民政府网站的"政务服务"可直接跳转到"四川政务服务网"，该网站的办事服务门类清晰，分为个人服务和法人服务，并专门设置了服务引导专区，查找方便，办事效率高。侧边的导航栏覆盖了办事指南、办事进度、好差评和智能客服以及手机端适配等；网站还可设置订阅个性化服务，简单易懂。

在参与服务能力方面，四川省人民政府网站设立了省长信箱、意见征集、网上信访、网上举报和在线访谈等版块，提供了公众和企业向省长、副省长反映问题和表达诉求的交流平台，并及时公布和反馈信息。

2. 贵州省

贵州省官方网站"贵州省人民政府"在政务网站渠道表现优异，集中在事务服务能力、服务传递能力和信息服务能力方面。

图5-7　四川政务服务网主页

图5-8　四川省人民政府网站政民互动页面

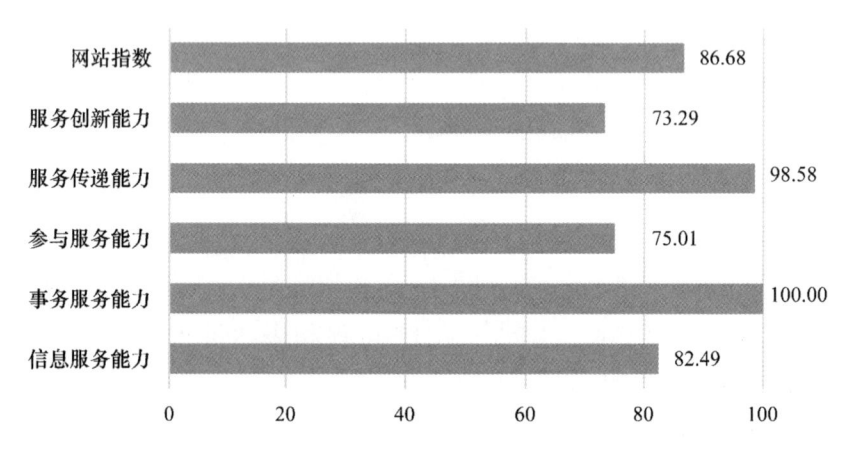

图5-9　贵州省人民政府网站总指数与各维度能力指数

维度	指数
网站指数	86.68
服务创新能力	73.29
服务传递能力	98.58
参与服务能力	75.01
事务服务能力	100.00
信息服务能力	82.49

在事务服务能力方面，贵州省人民政府对事项分为"公示公告""个人办事""企业办事"等8个模块，服务门类清晰，快捷便利，并专门设置了"小贵"智能机器人服务，查找方便，办事效率高。除个人办事、企业办事等基础服务项目，贵州省人民政府还创新性地提供12315政务服务便民热线渠道、政府服务评价、办理事项和业务数据统计、政务服务地图等模块，有利于倾听民声、了解民意，最大程度便利用户网上办事。

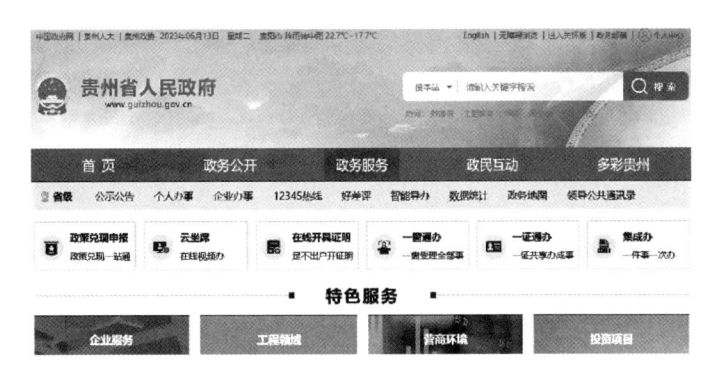

图5-10　贵州省人民政府网站事务服务页面

图5-11　贵州省人民政府网站智能机器人页面

76　国家智库报告

　　在服务传递能力方面，贵州省人民政府网站设有明确的导航栏；对个人办事服务、法人办事服务、企业办事服务等服务事项作了明确的分类；建立了政务服务专栏，对常用办事服务进行分类整理；该网站支持多语言浏览、无障碍阅读，辅助老人、盲人使用，网站排版分块布局，阅读简单易懂，流程清晰。

图5-12　贵州省人民政府网站首页

　　在信息能力服务方面，贵州省人民政府网站设有完整清晰的机构职能介绍、负责人、联系方式、地址等信息，概况类信息发布及时、来源权威，能够迅速解读信息发布，回应公众关注热点或重大舆情。网站页面分类清晰，信息易得可得。

图5-13　贵州省人民政府网站政务公开页面

3. 陕西省

陕西省人民政府网站在事务服务能力和服务传递能力方面均有出色的表现。

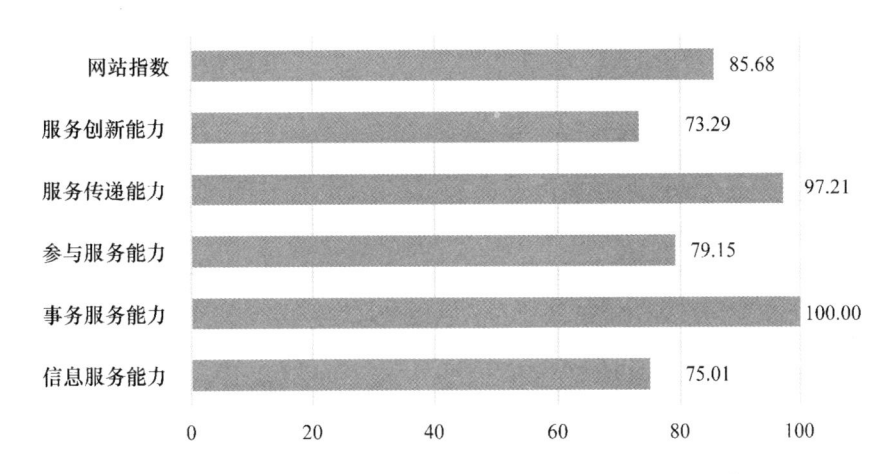

维度	指数
网站指数	85.68
服务创新能力	73.29
服务传递能力	97.21
参与服务能力	79.15
事务服务能力	100.00
信息服务能力	75.01

图 5-14　陕西省人民政府网站总指数与各维度能力指数

在事务服务能力方面，陕西省人民政府网站推出和打造了"全国一体化在线政务服务平台"的办事服务理念，具有创新性，网站设立"我要查""我要看""我要问""我要办""我要评"五大模块，分类清晰明确。从查看、咨询、办事、评价四个方面，全方位、一体化地为公众办事服务提供更多的便捷性。

图 5-15　陕西省人民政府网站办事服务页面

在服务传递能力方面，陕西省人民政府网站设有明确的导航栏；对个人办事服务、法人办事服务、企业办事服务等服务事项作了明确的分类；建立政务服务专栏，对常用办事服务进行分类整理；该网站支持多语言浏览、无障碍阅读等，辅助老人、盲人使用，网站排版分块布局，阅读简单易懂，流程清晰。

图 5-16 陕西省人民政府网站首页

（三）地级市政务网站最佳实践

1. 贵州省贵阳市

贵州省贵阳市在地级市级政务网站服务能力指数中表现出色，其官方网站"贵阳市人民政府"在信息服务能力、事务服务能力、

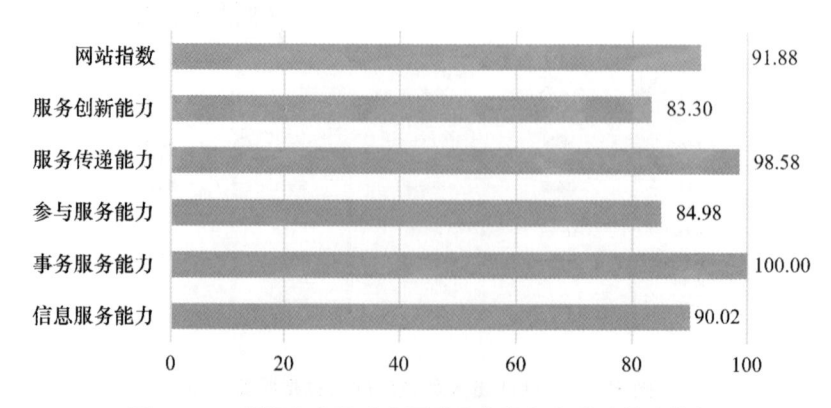

维度	指数
网站指数	91.88
服务创新能力	83.30
服务传递能力	98.58
参与服务能力	84.98
事务服务能力	100.00
信息服务能力	90.02

图 5-17 贵阳市人民政府网站总指数与各维度能力指数

参与服务能力、服务传递能力和服务创新能力方面均表现突出，尤其是事务服务能力、服务传递能力和信息服务能力等方面。

图 5-18　贵阳市人民政府网站首页

在事务服务能力方面，贵阳市人民政府网站把日常常用的模块集中放在一起，方便用户查询；并且将个人办事、企业办事和部门服务等区分开来，对每项服务都列出了详细的办理流程和所需的材料，同时也包含了办事评价、数据统计、政务地图等内容。

图 5-19　贵阳市人民政府网站办事服务页面

在服务传递能力方面，贵阳市人民政府网站有清晰合理的导航栏，按用户类型将办事服务统一划分为个人办事、企业办事等；支持无障碍阅读、中英文阅读、繁体阅读等；网站首页涉及的内容和相关链接均能正常显示和使用，相关的搜索和多语言等辅助功能也都能正常使用。

图 5-20　贵阳市人民政府网站首页

在信息服务能力方面，贵阳市人民政府网站的信息发布权威，时效性强；网站首页将居民和企业重点关注的便民政策、利企政策和政策解读等专设版块，方便用户浏览查阅；同时创新性地开设游客版块，从"筑行""筑味"和"筑艺"三个方面全方位为外来游客提供关于交通、饮食和住宿的详细介绍。

图 5-21　贵阳市人民政府网站信息服务能力页面

2. 浙江省杭州市

浙江省杭州市在地级市政务网站服务能力指数中排名第二，杭州市人民政府门户网站综合表现良好，尤其是在服务传递能力、事务服务能力、信息服务能力等方面表现突出。

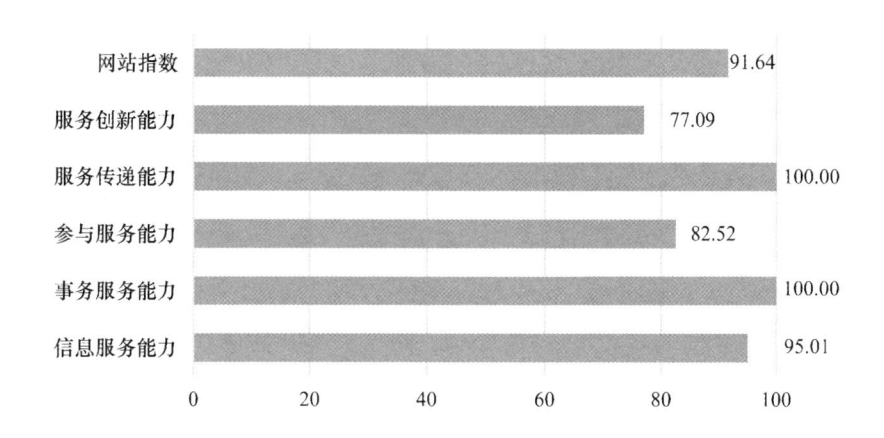

维度	指数
网站指数	91.64
服务创新能力	77.09
服务传递能力	100.00
参与服务能力	82.52
事务服务能力	100.00
信息服务能力	95.01

图 5-22　杭州市人民政府网站总指数与各维度能力指数

在服务传递能力方面，杭州市人民政府网站支持无障碍阅读、中英文双语阅读等，网站凸显杭州市风景特色，侧边导航栏和标题导航栏设计合理，排版布局清晰明朗；网站稳定可靠，首页内容和功能均能正常阅读和使用。

图 5-23　杭州市人民政府网站办事服务页面

在事务服务能力方面，杭州市人民政府网站将个人服务、法人服务和部门服务中的事项按照主题进行整理，使公众能够快速便捷地找到目标。特别是对于审批服务，该网站将全部行政审批事项统一纳入政务服务大厅集中公开办理。侧边导航栏有智能问答、咨询投诉和统一支付等功能，办事服务页面设计合理、清晰。

图 5-24　杭州市人民政府政务服务页面

在信息服务能力方面，杭州市人民政府网站的信息发布权威，时效性强；网站首页将公众重点关注的政策信息和通知公告等专设版块，方便用户浏览查阅。

图 5-25　杭州市人民政府网站首页

3. 四川省德阳市

四川省德阳市官方网站"德阳市人民政府"在政务网站的建设上有突出表现；在服务创新能力、服务传递能力、参与服务能力、事务服务能力和信息服务能力等方面的指数都比较高，尤其是在事务服务能力、服务传递能力和信息服务能力方面发展较好。

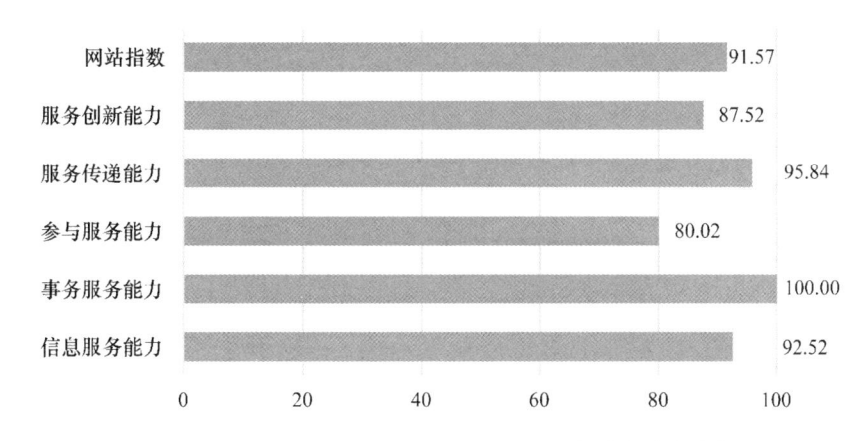

维度	指数
网站指数	91.57
服务创新能力	87.52
服务传递能力	95.84
参与服务能力	80.02
事务服务能力	100.00
信息服务能力	92.52

图 5-26 德阳市人民政府网站总指数与各维度能力指数

在事务服务能力方面，四川省下辖地级市集成使用"四川政务服务网"，其办事服务页面类目清晰，除了个人服务、法人服务等常设栏目外，还有直通部门、直通区县、一件事服务和

图 5-27 德阳市人民政府网站政务服务页面

川渝通办等模块。侧边导航栏包括智能客服、操作指南等服务，在每一项具体的事务服务页面都有详细的办事流程和注意事项。

在服务传递能力方面，德阳市人民政府网站有明确的导航栏，办事服务有明确的类目事项，政府网站支持无障碍阅读、中英文双语阅读等功能，可以确保政府网站所提供的服务和信息能公平均等地传递到任何群体。网站首页的各类内容和功能均能正常显示和使用。

图 5-28　德阳市人民政府网站首页

在信息服务能力方面，德阳市人民政府网站对机构职能介绍完整、清晰，信息更新及时、权威。除机构职能、权责清单、

图 5-29　德阳市人民政府网站信息服务页面

行政许可/处罚等基础信息公开外，还设置了与乡村振兴、稳岗就业、安全生产等重点领域相关的栏目，便于市民按照办事目的进行搜索。

(四) 省份政务网站最佳实践

省份的网站服务能力指数是包含省级政府以及所有省辖市网站服务能力的综合指数。浙江省整体的网站服务能力指数为86.01，在所有省份中排名第一。

1. 浙江省政务网站服务能力指数得分情况

从2023年报告与2022年报告的排名对比来看，2023年，浙江省政务网站服务能力指数达到86.01，浙江省整体政务网站服务能力在省份排名中位居前列。在地级市网站服务能力指数排名中，浙江省下辖地级市政务网站服务能力指数整体排名靠前，整体处于上升情况，而且提升非常大，大部分地级市政务网站服务能力指数排名提升超过50位。杭州市、湖州市、丽水市、嘉兴市、温州市和宁波市的政务网站服务能力指数均位于全国地级市排名中前50名，其中杭州市和湖州市排名分别为第2名和第6名，政务网站服务能力指数分别高达91.64和90.20，浙江省内10个地级市的政务网站服务能力指数位于高水平区间，1个地级市位于较高水平区间，指数最低为73.01。

表5-1　　　　浙江省省辖市政务网站服务能力指数对比

时间 指数	2023年指数	2022年指数	指数变化
杭州市	91.64	91.90	-0.26
湖州市	90.20	89.16	1.04
嘉兴市	87.58	89.00	-1.42
金华市	86.08	87.66	-1.58
丽水市	88.26	79.97	8.29

续表

时间 指数	2023年指数	2022年指数	指数变化
宁波市	86.94	81.61	5.33
衢州市	84.32	81.32	3
绍兴市	86.08	84.72	1.36
台州市	85.18	79.44	5.74
温州市	87.17	82.44	4.73
舟山市	73.01	67.68	5.33

2. 浙江省省辖市政务网站服务能力指数得分情况

从政务网站服务能力整体得分情况来看，浙江省政务网站服务能力平均指数为86.01，全国政务网站服务能力平均指数为78.77，表明浙江省的政务网站服务能力远高于全国平均水平。在图5-30中可以看到，浙江省辖区内仅1个地级市的政务网站服务能力指数未达到全国平均水平。

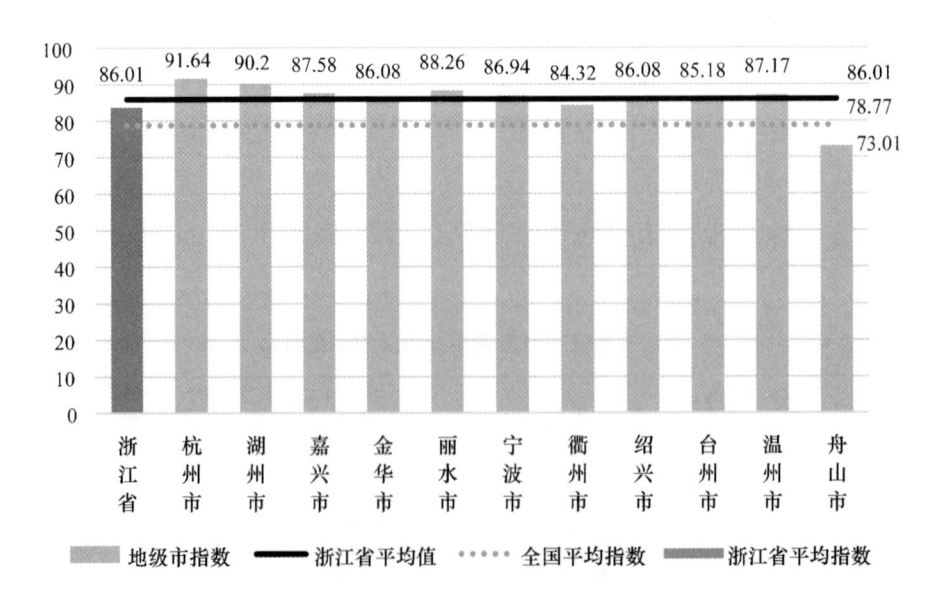

图5-30 浙江省政务网站服务能力指数

3. 浙江省优秀地级市案例

浙江省政务网站"浙江省人民政府"在所有省级网站服务能力指数排名中位列第 9 名，在 5 个维度均有不俗的表现，其中事务服务能力为满分。省级政务网站首页的"浙里看""浙里办""浙里督"和"浙里问"4 个专题为公众提供了信息服务、事务服务和参与服务，全省统一的政务服务网为公众办事提供了极大的便利，也使得浙江省辖区内地级市的事务服务能力和信息服务能力指数都相对较高，各地级市政务服务具有很强的"继承性"，为实现政府数据可视化和开放利用，浙江省开设了"数据开放"专题。

图 5-31 浙江省人民政府网站首页

杭州市在浙江省下辖 11 个地级市的政务网站服务能力指数排名中位列第 1 名，且在全国地级市政务网站服务能力指数排名中位列第 2 名，其事务服务能力、服务传递能力和信息服务能力都处于高水平区间，服务创新能力和参与服务能力的得分也远超其他地级市。杭州市人民政府网站不仅能够及时发布有用信息，而且服务门类清晰，便捷易用。顶部菜单栏中提供公用模块，包括智能问答、无障碍浏览、多种语言浏览、浙里办 App、市民邮箱、电子地图等。

图 5-32　杭州市人民政府网站政务服务页面

湖州市人民政府网站服务能力指数在浙江省下辖 11 个地级市的政务网站服务能力指数排名中位列第 2 名，其政务网站在信息服务能力、事务服务能力、服务传递能力和服务创新方面表现突出，位于高水平，且指数均在 90 以上，不过在参与服务能力方面还有所不足。在政务互动交流中，政务网站模块布局合理，包含市长信箱、两会建议提案办理等，其中受理情况统计使政务办理更加透明和可视化；湖州市政务网站也非常重视数据开放，该专栏的开设极大地促进了政务数据开发和利用。

图 5-33　湖州市政务网站互动交流页面

图 5-34　湖州市政务网站数据开放页面

丽水市政务网站服务能力指数在浙江省所辖地级市中排名第 3 位，其事务服务能力和服务传递能力均为满分。丽水市政务网站的特色是开设了"秀山丽水"专栏，该专栏介绍了丽水市的自然风景、历史文化、民族宗教、经济发展等情况，在政务服务创新方面有较大的突破，充分利用了城市的特色优势，实现发展最大化，有效促进了全市的经济发展。

图 5-35　丽水市政务网站"秀山丽水"页面

三 省市政务微博最佳实践

（一）直辖市政务微博最佳实践

上海市在直辖市政务微博服务能力测评中表现突出，信息服务能力、服务传递能力和服务创新能力都很出色。上海市政务微博拥有976万粉丝，在4个直辖市中粉丝数量位居第一，受众规模巨大，并且是最早一批采纳微博这一新媒体途径进行政务传播的省份。

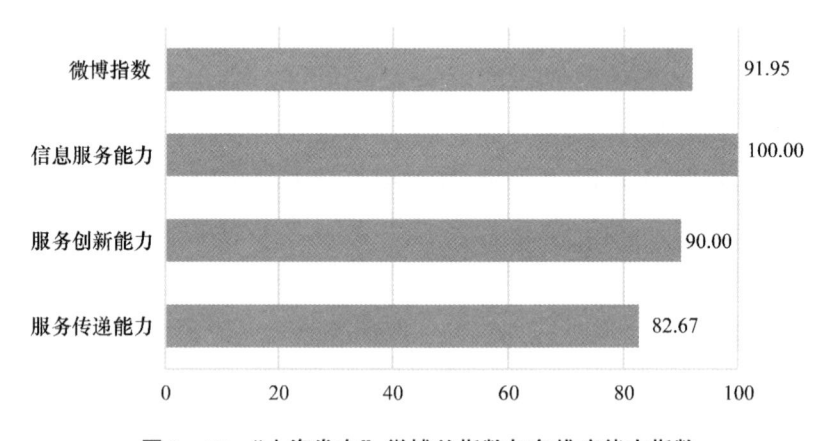

微博指数	91.95
信息服务能力	100.00
服务创新能力	90.00
服务传递能力	82.67

图 5-36 "上海发布"微博总指数与各维度能力指数

"上海发布"的微博内容主要是用于传递政务信息，为群众提供服务资讯，及时倾听群众诉求和发布群众所关注的信息。综览"上海发布"的微博主页，政务新闻、生活资讯、宣传教育、理念传播等内容通过各种多媒体形式展现，包括视频、图片、文章、链接等。上海市政务微博还引入了直播和微博投票等新形式，创新了与人民群众之间互动与交流的新途径。

图 5-37 "上海发布"采用微博直播形式进行信息交流发布

图 5-38 "上海发布"采用微博投票形式与民众互动

此外,"上海发布"会时常和上海相关部门官微进行联动,加强新媒体矩阵之间的联系,实现导流。通过各种新渠道的信息展示,让"上海发布"的服务创新能力测评表现优异。

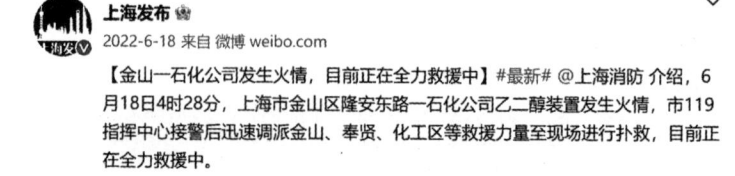

图 5-39 "上海发布"与"上海消防"联动

(二) 省级政务微博最佳实践

1. 云南省

云南省在省级政务微博服务能力指数测评中表现出色,其信息服务能力和服务创新能力指数均超过90,服务创新能力达到满分。从能力指标来看,服务传递能力指数略低,主要是因为用户活跃度低,是"云南发布"政务微博需要重点关注的情况。

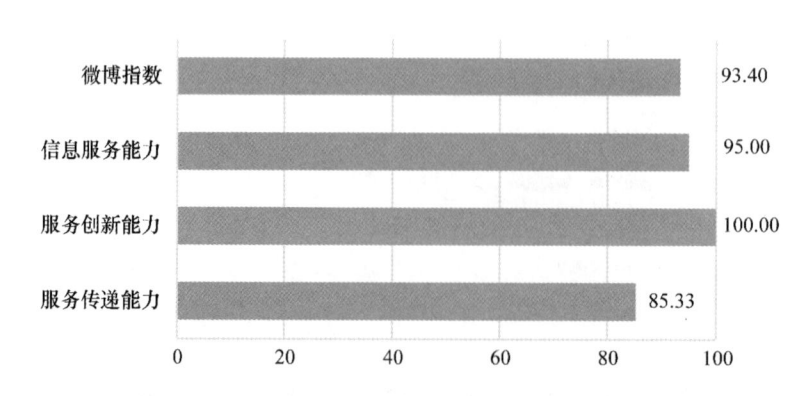

图 5-40 "云南发布"微博总指数与各维度能力指数

在服务创新能力方面,"云南发布"政务微博采用了较新的技术手段,如微博投票,发布的话题多为用户高度感兴趣的,比如世界杯、"双十一"等。

图 5-41 "云南发布"采用微博投票形式进行民众意见调查

在信息服务能力方面,"云南发布"政务微博的权威性、时效性、易得性指标表现较好。内容大致分为政务资讯、生活资讯、新闻资讯、宣传教育四大类,政务资讯准确严谨,生活资讯实用便民,新闻资讯紧跟时事,其发布的资讯都与市民生活息息相关,积极发布市民关心的信息。善于捕捉时事热点,例如,党的二十大召开之际,"云南发布"积极整理发布党的二

图 5-42 云南省政务微博积极宣传党的二十大报告

十大高频关键词、党的二十大金句、党的二十大报告解读等并使用多种少数民族语言进行翻译，方便群众积极参与学习，极大程度地提高了政务信息资源的获取效率。

2. 四川省

四川省在省级政务微博服务能力指数测评中同样表现出众，其政务微博的服务创新能力和信息服务能力表现较为优异，能力指数分别达到100分和92.50分；服务传递能力得分略低，究其原因，是其政务微博与用户交互性较差，是"四川发布"政务微博亟待提高的指标。"四川发布"自从2010年12月29日上线以来，粉丝数量达到659万，信息规模（总发博数）达到9万多条，在省级政务微博中具有较大影响力。

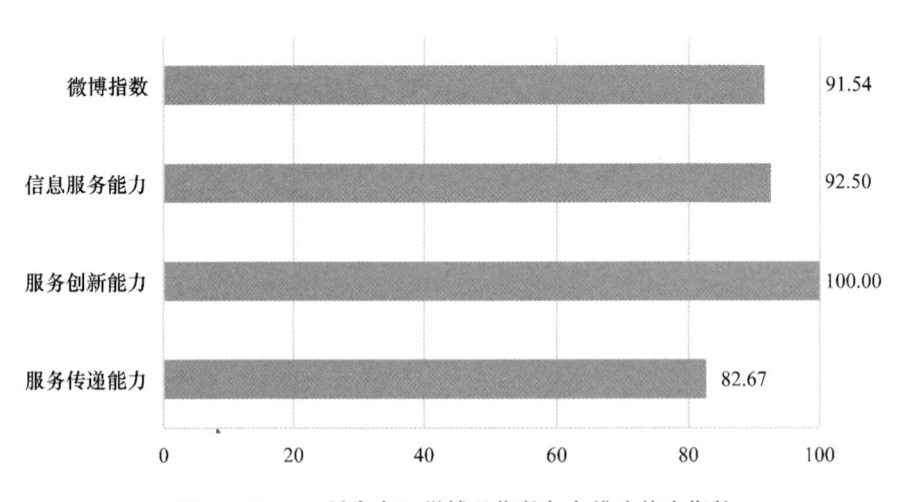

微博指数	91.54
信息服务能力	92.50
服务创新能力	100.00
服务传递能力	82.67

图5-43 "四川发布"微博总指数与各维度能力指数

四川省政务微博的口号是"始终站在你身边，为你传递政务信息，提供群众服务资讯。爱生活，爱天府"。该口号在"四川发布"微博中有良好体现。其微博发布的内容不仅涵盖政务新闻资讯，还包含了许多生活技能、娱乐、美景等，极大程度地提高了民众的浏览兴趣。

在服务创新能力方面，四川省政务微博在渠道推广吸纳能力指标方面表现较为良好。特别是新媒体的链接上,"四川发布"会第一时间宣传其功能类 App 以及微信公众号。

图 5-44 "四川发布"宣传其政务 App 二维码

(三) 地级市政务微博最佳实践

1. 南京市

江苏省南京市在地级市政务微博服务能力指数测评中表现出色,其服务创新能力和信息服务能力发展水平优异,能力指数双双达到满分。唯一不足的是其政务微博在服务传递能力维度的表现略微落后,主要是由于其微博用户活跃度较低。

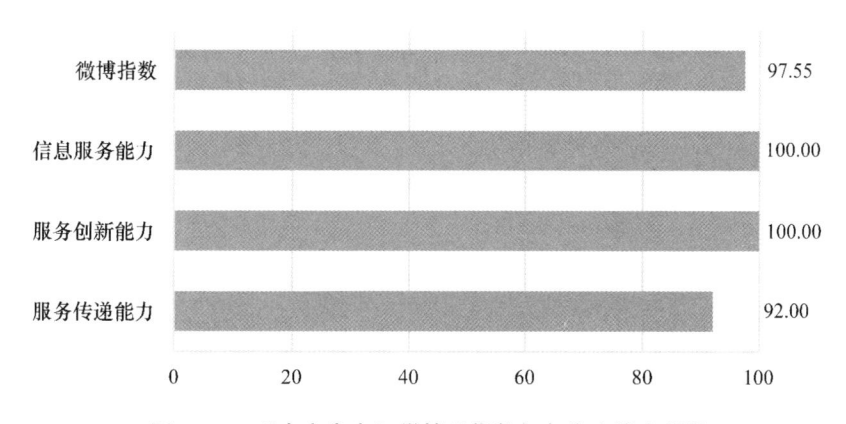

维度	指数
微博指数	97.55
信息服务能力	100.00
服务创新能力	100.00
服务传递能力	92.00

图 5-45 "南京发布"微博总指数与各维度能力指数

在服务创新能力方面,"南京发布"在多种渠道推广吸纳能力维度表现突出,其微博常常发布关于南京天气和南京公安等方面消息并且与"南京气象""平安南京"等微博互动,成功打通新媒体的多渠道并进行导流。

图 5-46 "南京发布"微博推送公安政务消息

图 5-47 "南京发布"微博推送天气预报信息

2. 武汉市

湖北省武汉市在地级市政务微博服务能力指数中得分靠前，信息服务能力达到满分，且交互性、渠道推广吸纳能力等多项二级指标均为满分。其服务传递能力维度的表现也十分优异，能力指数达到96.00；服务创新能力指数相较其他三项维度能力指数略微落后，主要是其微博在新技术、新方法采纳能力上表现较弱。

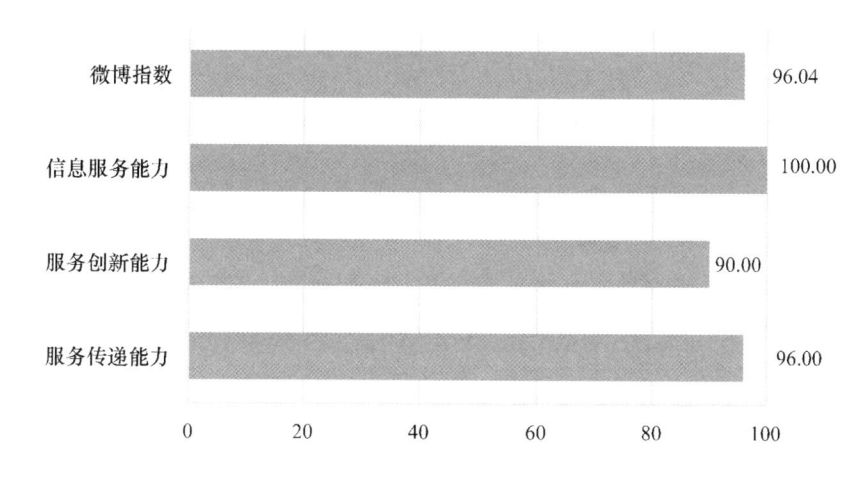

维度	指数
微博指数	96.04
信息服务能力	100.00
服务创新能力	90.00
服务传递能力	96.00

图 5-48 "武汉发布"微博总指数与各维度能力指数

"武汉发布"政务微博的主要功能为发布武汉市委市政府的中心工作和重要决策部署、全市重大主题活动、市委市政府新闻发布类信息、文化生活服务类信息、天气和自然灾害等突发性公共事件预警应对信息和回应督办落实网民诉求等。整体内容较为丰富，极大程度地提高了粉丝黏性。

在信息服务能力方面，武汉市政务微博的有用实用指标表现优异且达到满分。"武汉发布"常常推送市民关心的公告通知，比如春节购票指南、博物馆开放时间等。

图 5-49 "武汉发布"微博首页发布春节购票指南

图 5-50 "武汉发布"微博首页发布博物馆开放公告

3. 广州市

广东省广州市在地级市政务微博服务能力指数中排名第二，其信息服务能力表现优异，指数为 100；服务创新能力也表现较好，指数为 90.00，在新技术、新方法采纳能力上扣分较多；服务传递能力维度，由于其交互性较差，导致其指数为 88.00。

政府数字服务能力指数报告（2023版） 99

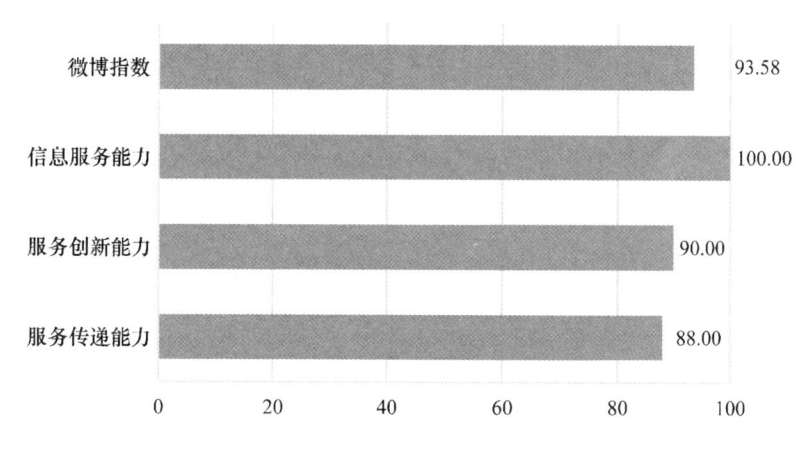

图 5-51 "中国广州发布"微博总指数与各维度能力指数

"中国广州发布"微博的口号是"'微'言大义，'博'系温暖，'中国广州发布'与您携手共织千年羊城美景、同绘国际商贸中心繁华、分享'幸福广州'美好生活"。在信息服务能力方面，广州市政务微博在内容的组织上具有条理性，内容分类明确，实用性强。"中国广州发布"的大部分原创微博都会以各种标签的形式进行分类标记，例如"广州城事""广式生活""食在广州""小布online"等，这种方式便于群众对其感兴趣的特定话题进行直接查看，免去大篇幅筛选的步骤，极大程度

图 5-52 "中国广州发布"微博通过标签形式进行内容分类

（四）省份政务微博最佳实践

1. 江苏省政务微博服务能力指数得分情况

省份的政务微博服务能力指数是包含省级政府以及该省地级市政务微博服务能力的综合指数。在省份政务微博服务能力测评中，表现最优异的是江苏省，省份政务微博服务能力综合指数为86.32。在地级市政务微博服务能力指数测评中，全国地级市处于高水平的城市共有36个，江苏省辖区内的地级市指数处于高水平的城市就有10个，占江苏省地级市总数的76.92%，表明江苏省超过2/3地级市的政务微博服务能力水平在全国处于领先地位。

与2022年相比，2023年江苏省各地级市政务微博服务能力指数整体浮动较小，只有扬州市和常州市变化显著；而省级政务微博指数大幅度下降，由86.59降至72.82。常州市是提升最快的城市，由2022年的78.33上升至2023年的90.49，政务微博服务能力指数共提升12.16，提升幅度可观。从整体上看，江苏省各地级市政务微博服务能力指数有升有降，变化幅度小，整体数字服务能力发展态势良好。

表5-2　江苏省政务微博服务能力指数年度对比

指数＼时间	2023年指数	2022年指数	指数变化
江苏省	72.82	86.59	-13.77
南京市	97.55	95.89	1.66
连云港市	83.30	86.68	-3.38
徐州市	85.83	82.14	3.69
宿迁市	98.54	98.19	0.35
淮安市	89.39	89.87	-0.48

续表

时间 指数	2023 年指数	2022 年指数	指数变化
盐城市	71.59	69.33	2.26
泰州市	88.57	93.44	-4.87
扬州市	76.86	87.72	-10.86
镇江市	75.22	71.53	3.69
南通市	86.34	93.83	-7.49
常州市	90.49	78.33	12.16
无锡市	94.12	96.78	-2.66
苏州市	97.90	100	-2.10

2. 江苏省各地级市政务微博服务能力指数得分情况

从地方政府政务微博服务能力整体得分情况来看，江苏省地级市政务微博服务能力平均指数为87.36，全国地级市平均指数为57.27。由此可见江苏省政务微博的平均服务能力水平要远远高于全国平均水平，且江苏省级政府以及14个地级市的指数情况也全部高于全国平均水平，展现出江苏省各地级市政务微博服务能力在全国范围内处于绝对的领先地位。

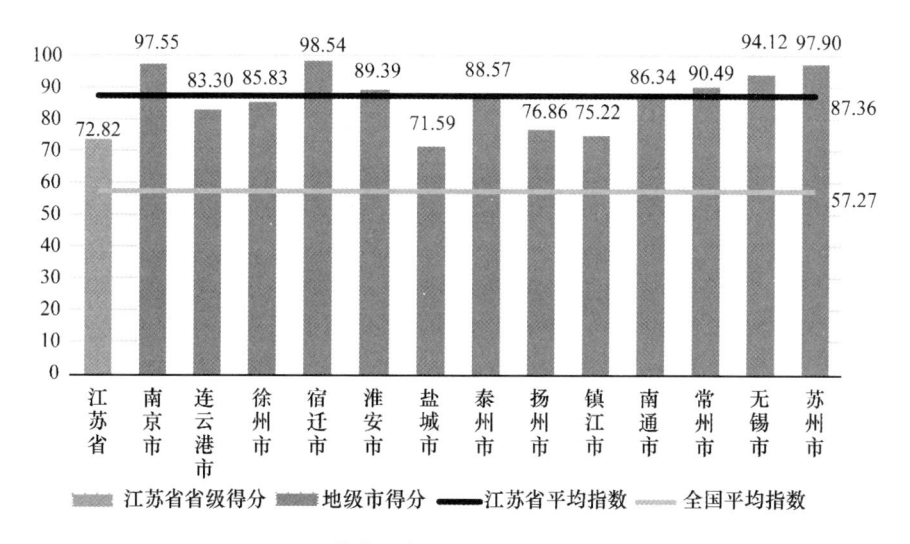

图 5-53 江苏省政务微博服务能力指数得分情况

3. 江苏省优秀地级市案例

(1) 宿迁市政务微博"宿迁之声"

江苏省宿迁市在地级市政务微博服务能力指数测评中表现突出,各维度能力表现十分出色,信息服务能力、服务传递能力和服务创新能力指数值分别为97.50、98.67、100.00。绝大部分二级指标都达到了满分,只有实用性和交互性稍逊一筹,是未来可以考虑改进的方向。

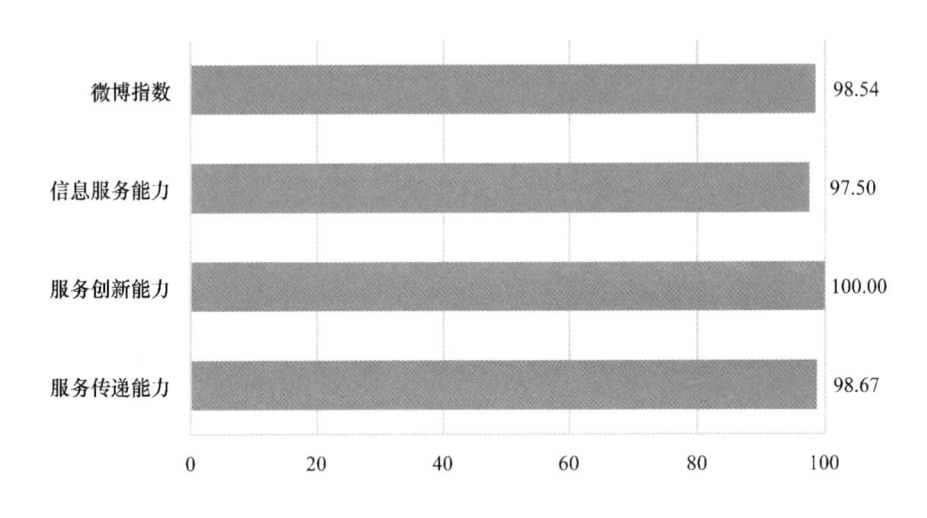

维度	指数值
微博指数	98.54
信息服务能力	97.50
服务创新能力	100.00
服务传递能力	98.67

图 5-54 "宿迁之声"微博总指数与各维度能力指数

宿迁市政务微博重民生、接地气、有温情,"宿迁之声"微博开通"宿问速答"栏目,首页置顶参与方式与优秀案例,极大程度地提高了民众参与的便捷性与积极性。

(2) 苏州市政务微博"苏州发布"

江苏省苏州市在地级市政务微博服务能力指数测评中表现出色,其政务微博服务能力指数为97.90,达到高水平区间。其服务传递能力和服务创新能力表现十分优异,指数值达到满分;信息服务能力表现也较好,能力指数为95.00。

图 5-55 "宿迁之声"置顶"宿问速答"栏目

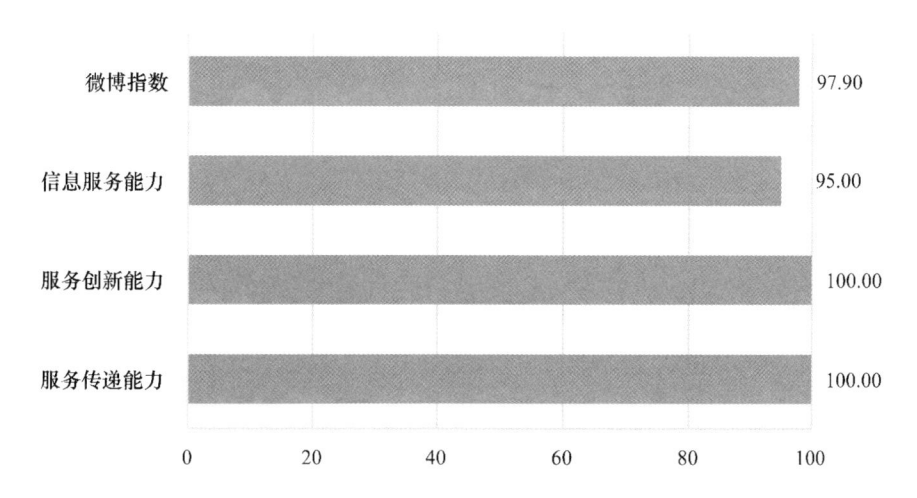

图 5-56 "苏州发布"微博总指数与各维度能力指数

- 微博指数 97.90
- 信息服务能力 95.00
- 服务创新能力 100.00
- 服务传递能力 100.00

苏州市政务微博的主要目标是迅捷服务传递政务信息，热切关注社会民情热点，贴心倾听百姓民生诉求。在信息服务能力方面，"苏州发布"政务微博所发布的内容大多贴合实际，紧紧跟随苏州市内时事热点，发布实用性较强且权威性较高的内容，为人民群众在信息浏览时筛去无用型、鸡汤型微博，贴合政务微博创立目标。

图5-57 "苏州发布"微博内容紧贴现实，实用性强

四 省市政务微信最佳实践

（一）直辖市政务微信最佳实践

在2023年政务微信服务能力测评中，上海市政务微信服务能力表现突出。其政务微信"上海发布"在信息服务能力和参与服务能力方面表现极好，指数均值达到满分。相比之下，上海市政务微信的事务服务能力稍显薄弱，指数为90.00，但该指标得分也已位居4个直辖市中的第2名。上海市政务微信在服务传递能力方面得分最少，指数为60.00。整体而言，"上海发布"在信息服务能力、参与服务能力、事务服务能力3个方面

表现较为突出。"上海发布"政务微信下设"市政大厅""随申办"和"加油上海"3个快捷菜单,起到了信息公开、政务服务和政民互动的作用。

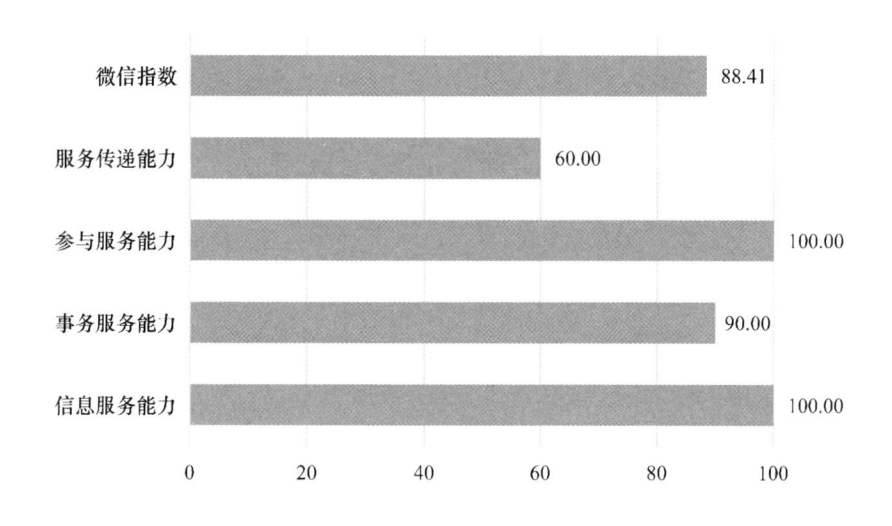

维度	指数
微信指数	88.41
服务传递能力	60.00
参与服务能力	100.00
事务服务能力	90.00
信息服务能力	100.00

图5-58 上海市政务微信总指数与各维度能力指数

在信息服务能力方面,"上海发布"每天均会发布15条以上具有高时效性的微信推送,其内容包括交通、卫生、医疗、文化、体育等,覆盖面广,普及率高。这些信息大都来源于官方资料,具有较高的权威性和准确性。除了常规的信息发布之外,"市政大厅"中提供路况查询、入学信息查询、医院报告查询、疫苗接种查询等项目,还包括上海市各区、各部门和重要机构的政务微信矩阵,以及上海概览指引。新冠疫情期间,"上海发布"结合具体环境,推出"加油上海"快捷菜单,提供上海新冠疫情最新通报、接种新冠疫苗信息、新冠疫情重要提示和新冠疫情防范贴士,便于民众了解上海新冠疫情的最新情况和有关通知。

图 5-59 "上海发布"政务微信服务功能界面

"上海发布"在事务服务能力方面也表现出色，民众可以通过公众号自动回复或者一级菜单进入事务办理入口"随申办"。"随申办"不仅有覆盖面广的办事服务，涵盖了婚育婴幼、交通出行、社会保障、医疗卫生及教育科研等方面；同时也具备清晰的事务分类，按专题和部门进行划分；此外，还推出了"保障性租赁住房申请一件事""阶梯水电气一户多人口办理一件事""新能源汽车专用牌照申领一件事"等"一件事"服务模式，为民众提供更为便捷的事务服务；"上海发布"还具有热门推荐模块，向民众推荐"跨省通办上海专区""一网通办微课堂""长三角无感漫游"等新颖、热门的服务模块。

在参与服务能力方面，"上海发布"的表现也同样出色，"随申办"的互动菜单栏中设有"市委领导信箱"和"市政府领导信箱"。此外，还提供"12345"专区，包括"诉求提交"

"找茬""金点子""随申拍"和"点点通"服务。还提供了"问卷调查""在线访谈""我向总理说句话"等参与服务入口。用户可以自由选择上述渠道参与政务活动，实现政民互动。

除了以上3个方面，"上海发布"的服务传递能力表现良好。在便捷性上，除了有可以对民众起到引导作用的有效自动回复外，还具备了便捷且富有特色的二级菜单，为民众提供便捷丰富且不失条理的信息服务。"上海发布"具有可观的受众规模，几乎所有的推送阅读量都以万为单位计数，阅读、点赞总量排在全国前列。

（二）省市政务微信最佳实践

1. 云南省

在全国参与测评的27个省级政务微信中，云南省领跑全国，其政务微信"云南省人民政府"在信息服务能力、事务服务能力、参与服务能力方面表现突出，指数均达到高水平，政务微信在信息公开、政务服务、政民互动方面的作用得到了很好的体现。而服务传递能力稍显不足，指数为60.00，主要是因为信息规模相对较小，互动量稍显不足。

在信息服务能力方面，"云南省人民政府"每日都会发布10条左右图文消息，及时推送具有权威来源的省内热点资讯，满足民众的信息需求。民众在浏览时均可获得完整信息，点击"阅读原文"时响应成功率高。同时，"云南省人民政府"结合社会动态和民生民情，在其一级菜单"云知政"栏目中设立了"常务会议""政府文件""政策解读""省政府公报"和"政务新媒体"二级菜单。

在事务服务能力上，"云南省人民政府"表现优异，办事效率高。主界面设有清晰的一级菜单入口"办事通"，其中有"我的证件""服务专区""其他服务"三个专栏。在"我的

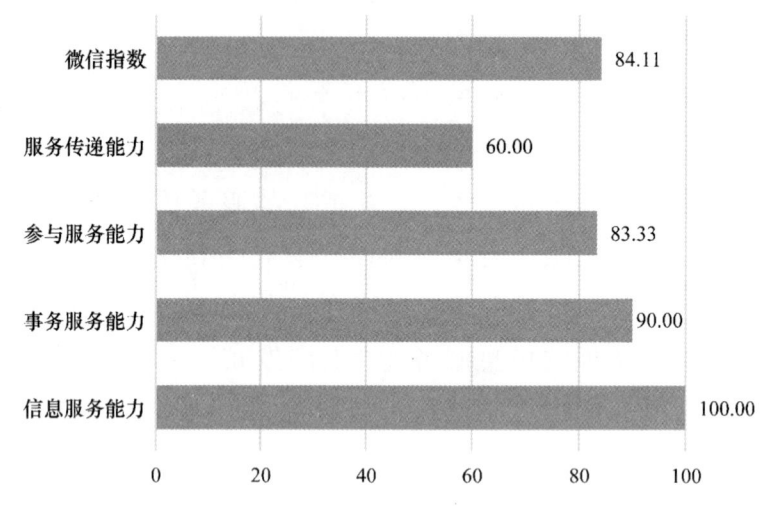

维度	指数
微信指数	84.11
服务传递能力	60.00
参与服务能力	83.33
事务服务能力	90.00
信息服务能力	100.00

图 5-60 云南省政务微信总指数和各维度能力指数

证件"专栏可以绑定社会保障卡、电子行驶证、住房公积金、电子驾驶证等信息，以便民众方便使用电子证件。在"服务专区"专栏将各项事务进行了清晰分类，主要类别有"防疫一点通""我要办社保""我要看病""我要上学"等18项。"其他服务"专栏则提供了除上述通用服务以外的其他专项服务，如"珠宝质检证书查询""信用公示"和"移动微法院"等。

在参与服务能力上，"云南省人民政府"也达到了高水平。一级菜单"@省政府"下提供了5个可以进行信息交流的入口，分别是"我向总理说句话""六稳六保""国务院督查""省长信箱""12345热线"。云南省政务微信政民互动渠道丰富，很好地满足了民众的政务参与需求。

图 5-61 "云南省人民政府"政务服务功能界面

2. 湖北省

湖北省政务微信"湖北省人民政府网"的政务服务能力突出，其信息服务能力、事务服务能力、参与服务能力均达到高水平。而服务传递能力则表现较差，指数仅为 60.00，在用户规模和互动方面亟待提高。

在信息服务能力方面，"湖北省人民政府网"每日发布 5 条以上省内相关资讯。推送内容中能彰显信息服务能力的主要有两点：一是推送内容大多为企业和公众密切关注的省内要闻；二是所有推送内容都属于按照"中华人民共和国政府信息公开条例"产生的第一手资料或其他来源明确的官方资料。除此之外，"湖

北省人民政府网"不仅重视贴近人民生活的信息（如寒潮预警信息），而且重视政策等官方信息的传达。"湖北省人民政府网"提供了"领导活动""新闻发布会""各地疫情防控措施"三个信息菜单，提供的信息服务内容紧贴湖北省实际和时事热点。

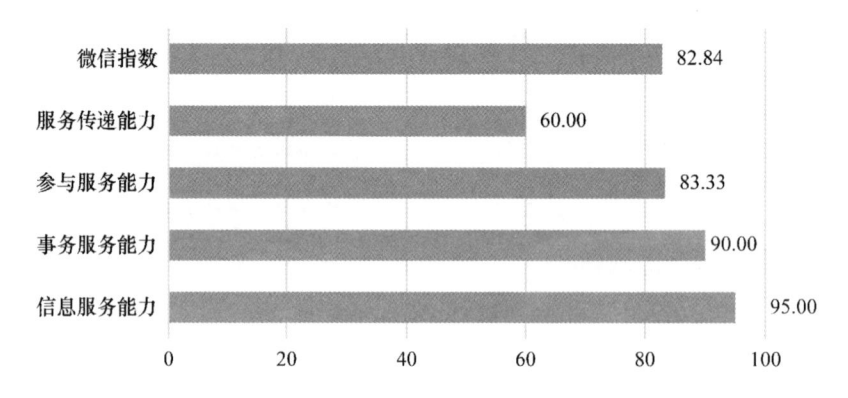

微信指数	82.84
服务传递能力	60.00
参与服务能力	83.33
事务服务能力	90.00
信息服务能力	95.00

图 5-62 "湖北省人民政府网"微信总指数和各维度能力指数

图 5-63 "湖北省人民政府网"政务服务功能界面

在事务服务能力方面,"湖北省人民政府网"具备专门的办事入口"鄂汇办",先按服务对象分为"个人服务""法人服务"和"部门服务",再按服务主题进行进一步条理清晰的分类,如"个人服务"专栏下细分为"就业创业""企业设立""住房保障""社会保障""职业资格"等子专栏。同时,"湖北省人民政府网"还开设了特色专区,提供"跨省通办""投资/工程建设项目审批""企业开办登记专区"等特色服务。

在参与服务能力方面,"湖北省人民政府网"的政民互动渠道丰富,设有"领导信箱""咨询投诉""咨询建议""调查征集"和"建言献策"5个参与服务渠道。此外,"湖北省人民政府网"还有"来信公示"和"回应统计"模块,公开透明地向社会呈现政府对民众关注问题的及时响应。

3. 河北省

河北省的政务微信"河北省人民政府"在信息服务能力、事务服务能力、参与服务能力方面表现较好,指数分别为100、90.00和83.33。而服务传递能力指数仅为53.33,主要是因为政务微信的用户规模较小和互动量较少。

在信息服务能力方面,"河北省人民政府"每日都会发布5条以上包含企业和公众密切关注的河北要闻以及政策解读等信息的图文推送,每篇推文后往期推荐覆盖了近期的热点文章,方便读者了解更多热点信息。除此之外,"河北省人民政府"设置了"政务信息"一级菜单,并在一级菜单下设置了"二十大""省政府常务会议""政府文件""政策解读"和"稳经济政策措施"5个二级菜单,向企业和民众提供丰富的政府信息和时事信息。另外,"河北省人民政府"还提供了"新闻发布厅"二级菜单可以链接到河北新闻网,以新闻发布会文字实录或视频实录的方式第一时间向大众传递河北声音。

在事务服务能力上,"河北省人民政府"提供"冀时办"二级菜单,以微信小程序的形式很好地满足了民众和企业的办事

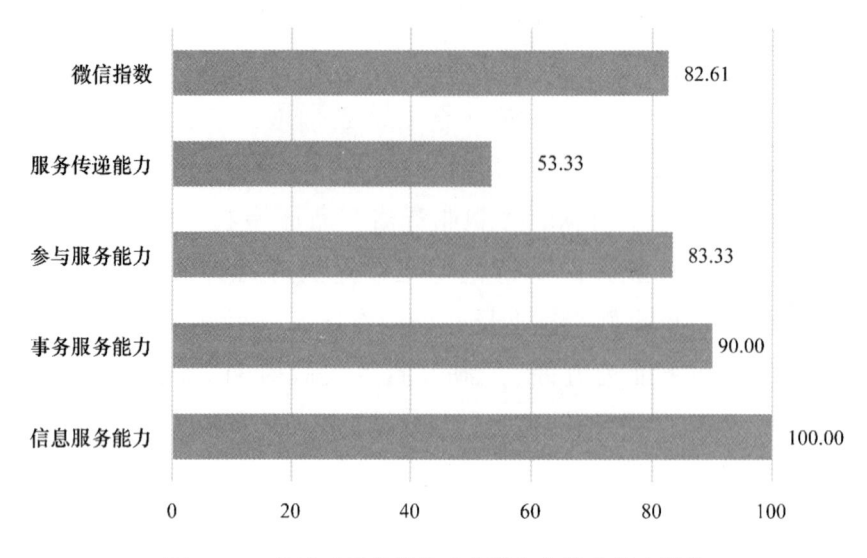

图 5-64 河北省政务微信总指数和各维度能力指数

维度	指数
微信指数	82.61
服务传递能力	53.33
参与服务能力	83.33
事务服务能力	90.00
信息服务能力	100.00

需求。"冀时办"小程序页面上方按主题呈现各类热门服务，如"电子证明""教育""出行""营业执照""住建"等；页面中部设有"为您推荐""上新应用"两个专栏，向民众和企业推荐热门、常用、上新的服务；页面下端分为"热门服务""特色专区""电子证照"和"老年服务"四个专栏，清晰便捷地向民众和企业提供更为丰富的办事服务，其中"老年服务"下的子栏目字体被放大，体现了小程序设计对老年人的人文关怀。

在参与服务能力方面，"河北省人民政府"在政民互动上表现较好，可用渠道丰富。"政民互动"一级菜单栏下设"我向总理说句话""惠企政策一点通""新闻发布厅""互动交流"和"问卷调查"。"我向总理说句话"打通了民众建言献策的通道；"惠企政策一点通"和"新闻发布厅"向公众及时推送民众和企业密切关注的政策和新闻热点；"互动交流"可以链接到河北省人民政府官方网站的"互动交流"模块，提供"省长信箱""市长信箱""民意征集""12345 热线"和"智能问答"参与服务渠道；"问卷调查"允许民众对河北省人民政府及部门的政府信息公开与政务公开工作情况进行评议。总体来说,"河北省人民政府"提供的参与服务十分全面,能够很好地满足民众建言献策和互动交流的需求。

图 5-65 "河北省人民政府"政务服务功能界面

(三) 地级市政务微信最佳实践

1. 湛江市

在全国参与测评的 333 个地级行政区划单位中,广东省湛江市政务微信服务能力表现较为突出,其政务微信"湛江政府网"在信息服务能力、事务服务能力、参与服务能力方面均表现优异,指数均大于或等于 90,极大地发挥了政务微信在信息传播、办事服务和政民互动方面的作用。

在信息服务能力方面,"湛江政府网"的每日图文信息及时推送企业和公众所需的、密切关注的省内和市内热点资讯。一级菜单"政务公开"发布政府文件、新闻发布会、政策解读、公示公告和疫情防控相关信息,时效性较强,从多方位满足了

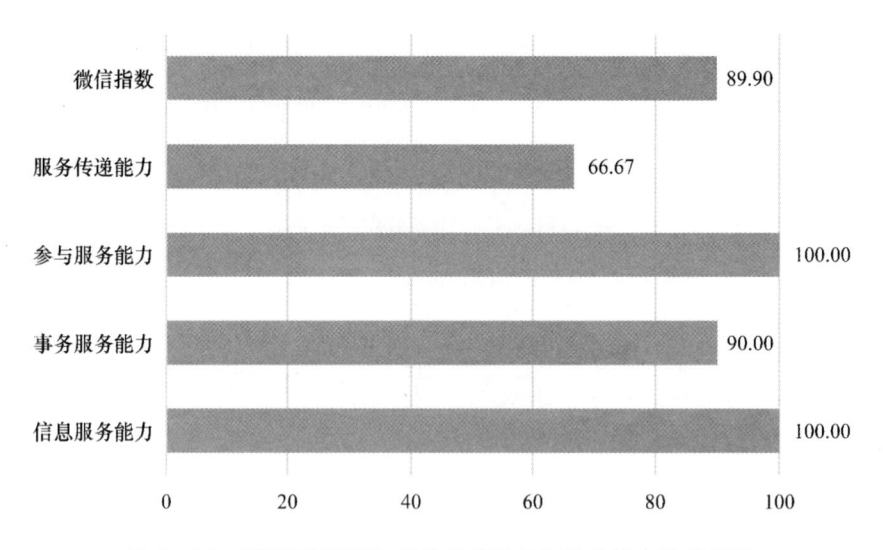

维度	指数
微信指数	89.90
服务传递能力	66.67
参与服务能力	100.00
事务服务能力	90.00
信息服务能力	100.00

图 5-66 "湛江政府网"微信总指数与各维度能力维度指数

公众对信息互联互通、资源共享的需求。"湛江政府网"的服务传递能力主要体现在其每天推送 5 篇左右的图文信息，并且受众规模较大，每期推送均有上千的阅读量。此外，菜单栏还提供各地新冠疫情防控措施的查询入口、办件进度查询入口。

在事务服务能力方面，"湛江政府网"也表现突出，二级菜单"粤省事"以微信小程序的形式向企业和民众提供丰富的办事服务。"粤省事"的"热门服务"模块向民众提供"社保""医保""公积金"等热门子服务栏目；"疫情防控"模块向民众提供"境外防控""粤港澳通关""本地防控"的子服务入口；"特色专题"模块提供了"志愿公益专区""青少年专区""旅游服务""红讲台"等十余种特色服务；"部门专区"按部门划分办事服务，提供了"残疾人服务专区""退役军人服务专区""文化旅游服务专区"等十余项相关部门直接对应的服务专区；"大家都在办"模块和"服务动态"模块提供了实时热门办事项入口和信息。总体上看，"湛江政府网"充分发挥了政务微信在办事便捷方面的作用。

在参与服务能力方面，"湛江政府网"提供了专门的"政民互动"一级菜单，下设"互动交流""12345 服务热线"和"互联网+督查征集"3 个二级菜单。"互动交流"直接链接到湛江市人民政府门户网站，提供了"领导信箱""业务咨询""业务投诉""违纪举报"等多项参与服务渠道。"12345 服务热线"链接到湛江市 12345 政务服务便民网站，提供了"咨询""建议"和"投诉"等互动渠道。"互联网+督查征集"面向社会征集"四个专项"问题线索或意见建议，对于企业和民众反映强烈、带有普遍性的重要问题线索，将由省政府督查室直接派专员进行督查。

图 5-67 "湛江政府网"服务功能界面

2. 湘潭市

在全国参与测评的 333 个地级行政区划单位中，湖南省湘潭市政务微信"湘潭微政务"在政务服务上也表现不俗，尤其在信息服务能力、事务服务能力和参与服务能力上都有亮眼的表现。

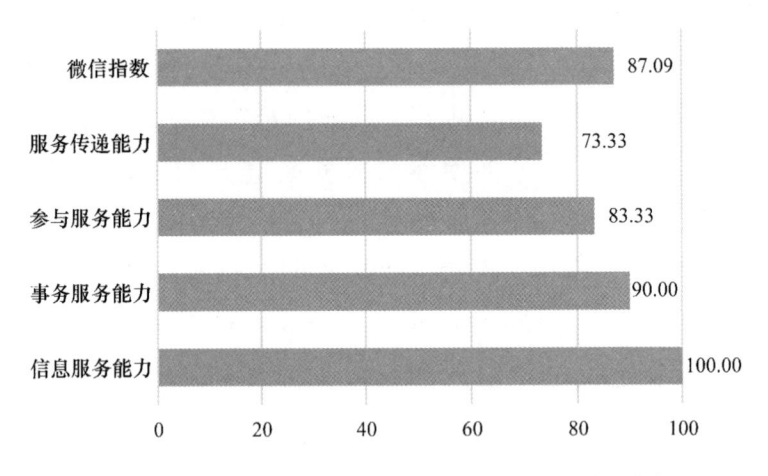

图 5-68 "湘潭微政务"微信总指数与各维度能力指数

微信指数	87.09
服务传递能力	73.33
参与服务能力	83.33
事务服务能力	90.00
信息服务能力	100.00

在信息服务能力维度，"湘潭微政务"所推送的图文信息大多属于企业和公众密切关注的热点资讯和便民服务信息，并且这些信息大都来源于官方资料，具有较高的权威性和准确性。除了日常信息推送外，"湘潭微政务"下设的一级菜单"微政务"，包括"政府领导""常务会议""政策解读"和"优化营商环境"，分别提供政府领导介绍、政府常务会议图解、通用政策以及商务政策解读信息，更全面地满足民众的信息需求。此外，"湘潭微政务"还开设了"新媒体矩阵"二级菜单，发布微信/微博热门文章链接，呈现热门的湘潭政务公众号和政务微博账号，并且按部门/地区提供政务微信二维码/政务微博账号链接。

在事务服务能力维度，"湘潭微政务"也有出彩的表现。其设立了3个清晰的二级菜单："小微企业服务专栏""办事大厅"和"便民服务"。"小微企业服务专栏"提供了复工企业员工健康状态查询办事服务，以推动小微企业疫情防护、复工复产；"办事大厅"链接到湘潭市人民政府网，提供了分类清晰的"法人服务""个人服务"和"部门服务"，也提供了"一件事一次办""跨省通办""主题集成服务"等7项服务专栏，服务种类齐全。"便民服务"链接到湖南省人民政府网，提供的服务内容同样丰富齐全，还支持成绩学历查询、税务发票查验、服务投诉等功能。

图 5-69 "湘潭微政务"政务服务功能界面

在参与服务能力上，"湘潭微政务"表现亮眼。其具备丰富的政民互动渠道，包括"市民服务热线""市长信箱""智能问答"和"我向总理说句话"，多通道可供民众进行咨询、建议、求助、批评和举报，力争让政民沟通之路更加顺畅。其中"智能问答"模块提供了智能高效的咨询服务，回答政民政务相关问题的准确率高，极大地提升了政民互动的效率。

3. 淮南市

安徽省淮南市政务微信服务能力指数也表现较好,其政务微信"淮南市人民政府发布"在信息服务能力、事务服务能力、参与服务能力维度表现不俗,指数均达到高水平,而服务传递能力则显得较为薄弱,亟待提高。

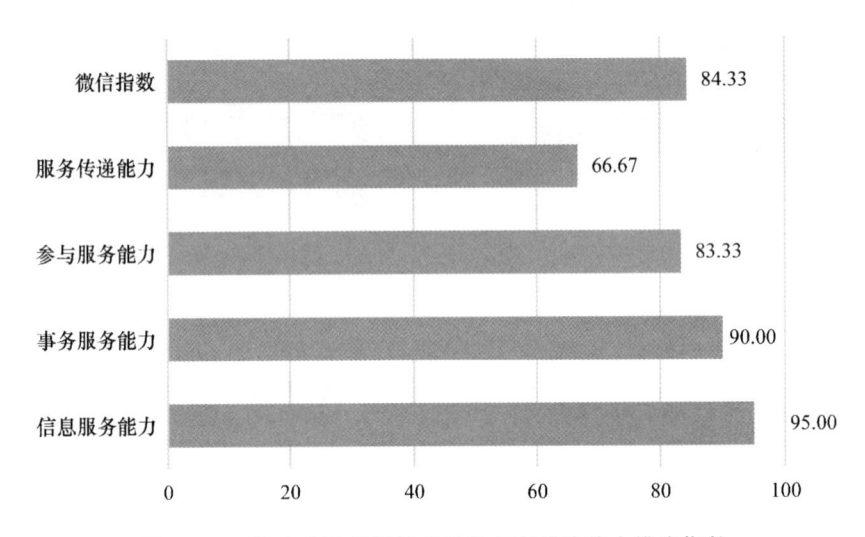

维度	指数
微信指数	84.33
服务传递能力	66.67
参与服务能力	83.33
事务服务能力	90.00
信息服务能力	95.00

图 5-70 淮南市政务微信总指数与各维度能力维度指数

在信息服务能力建设上,"淮南市人民政府发布"几乎每天都会发布 5 条以上的图文消息,其推送内容大多为企业、公众密切关注的热点资讯和便民服务信息。其所有推送内容都属于按照《中华人民共和国政府信息公开条例》产生的第一手资料或其他来源明确的官方资料,权威性较强。除了每天的信息推送外,"淮南市人民政府发布"的一级菜单"政务公开"为民众提供了丰富的权威信息,包括政务信息、政策文件、政府公报和规划公示,内容丰富,组织有条理,为民众提供了解政府工作和政务服务的详细信息。此外,"淮南市人民政府发布"还向民众提供了"微信矩阵",呈现区县政府、市直部门、园区和其他单位的政务相关公众号信息,便于民众结合自身实际情况检索到最需要的信息。

在事务服务能力方面,"淮南市人民政府发布"提供了 2 个清晰的政务服务二级菜单——"皖事通"和"网上办事"。"皖事通"链接到安徽省政务服务小程序，可以通过切换城市访问淮南市政务服务。"皖事通"提供"疫情防控""社保""公积金""交通服务"等十余类专题服务，服务种类齐全。此外，"皖事通"还提供"安康码""乘车码"等亮码功能，满足民众在疫情背景下的出行需求。"网上办事"链接到安徽省政务服务网淮南分厅，其通用服务分为"政务服务""社会服务""利企服务"3个大类，为企业和民众提供种类丰富的服务。此外，"网上办事"还划分出"特色服务专栏"，向公众提供"暖心服务专区""疫情服务专题""关键小事服务专区"等特色服务栏目。

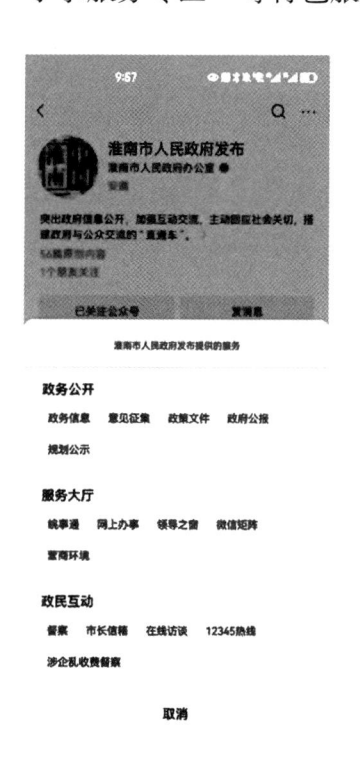

图 5-71 "淮南市人民政府发布"政务服务功能界面

"淮南市人民政府发布"在参与服务能力方面也具有亮眼的表现，其提供的政民互动途径全面而丰富。提供了专门的"政民互动"一级菜单以及其下设的"督查""市长信箱""在线访谈""12345 热线""涉企乱收费督查"5 个二级菜单。其中"12345 热线"链接到淮南市人民政府网的市 12345 政务服务便民热线模块，民众可以提交留言、查看知识库、回复选登、查看留言主题分类和走势分布、查看受理统计，便于民众为政府的管理和发展建言献策和进行监督。

（四）省份政务微信最佳实践

1. 安徽省政务微信服务能力指数得分情况

安徽省在 2023 年省份政务微信服务能力测评中表现突出，其省内地级市政务微信处于高水平区间的城市共有 4 个，无处于低水平区间的地级市，表明安徽省的政务微信服务能力整体水平位于全国前列。

与 2022 年相比，2023 年安徽省政务微信服务能力指数整体变化较大，安徽省省级政务微信指数小幅度下降，除此之外，亳州市是提升最快的城市，由 2022 年的 43.02 上升至 2023 年的 78.59，政务微信服务能力指数共提升 35.57，提升幅度可观。从整体上看，安徽省及其省辖市政务微信服务能力大部分在上升，且安徽省整体政务微信服务能力发展态势良好，表现突出。

表 5-3　　　　安徽省政务微信服务能力指数年度对比

省市	2023 年指数	2022 年指数	指数变化
安徽省	64.96	67.72	-2.76
安庆市	62.64	66.83	-4.19
蚌埠市	79.63	74.58	5.05
亳州市	78.59	43.02	35.57
池州市	78.36	68.51	9.85
滁州市	79.86	76.71	3.15
阜阳市	71.30	68.55	2.75
合肥市	84.11	67.04	17.07

续表

省市	2023年指数	2022年指数	指数变化
淮北市	78.14	74.37	3.77
淮南市	84.33	81.65	2.68
黄山市	66.94	80.61	-13.67
六安市	81.35	70.42	10.93
马鞍山市	81.35	62.79	18.56
宿州市	78.59	66.83	11.76
铜陵市	78.82	77.91	0.91
芜湖市	74.00	75.15	-1.15
宣城市	79.86	74.02	5.84

2. 安徽省各地级市政务微信服务能力指数得分情况

从政务微信服务能力整体情况来看，全国政务微信服务能力指数平均值为63.23，安徽省平均综合指数为76.64，领先全国平均水平21.21%。安徽省除安庆市外，下辖15个地级市的微信服务能力指数高于全国平均水平，说明安徽省整体的政务微信服务水平在全国范围内处于领先地位，在政务微信的建设上表现较好，值得肯定。

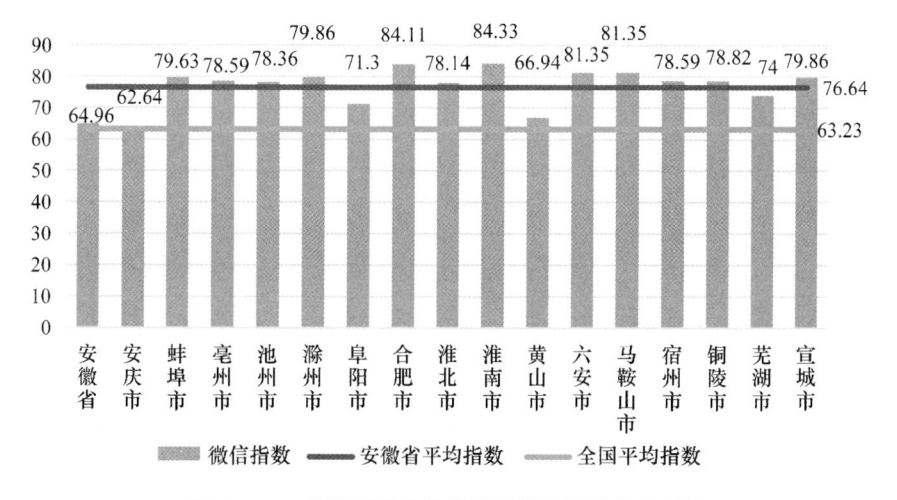

图 5-72 安徽省政务微信服务能力指数得分情况

合肥市政务微信"合肥市人民政府发布"的服务能力指数在安徽省下辖地级市中排名第二,微信指数为84.11。在信息服务能力、事务服务能力和参与服务能力方面的建设成效显著,均保持在高水平。

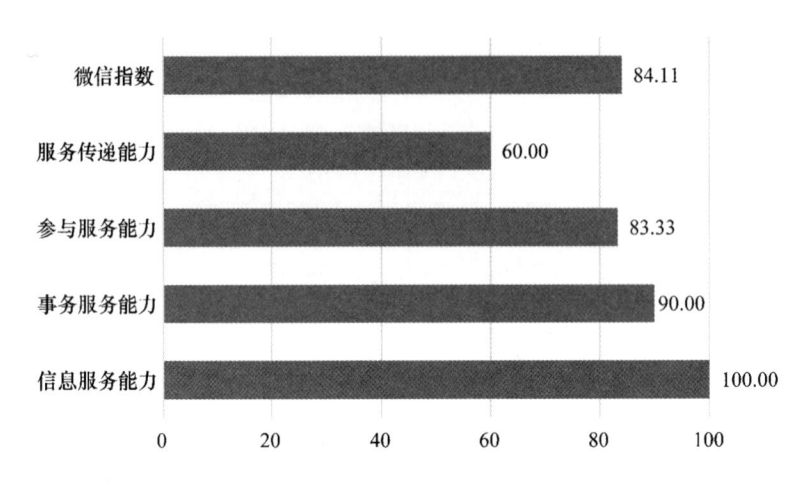

微信指数	84.11
服务传递能力	60.00
参与服务能力	83.33
事务服务能力	90.00
信息服务能力	100.00

图 5-73 "合肥市人民政府发布"微信总指数与各维度能力指数

在信息服务能力方面,"合肥市人民政府发布"除了常规的信息推送外,其开设的"政务"一级菜单栏下设4个二级菜单,分别为"政府公报""互动交流""重要转载"和"双微矩阵",发布的内容均为合肥市政府及其相关部门的权威信息。此外,在"就业"一级菜单栏下设的"就业信息共享平台""合肥招聘信息合集""社区快聘"和"暖民心行动"向民众提供了丰富的招聘信息,有助于提升民众就业率。在事务服务能力方面,"合肥市人民政府发布"开设了"皖事通办"二级菜单,为民众提供了类型丰富、分类清晰的办事服务。在参与服务能力方面,"合肥市人民政府发布"在"互动交流"二级菜单下开设了"智能问答""12345热线""我要写信""在线访谈""民意征集"以及"网上调查"6种参与渠道,为民众建言献策、投诉咨询提供了便利的渠道。

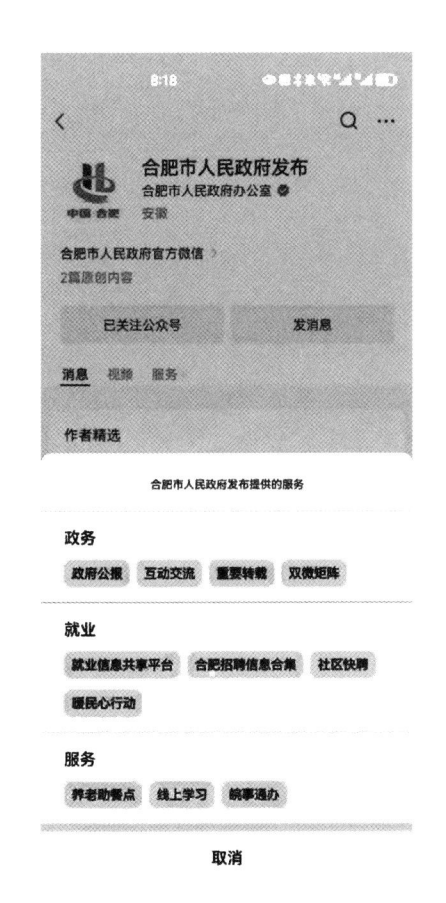

图 5-74 "合肥市人民政府发布"政务服务功能界面

五 省市政务 App 最佳实践

(一) 直辖市政务 App 最佳实践

上海市的政务 App "随申办市民云"数字服务能力总指数达到了 93.13，且在信息服务能力和参与服务能力两个维度的得分均为满分，表现非常优异，在事务服务能力、服务传递能力两个维度的指数也高于平均水平，极大地发挥了政务 App 在信息传递、信息反馈和办事便捷等方面的作用。

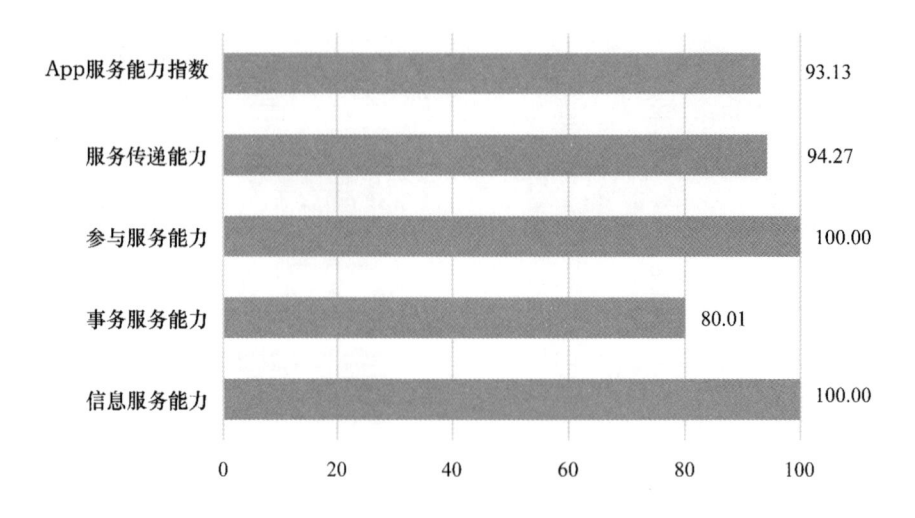

维度	指数
App服务能力指数	93.13
服务传递能力	94.27
参与服务能力	100.00
事务服务能力	80.01
信息服务能力	100.00

图 5-75 "随申办市民云" App 服务能力总指数与各维度能力指数

在信息服务方面，"随申办市民云"首页设有滚动播放区："政府公报"与"办事指引"，会及时推荐最新的内容，也可以点击"更多"了解过去发布的消息。在 App 首页底部设置两类信息服务："热点关注"与"政策图解"，涵盖了各类新闻资讯，且每一条信息点击进入详情页面后可以进行多个渠道的内容分享，而且发布的信息内容都属于第一手资料或其他来源明确的官方资料，在信息有效期内第一时间向社会公布，信息获取体验较好。

在事务服务方面，"随申办市民云"开设了"办事"模块，定位可以选择上海市本级或各行政区，也可以开展江苏省、浙江省、安徽省的省直或地级市跨省通办服务。在办事主页面设有"指南""预约""亮证""进度""找茬"五类栏目，点击"指南"即可进入办事服务大厅，按照个人、法人与部门进行了详细的分类；"预约"栏目允许市民按办事类型或是按所在区域在线选择办理地点；"亮证"栏目可添加个人或法人证照，方便用户快捷进行证照办理事务；"进度"栏目则是可以实时查询在线办理事务的进程；"找茬"栏目是市民可以对在"一网通办网

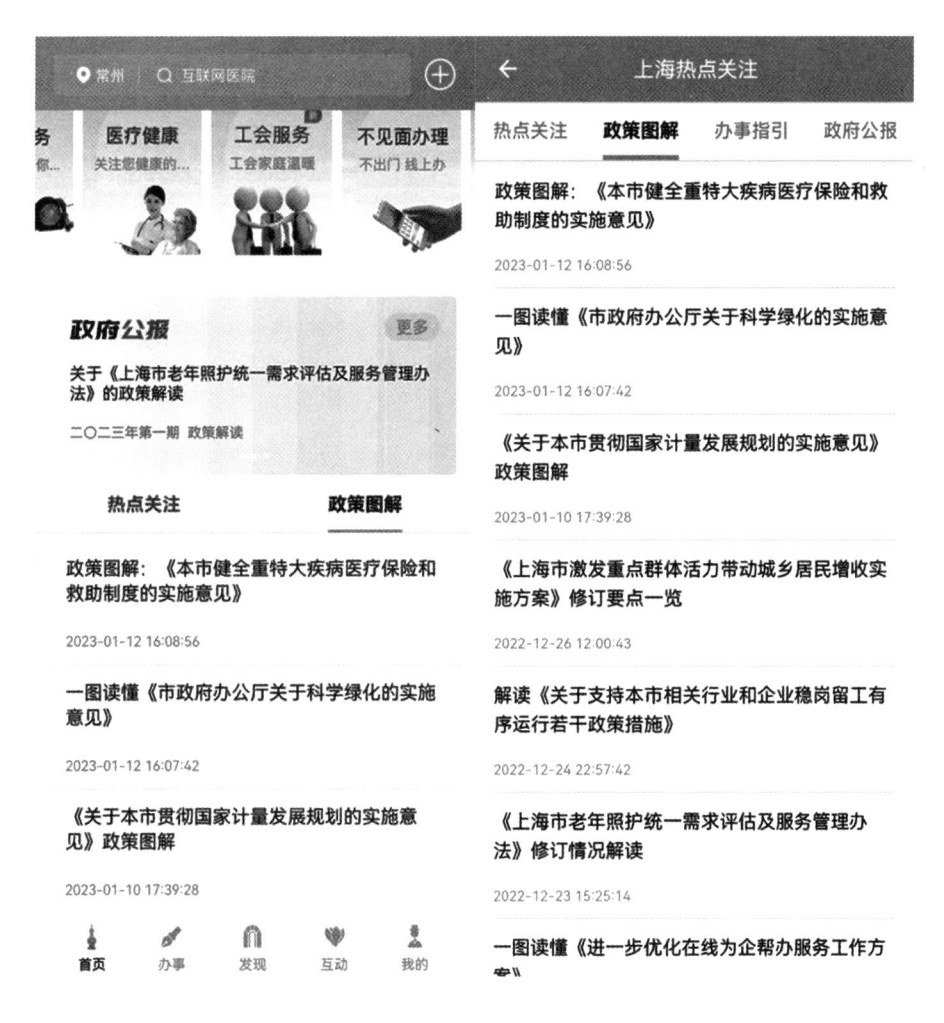

图 5-76　上海市"随申办市民云"政务服务功能界面

站""随申办市民的"App 或线下窗口办事时遇到的问题进行反馈，既体现了在线政务的事务服务对用户体验的保障，又涵盖了用户参与及反馈，有助于改进政务服务中出现的问题，提升服务质量，增加用户满意度。此外，服务大厅还可以选择"按专题""按部门"或是"按区级"进行分类，方便用户对所需事项进行查找与操作。办事主页还设有个性化推荐版块，以及诸多"一件事服务"，例如"医疗付费一件事""居住证办理一件事"等，有助于推进集成式、主题式、一站式的在线办理服务。

图 5-77　上海市"随申办市民云"政务服务功能界面

在参与服务方面,"随申办市民云"开设了"互动"模块,公开了"市委领导信箱"与"市政府领导信箱",点击即可看到现任领导的信息并发送信件。此外,还可以通过"12345专区"提交诉求申请、找茬建议、有关促进消费、健康生活或优化营商环境的"金点子"、反映问题的"随申拍",还设有专项查询的"点点通",鼓励市民积极反映问题,提升城市温度,共同参与社会治理。同时,"互动"模块还会公开最近一条好差评、市民对各部门的诉求等内容,使得在线政务办理更加公开透明、及时有效。

除此之外,"随申办市民云"App还开设口碑服务、城市风采等专题,各行政区开设"旗舰店"模式,其特色服务集成在口碑服务版块,既方便用户办事,也能促进各区互相学习提升;

在"发现"栏目中各行政区旗舰店还会发布最新的动态,类似朋友圈模式,市民可以随时了解各区或街道的新闻趣事,满足了用户多元化的需求,提升了服务的覆盖范围,使政务App服务内容更加完善。

(二)省级政务App最佳实践

1. 浙江省

浙江省的政务App在2023年省级政务App服务能力指数测评中表现优异,总指数为94.27。其政务App"浙里办"在信息服务能力、事务服务能力和服务传递能力三个维度均表现优异,极大地发挥了政务App在信息传播、办事便捷等方面的作用,但在参与服务能力维度上稍有不足。在来源渠道上,"浙里办"App的二维码在浙江省人民政府官网上醒目标出,便于市民下载,同时,在Android和iOS的应用商店均可搜索到,可得性较强。

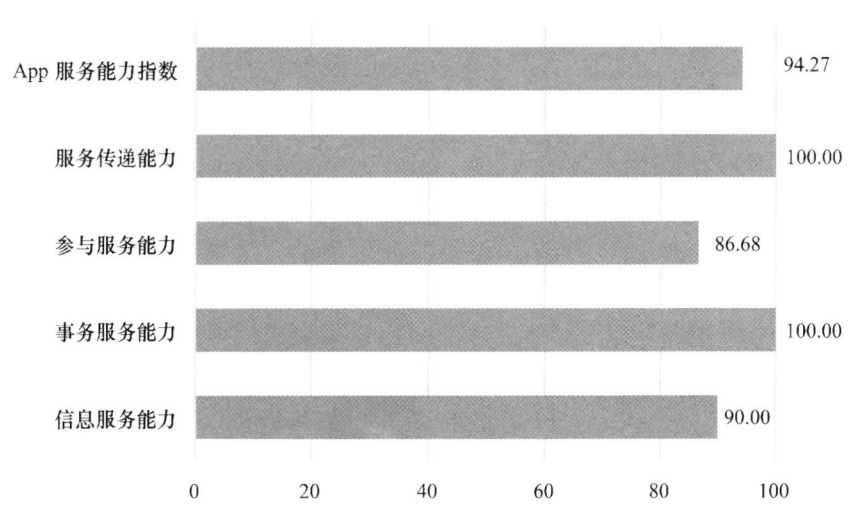

维度	指数
App服务能力指数	94.27
服务传递能力	100.00
参与服务能力	86.68
事务服务能力	100.00
信息服务能力	90.00

图5-78 "浙里办"App服务能力总指数与各维度能力指数

"浙里办"App首页可以自由切换个人频道与法人频道,其中个人频道主要由4个服务入口组成,分别是热门服务、特色专题、数字化改革和全国通办，法人频道则又增加了惠企政策、监管信息和服务日历3个版块。"浙里办"App还可切换至长辈版，字体放大，使用界面更为简洁，支持语音搜索功能，体现了政务服务对老年人的关怀。在"浙里办"App首页的特色专题部分，推出了"浙里防疫""浙里助残""一件事一次办""智能秒办""基层服务专题"等集成式服务模块。数字化改革版块主要分为三部分：数字社会、数字经济以及数字政协，分别对应了民生、经济与政务专题。在全国通办专区，开设了跨省通办服务以及居民服务"一卡通"，极大地提升了用户的生活办事便利性。此外，"浙里办"App在主页面侧方设有智能机器人，可进行一些通用的业务咨询或事项办理服务。同时，"浙里办"App允许用户进行所在地域的选择，涵盖了浙江省本级及所辖地级市，对于全省政务App渠道服务的提升有促进作用。

在信息服务能力方面，"浙里办"首页设有滚动条，推送最新的新闻公告。在互动模块中设有政策解读版块，点击进入后可以依据政策类别或是发文部门进行选择，也可以通过"搜索"栏直接查找想要了解的各类政策内容。此外，在"玩转浙里办"版块中也有"服务早知道"和"一起学热词"栏目，用户可以点击详情了解学习。

在事务服务能力方面，"浙里办"设立了"办事"模块，用户可选择"线上一站办"或是"线下就近办"。在"线上一站办"栏目中，又有三种不同的分类思路：按主题、按人生事、按部门，从而更方便用户快速查找。点击进入事务服务后，大部分事务支持在线全程办理，如不可线上操作的还会提供详细的办事指南、申请材料、办理流程等，大大提高了民众生活办事的效率，增强了政务App的服务能力和实用性。在"线下就近办"栏目中，系统用依据定位为用户推荐最近的办事大厅，同时也可以按距离、忙闲、办事分类来选择线下办理地点。

在参与服务能力方面,"浙里办"设立了"互动"模块,其中的"民呼我为"专栏寓意"民有所呼、我有所为",用户可通过12345便民热线、领导信箱、智能助理、民呼快速通道等渠道进行咨询、投诉与建议。此外,"浙里办"App还设立查询评价入口,方便用户及时获取办事进度和处理结果。

综合来看,"浙里办"App在服务传递能力、信息服务能力、事务服务能力和参与服务能力四个维度上均表现突出,但在政务信息获取上分类仍不够清晰,需要切换到不同的功能模块,信息服务的便捷性仍有待提升。

图 5-79 浙江省"浙里办"政务 App 服务功能界面

2. 山东省

山东省的政务 App 名为"爱山东",在 2023 年各省级政务

App 服务能力测评中表现突出，App 服务能力指数为 94.12，在信息服务能力、事务服务能力、参与服务能力和服务传递能力四个维度均表现出色，其中又以事务服务能力最为突出。

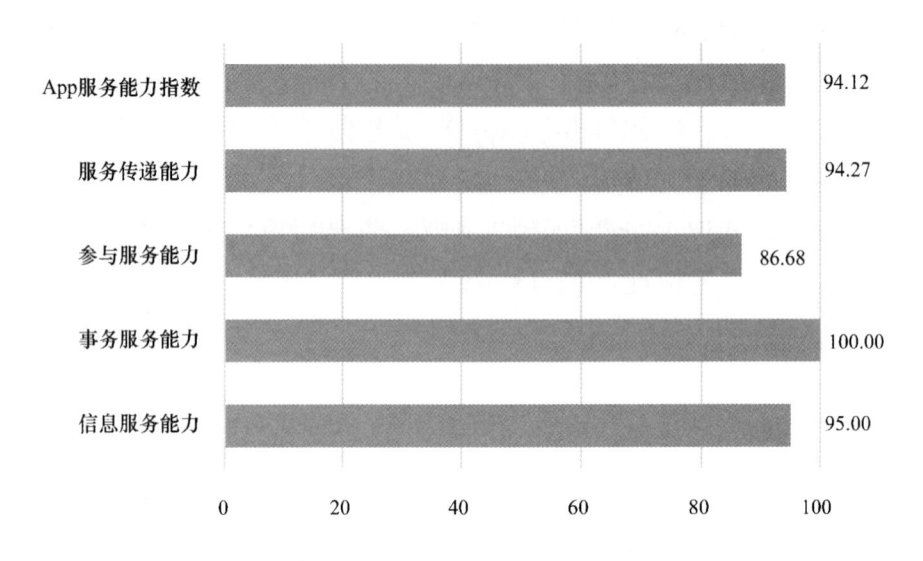

维度	指数
App服务能力指数	94.12
服务传递能力	94.27
参与服务能力	86.68
事务服务能力	100.00
信息服务能力	95.00

图 5-80 "爱山东"政务 App 服务能力总指数与各维度能力指数

在信息服务能力方面，"爱山东"政务 App 首页滚动推送各类通知公告，点击即可阅读详细内容。在 App 底部还设有"政策速递"版块，可以根据用户信息个性化智能匹配专属政策，鼓励申报从而获得奖励资金。同时用户也可以选择浏览政策文件、政策专区、政策订阅、政策解读、政策兑现等各栏目了解详情，甚至还可选择专属的随身政策服务专家进行咨询，服务可谓十分到位。此外，互动模块内还设立了"热点资讯"版块，细分为"省内要闻""国务院信息""今日关注与走进山东"栏目，涵盖了从国家到省份各层级的实时新闻，用户可以根据自己的需求选择相应的部分访问。App 发布的信息内容都属于第一手资料或其他来源明确的官方资料，信息权威有保障，且时效性强。

图 5-81 "爱山东"政务 App 服务功能界面

在事务服务能力方面,"爱山东"政务 App 设有"服务"模块,具体分为"办事指南""我的办件""好差评"三个版块。在"办事指南"中,用户可以选择个人或法人办事,根据部门或主题进行查询,所办事项均附有清晰的办事流程说明、申请材料、受理条件等内容,然后可以在"我的办件"里实时了解省直部门办件或地级市部门办件的进程,最后可以进入"好差评"版块对在线办事的服务给予好评或者差评。此外,"服务"模块中还设有"为您推荐"栏目,智能推荐用户可能需要办事的事项。同时还有"场景导航"功能,分为"民生百事"与"营商服务",对公众或企业用户都十分友好。

在参与服务能力方面,"爱山东"政务 App 设有"互动"模块,具体分为"12345 便民服务热线""接诉即办""办事咨询"

三个版块。点击进入"12345"便民服务热线,可选择各地级市的热线平台,进行咨询、求助、建议、举报等各类型的诉求提交,还可以清晰地显示历史诉求与诉求进度。在"接诉即办"平台,主要受理来自企业的不同诉求,也可以通过拨打12345直接转接"接诉即办"专家座席进行解答。在"办事咨询"版块,用户可以选择指定部门进行专门的咨询服务,也可以浏览实时咨询,以了解政务服务情况并为自己解惑。此外,互动模块还设置了"生活小帮手"栏目,使用图片轮播互动专题内容,以及"有事问小智"栏目,可以与智能助手"鲁小智"进行对话与答疑。

图5-82 山东省"爱山东"政务App服务功能界面

在服务传递能力方面,用户使用Android或iOS版本均可下载"爱山东"App,易得性强,使用过程中无卡顿或闪退等情况，体验良好。此外，用户还可以在常用工具中通过"推荐分享"将"爱山东"App 的下载二维码分享至微信、朋友圈、QQ 等社交平台，也可以在"意见反馈"中对该政务 App 在使用过程中的功能异常或体验问题、产品建议等进行留言，并可清晰地查阅回复内容。

3. 云南省

云南省的政务 App 名为"办事通"，在 2023 年省级政务 App 服务能力测评中表现出色，App 服务能力指数为 90.74，在信息服务能力和服务传递能力维度表现良好，在事务服务能力和参与服务能力维度表现优异，尤其是参与服务能力相较其他省份较为突出，充分发挥了政务 App 在办事便捷和互动共建等方面的作用。

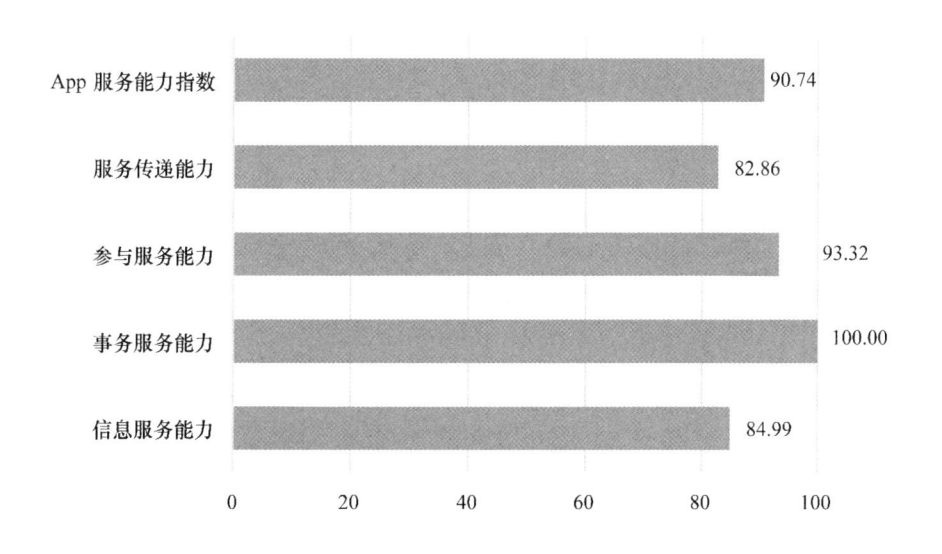

维度	指数
App 服务能力指数	90.74
服务传递能力	82.86
参与服务能力	93.32
事务服务能力	100.00
信息服务能力	84.99

图 5-83 "办事通"政务 App 服务能力总指数与各维度能力指数

"办事通"主要由 4 个模块组成，分别是"个人""法人""要闻"和"我的"。在信息服务能力方面，"办事通"在"个人模块"首页上设置了滚动资讯轮播，点击后即可链接到云南省人民政府网站发布的公告原文，并可在政府网站进一步选择浏览。此外，在"要闻"模块也可以进入云南省人民政府网站，阅读分类包括国务院、云南要闻、部门动态和州市动态。用户还可以详细了解省政府的政务公开、政务服务、政府文件、政策解读、人事任免、公示公告等内容，每条内容都可以完整打开，且具有较强的权威性与时效性。

在事务服务能力方面，"办事通"将个人办事与法人办事清楚划分开，在个人办事页面有服务专区版块，在"精选"栏目列举了"我要办社保""我要看病""我要婚育""我要上学"等各种办事类别，每项事务都附有详细的办事流程说明，大部分事务都可全程在线办理；在"推荐"栏目则是一些快捷办事项目，如"云南健康码""查投资办件进度"等内容，提高了用户的办事效率。在法人办事页面，服务专区包含"阳光云财一网通"与"云南公共法律服务平台"。此外，还设有"掌上大厅"版块，包含"政务服务超市"栏目，用户可进行线上办事、办事预约与办件跟踪；"政务服务中心栏目"，用户可进行预约与预约记录查询；"政务服务好差评"栏目，用户可了解数据总览、好评排名以及最新评价；云南省"跨省通办"服务专区，用户可进行诸多事项的一网通办理。

在参与服务方面，无论是个人办事页面还是法人办事页面，"办事通"App 都有"咨询"版块，用户可以在工作时间拨打客服电话，或是关注公众号联系在线客服进行咨询，亦可发送邮件提出诉求。在法人办事页面中，对营商环境有投诉反映的窗口，用户可以选择在线投诉、电话投诉、语音投诉或视频投诉多种渠道。用户进行咨询或投诉后，相关部门会在 24 小时内给予正面、充分的回应，大大提升了在线政务服务的满意度。

在服务传递能力方面，"办事通"App 在 Android 和 iOS 的应用商店均可搜索并下载，使用流畅，无异常闪退，支持多渠道登录，且积极为老年人提供大字版页面，充分保障老年人可以享受移动政务服务带来的便利，体现出人文关怀。此外，"办事通"App 还可以被分享至微信、新浪微博、QQ 等各大社交平台，用户也能对 App 的使用进行评分并提出意见。

图 5-84 云南省"办事通"政务 App 服务功能界面

（三）地级市政务 App 最佳实践

1. 蚌埠市

安徽省省域内所有地级市均共用安徽省省级政务 App"皖事通"；用户可以在"皖事通"中切换不同地级市，获得各地级市独立设计的页面。蚌埠市的政务 App 数字服务能力总指数为 95.13，且在信息服务能力、事务服务能力、参与服务能力和服务传递能力四个维度表现均衡。"皖事通·蚌埠市"首页共有六大部分：常用服务、实时快讯、我的卡包、主题专区、热门服务与市县区专栏。

App服务能力指数	95.13
服务传递能力	91.45
参与服务能力	93.32
事务服务能力	100.00
信息服务能力	95.00

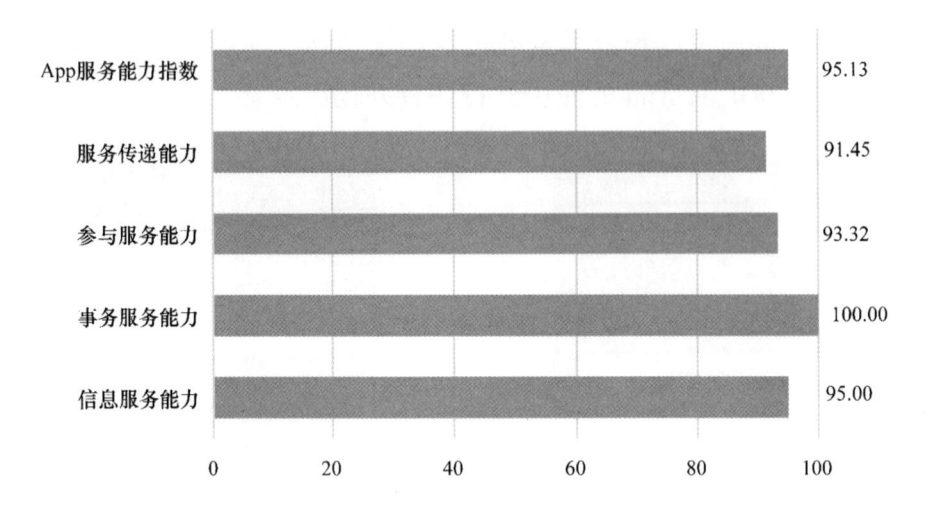

图 5-85 "皖事通·蚌埠市" App 服务能力总指数与各维度能力指数

在信息服务能力方面，"皖事通·蚌埠市"有实时快讯模块，该模块中推送的新闻咨询时效性强，每天均有更新，信息来源较广，渠道有皖事通和蚌埠市各部门，信息的权威性有保障。此外，在 App 首页的主题专区开设了政务公开专栏，该专栏提供直达蚌埠市以及其下各个社区的网页版链接，用户可进入页面进行选择，各个渠道均提供新闻信息、政策文件、政府工作报告和资讯等，信息内容多样，且每条信息新闻资讯均可分享到朋友圈、微信、微博等社交平台，分享渠道较广，进入政务信息页面后可选择长辈版、朗读版，体现了用户友好性。

在事务服务能力方面，"皖事通·蚌埠市"在常用服务中专设了"办事大厅"模块，将办事服务分为个人办事、法人办事、部门服务和事项类型，可按需选择分类，各项事务均标明该事务是否可办理，不能在线全程办理的均提供了详细的办事流程指南。同时，办事服务基本都可以进行提前预约，在"我的办事记录"中还可实时查询办事进展，便民便企。此外，首页的热门服务版块也对共计 303 项办事内容进行详细分类，可个性化添加"我的服务"，按事务类型和区县进行了全面的分类。在办事服务中还有一项"长三角无感漫游"功能值得一提，提供了长三角地区政务服务的"一网通办"，增加了用户使用政务 App 的便捷度。

图 5-86 "皖事通·蚌埠市"政务 App 服务功能界面

在参与服务能力方面，"皖事通·蚌埠市"设有"12345 热线"模块，下设"我有诉求""我的诉求"和"运行通报"三大部分。在"我有诉求"中，市民可以进行咨询、举报、建议、求助、投诉、表扬、无效电话等多种类型的留言发布，自行选择留言内容是否公开；"我的诉求"中记录了正在处理的诉求进度以及历史诉求；"运行通报"则是市民可以查阅有关累计诉求关键字、受理渠道、累计诉求类型分析等方面的大数据统计结果。此外，"皖事通·蚌埠市"还设立了知识库与热点问答专栏，对政务服务中的常见问题进行解惑，有助于民众了解政策详情，减少重复诉求，提高办事效率。

在服务传递能力方面，"皖事通·蚌埠市"App都保持了很高的流畅度，完全无卡顿，且页面清晰美观，操作简便，用户体验良好。另外，用户可通过分享App下载二维码将该客户端分享至微信、朋友圈、QQ及微博，App内的资讯新闻也都可转发分享，社交性较强。

2. 安庆市

安庆市与蚌埠市情况类似，均使用安徽省政务服务App"皖事通"，用户可在"皖事通"中切换到安庆市，使用独立设计的政务服务页面。安庆市的政务App服务能力指数为94.12，且在信息服务能力、事务服务能力和服务传递能力三个维度均表现出色，而参与服务能力则稍弱。"皖事通·安庆市"首页共设六大版块：常用服务、实时快讯、市县区专栏、我的卡包、主题专区与热门服务。

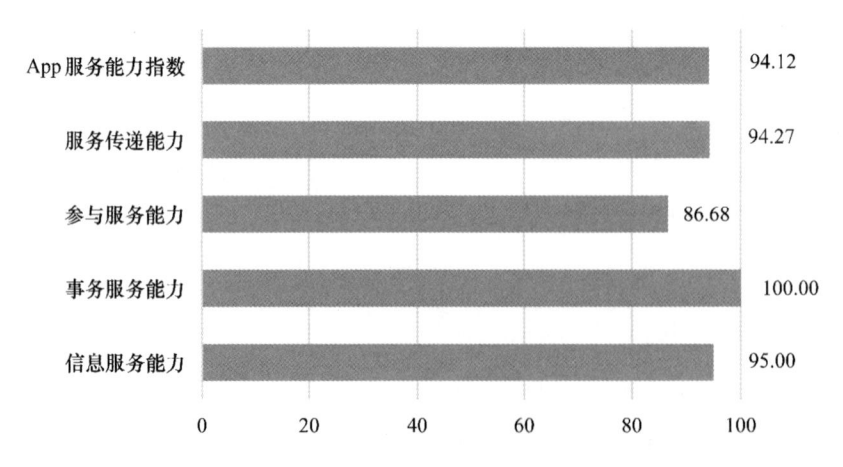

维度	指数
App服务能力指数	94.12
服务传递能力	94.27
参与服务能力	86.68
事务服务能力	100.00
信息服务能力	95.00

图5-87 "皖事通·安庆市"政务App服务能力总指数与各维度能力指数

在信息服务能力方面，"皖事通·安庆市"有实时快讯模块，推送的新闻时效性强，每日更新，资讯多来源于安庆新闻网，信息权威性有保障。在消息专区还设有便民资讯栏目，包含了各类公告通知、政策速递、新闻资讯等内容，用户可以通过置顶内容了解最新、最重要的本市资讯，也可以通过搜索关键词快捷查询相关信息。在首页主题专区内含县区政府的信息公开内容，与安徽省人民政府网站相连，可查找各类政策、政府公报、专题专栏等内容，还可以继续点击部门乡镇平台链接，了解更详细的资讯内容。

在事务服务能力方面，"皖事通·安庆市"在常用服务中设有"办事大厅"模块，将办事服务分为个人办事、法人办事、部门服务和事项类型，功能全面，办理流程皆可查询，各类事项基本都可以提前预约、在线办理，且事务的全程办理率较高。若该事务不支持移动端办理，则App中会附有详细清晰的办事流程指南。同时，在首页的热门服务版块也详细分类了共计409项办事内容，包括"全民应用""智慧城市""防疫专栏"等诸多栏目，方便用户查找。此外，通过首页的市县区专栏也可以进行更具体的县级事务办理。

图 5-88 "皖事通·安庆市"政务服务功能界面

在参与服务能力方面,"皖事通·安庆市"在首页热门服务模块中的智慧城市专栏内设有"12345专区",内设提交诉求、问答知识库和信件查询三个版块,用户可以通过该平台提交咨询、投诉、建议等内容。同时,问答知识库中罗列了由不同政府部门针对市民最常见的各类疑惑问题的详细解答,用户也可以在此查找如何解决问题。通过信件查询功能,用户可以实时了解到在线事务的办理进度及反馈情况。

在服务传递能力方面,"皖事通·安庆市"App使用流畅,可多渠道登录,无卡顿或闪退的情况,页面设计清晰美观,操作简便,用户体验良好。此外,用户可以将浏览的热点资讯以及政策解读等内容转发分享至微信、朋友圈、QQ等社交平台,也可将皖事通App二维码进行分享。

3. 黄山市

黄山市与蚌埠市情况类似,均使用安徽省政务服务App"皖事通",用户可在"皖事通"中切换到黄山市,从而获得黄山市的独立设计页面,并使用政务服务。黄山市的政务App服务能力指数为92.93,且在信息服务能力、事务服务能力和

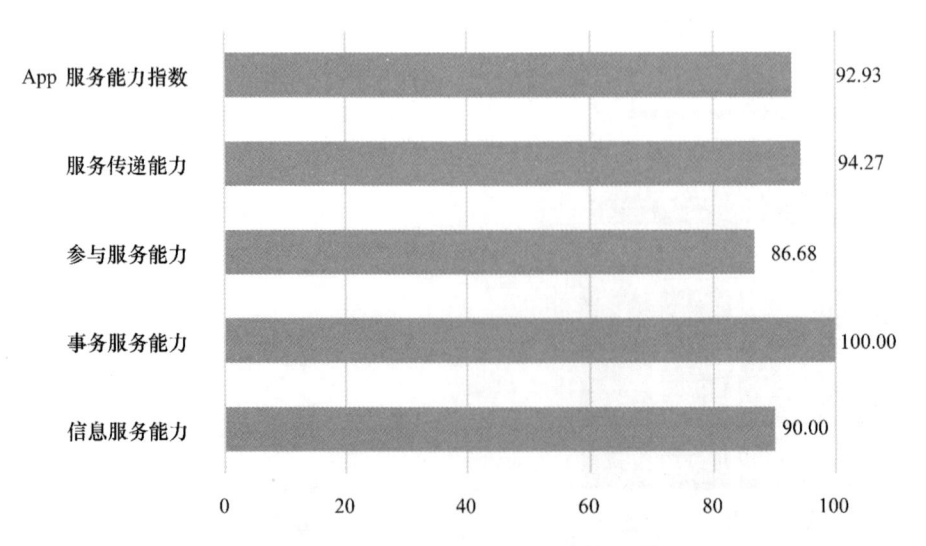

维度	指数
App 服务能力指数	92.93
服务传递能力	94.27
参与服务能力	86.68
事务服务能力	100.00
信息服务能力	90.00

图 5-89 "皖事通·黄山市"App服务能力总指数与各维度能力指数

服务传递能力三个维度均表现突出，唯有参与服务能力稍显逊色。"皖事通·黄山市"首页共有五大部分：常用服务、实时快讯、我的卡包、主题专区、热门服务。

在信息服务能力方面，"皖事通·黄山市"有实时快讯模块，推送的新闻时效性强，每日都会更新，信息来源较广，有央视新闻、《安徽日报》、《人民日报》等，信息权威性有保障。首页滚动栏中设有黄山市政务信息公开，该版块直接与网页版的黄山市人民政府相链接，提供政务要闻、政策法规与解读、政府公报，以及部门县区平台链接等，其中每条信息均可分享到朋友圈、微信、微博等社交平台，分享渠道较广。同时提供内容朗读、操作提示、语音辅助等功能，积极为老年人提供大字版、语音版、简洁版移动政务服务应用，推出相关应用的"关怀模式""长辈模式"，让老年人充分享受移动政务服务带来的便利。

在事务服务能力方面，"皖事通·黄山市"在常用服务中专设了"办事大厅"模块，事务按个人办事、法人办事、部门服务和事项类型进行分类，功能全面，各项事务均标明是否可以在线办理，如不支持全程办理则标明提供办事指南。在首页的热门服务版块也详细列举了共计285项办事内容，按服务类别进行了清晰的分类，也可通过"搜索"栏目直接输入进行查找。在首页的主题专区中设有"长三角无感漫游专区"，可实现沪苏浙皖的"一网通办"。

在参与服务能力方面，"皖事通·黄山市"设立了"我的12345"模块，具体分为我的留言、我要咨询、我要建议、我要投诉、我要举报和我要求助共6个部分。点击进入后将自动跳转到黄山市人民政府的网站页面，用户可以相对应地填写留言信息类型、主题、内容，以及选择是否公开内容及回复。

图 5-90 "皖事通·黄山市"政务服务功能界面

在服务传递能力方面,"皖事通·黄山市"App 保持了很高的流畅度,完全无卡顿或闪退,且页面清晰美观,操作简便,用户体验良好。此外,用户可通过分享 App 下载二维码将该客户端分享至微信、朋友圈、QQ 及微博,还可以对 App 提出功能方面的意见与反馈。

(四)省份政务 App 最佳实践

省份政务 App 数字服务能力指数是包含省级政府及其所有省辖市政务 App 服务能力的综合指数。"爱山东"App 是山东省政务服务一体化平台,整合了山东全省与所辖地级市的各级政府部门面向公众和企业的服务资源。总体看来,山东省及其省辖市政务App服务能力表现出色，且在信息服务能力、事务服务能力、参与服务能力、服务传递能力各子维度都展现出了较为突出的水平，整体的政务App数字服务水平目前在全国范围内处于领先地位。

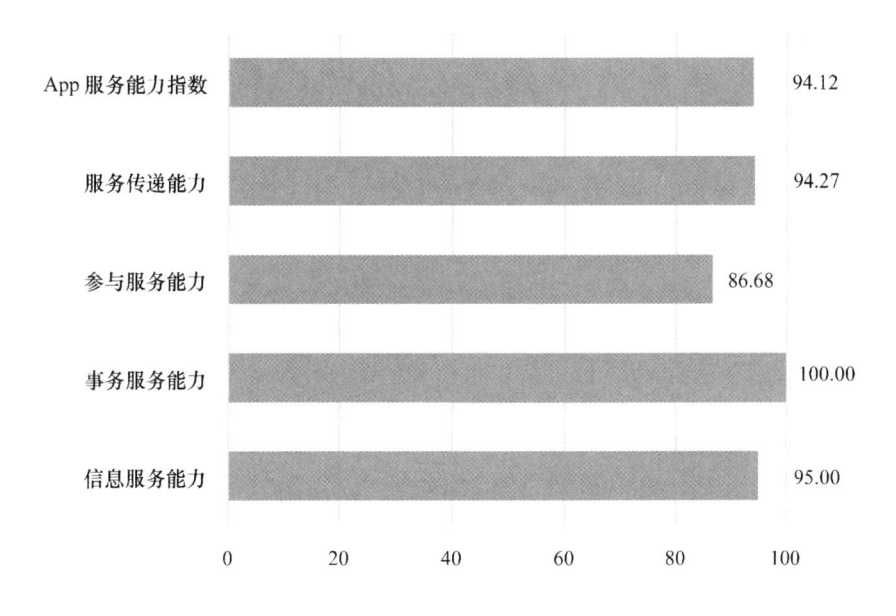

维度	指数
App服务能力指数	94.12
服务传递能力	94.27
参与服务能力	86.68
事务服务能力	100.00
信息服务能力	95.00

图5-91 "爱山东"App服务能力总指数与各维度能力指数

从政务App数字服务能力整体得分情况来看，山东省政务App服务能力指数为94.12，全国平均服务能力指数为74.71，表明山东省的政务App数字服务能力远高于全国平均水平。此外，山东省下属16个地级市的政务App服务能力指数也均为94.12，这说明山东省内各地级市政务服务发展均衡，也均高于全国各地级市的平均水平。

在信息服务能力方面，"爱山东"App统一受理省域内所有地级市信息数据进行推送，在首页内设置滚动条推送各类通知公告，点击即可阅读详细内容。在"政策速递"版块，可以根据用户信息个性化智能匹配专属政策，提供政策文件、政策专区、政策订阅、政策解读、政策兑现等各栏目供用户了解详情，

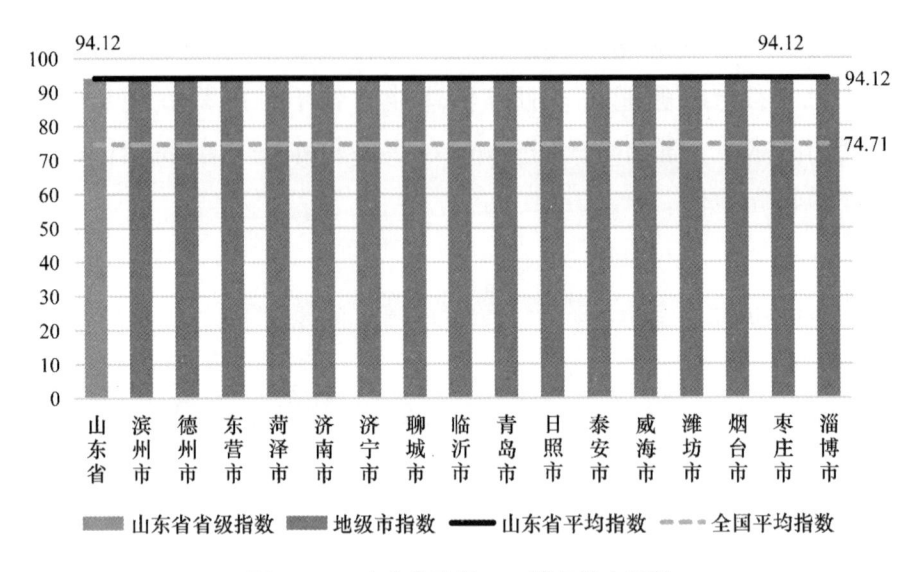

图 5-92　山东省政务 App 服务能力指数

甚至还配备了专属的随身政策服务专家便于用户进行咨询顾问。此外,互动模块内还设立了"热点资讯"版块,细分为省内要闻、国务院信息、今日关注与走进山东栏目,发布的信息内容都属于第一手资料或其他来源明确的官方资料,信息权威有保障,且时效性强。切换至不同的地级市或县区时,首页还会出现带有地区特色的热点新闻及功能服务,例如切换至青岛市后,首页会推送"青岛热点"以及"云游青岛"等功能服务。

在事务服务方面,"爱山东"围绕教育、公安、社会保障、民政、卫生健康、税务等诸多领域,聚焦与企业和群众生产生活密切相关的高频事项,分批编制政务服务事项专区,使政务服务更贴近群众需求,实现群众需求可在"掌上办""指尖办"。在 App 首页设有"一件事办理"版块,有助于推进集成式、主题式、一站式的在线办理服务。此外,山东省各个地级市在"爱山东"App 中均开设了"全省通办"与"跨省通办"特色服务专区,完成一地认证、全网通办、异地可办和就近办理的目标,真正实现"数据多跑路、群众少跑腿"。但目前该专区所包含的事项较少,例如在个人服务中仅包含了公共安全、交通出行、生育收养与证件办理四类事务，和群众与企业的高频事务清单相比，还需进一步加强建设。

图 5-93 "爱山东" App 政务服务功能界面

在参与服务能力方面，"爱山东" App 设有"互动"模块，具体分为 12345、接诉即办、办事咨询三个版块。点击进入12345 便民服务热线，可选择各地级市的热线平台，进行咨询、求助、建议、举报等各类型的诉求提交，还可以清楚显示历史诉求与诉求进度。在"接诉即办"平台，主要受理来自企业的不同诉求，也可以通过拨打 12345 直接转接"接诉即办"专家座席进行解答。在"办事咨询"版块，用户可以选择指定部门进行专门的咨询服务，也可以浏览实时咨询，以了解政务服务情况并为自己解惑。此外，互动模块还设置了"生活小帮手"

栏目，使用图片轮播互动专题内容，以及"有事问小智"栏目，可以与智能助手"鲁小智"进行对话与答疑。

在服务传递能力方面，"爱山东"App可通过山东省政务网站进行扫码下载，也可在安卓和苹果的应用商店查找并下载，易得性强；使用过程流畅，无中途卡顿或闪退等情况；用户还可以在常用工具中通过"推荐分享"将"爱山东"App的下载二维码分享至微信、QQ等平台，社交性强；在"意见反馈"中用户可以对该政务App在使用过程中的功能异常或体验问题、产品建议等进行留言，并可清晰地查阅回复内容；常用工具中还可以打开"老年关怀模式"，界面更清晰简单，关爱老年人，携手跨越数字鸿沟。

图 5-94 "爱山东"App 政务服务功能界面

六 省市政务短视频最佳实践

(一) 直辖市政务短视频最佳实践

在直辖市政务短视频服务能力指数中重庆市获得 62.40 的好成绩,在信息服务能力、服务传递能力和服务创新能力方面均表现优异,信息服务能力更是获得满分。重庆市人民政府新闻办公室官方抖音号——"重庆发布"拥有最多的点赞、转发、评论数量,受众规模大,视频交互效果优;并且能够做到每日发布 4 条以上内容,账户活跃度高,用户黏性强。

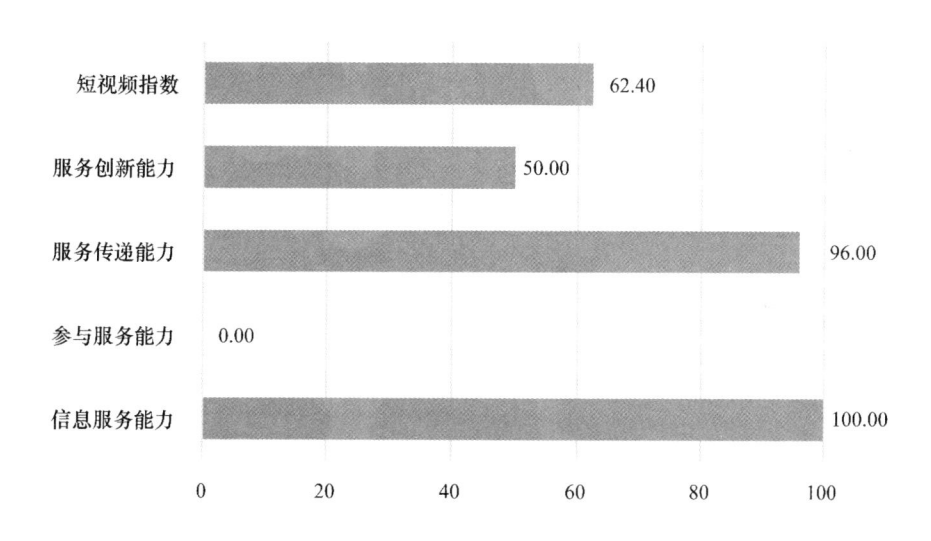

维度	指数
短视频指数	62.40
服务创新能力	50.00
服务传递能力	96.00
参与服务能力	0.00
信息服务能力	100.00

图 5-95 "重庆发布"政务服务能力总指数与各子能力维度指数

重庆市政务短视频不局限于传递政务信息,还提供涉及新冠疫情防控、城市宣传、风俗民情、地域文化、时事新闻等多个方面的内容,发布的原创视频不仅内容充实有用,而且信息时效性高,并且在转发非原创视频时能够做到准确标识作品来源,充分发挥了短视频在政务服务中信息发布和传递的作用。

在服务创新能力方面,重庆市政务短视频不仅整理发布了众多短视频合集,还利用短视频渠道进行直播,整理历史直播动态，汇总直播主要内容。短视频合集包括"万人赞""看世界""发布会""疾控提示"等，涵盖党建、文化、美景、防疫、发布会等多种类型，用户可以通过点击作品下方的合集链接浏览所有已发布的合集内容，方便快捷，能够按照主体进行体系化编排。其中，"万人赞"合集已更新至第199集，累计播放量达到8.2亿次，在发布时事新闻、宣传重庆特色文化、弘扬中国精神等方面具有示范引领作用。

图5-96 "重庆发布"政务服务功能界面

（二）省级政务短视频最佳实践

1. 浙江省

浙江省在省级政务短视频服务能力指数测评中独树一帜，

短视频指数为 71.58。浙江省人民政府新闻办公室官方抖音账号——"美丽浙江"在信息服务能力、服务传递能力均表现优异，其发布的视频数量、获赞数量和粉丝数量在省级账号中都名列前茅，推动了政务信息的传播深度与广度，在省级层面具有一定的号召力和影响力。

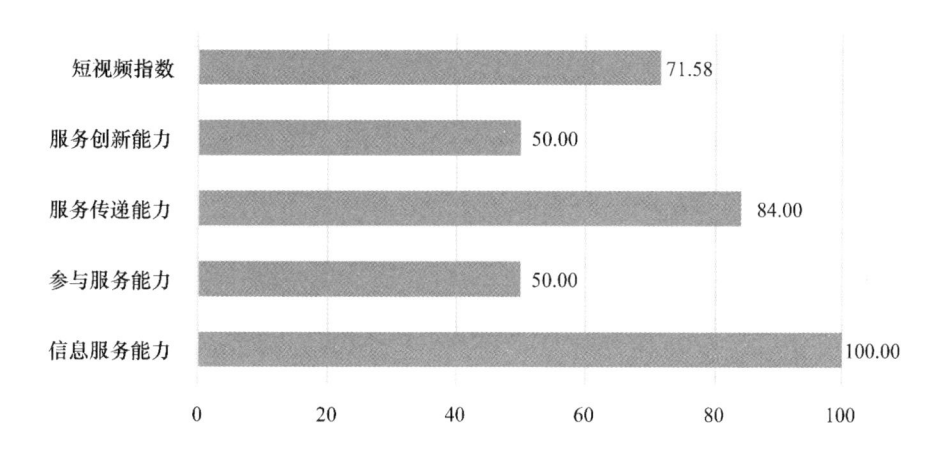

维度	指数
短视频指数	71.58
服务创新能力	50.00
服务传递能力	84.00
参与服务能力	50.00
信息服务能力	100.00

图 5-97 "美丽浙江"政务数字服务能力指数与各子能力维度指数

具体来看，在信息服务能力方面，浙江省表现得非常优秀。"美丽浙江"发布的视频内容有权威性、及时有效，紧跟社会热点与潮流；更新频率高，每日日常动态近 20 条；还会发布部分具体事务的操作流程，实用性强。在参与服务能力方面，浙江省用精练且优美的文字宣传了视频账号，注明了投稿邮箱和投稿小程序，愿意主动倾听民众心声，号召全民一起投稿，发布实时信息。在服务创新能力方面，浙江省善于运用合集的方式吸引用户关注、传递政务信息并且弘扬社会正能量；同时，浙江省敢于标新立异，尝试通过直播频道传达信息内容，每月开设直播近 50 场，是开设直播最多的省级短视频账号，紧跟时代潮流，开辟了政民互动与交流的新途径。

图 5-98 "美丽浙江"政务服务功能界面

2. 湖北省

湖北省在省级政务短视频服务能力指数测评中表现出色，湖北省人民政务新闻办官方抖音账号——"湖北发布"全面发展，短视频指数为 66.22，在信息服务能力、参与服务能力、服务传递能力和服务创新能力四个维度均表现出色，各服务子能力均衡稳步发展。

湖北省政务短视频的口号是"微民生 大温暖"，其日常发布的内容涵盖了时政快讯、文化宣传、网络安全、教育医疗等多方面，着力从民生出发，为民着想，提供涉及与民生问题的各类时效信息，极大地提高了用户的浏览兴趣，便利了用户的信息搜寻。"湖北发布"将政务短视频以不同时长和新闻为切入点进行剪辑发布，适应不同群体的阅读需求。此外，"湖北发布"还提供了投稿邮箱，号召民众投稿周边生活趣事和有意义的事，从群众中来，到群众中去，努力为群众做事。这些举措

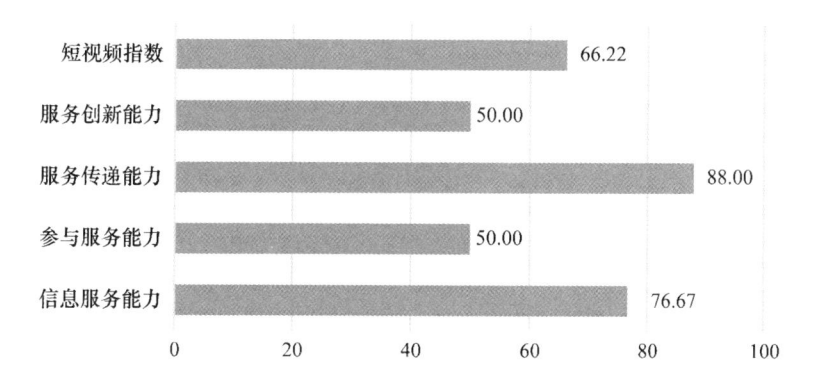

图 5-99 "湖北发布"政务服务能力指数与各子能力维度指数

充分体现了"湖北发布"的口号内容，从细节出发关注民生，温暖群众。

图 5-100 "湖北发布"政务服务功能界面

(三) 地级市政务短视频最佳实践

1. 七台河市

黑龙江省七台河市在地级市政务短视频服务能力指数测评中凭借出色的运营获得高分。中共七台河市委网络安全和信息化委员会办公室官方抖音号——"网信七台河",该账号信息服务能力、参与服务能力、服务传递能力指数都达到90以上,表现十分优异。

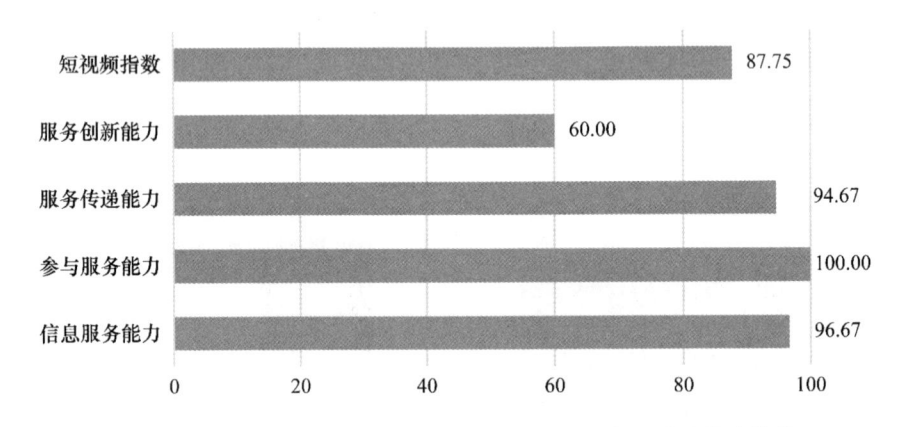

维度	指数
短视频指数	87.75
服务创新能力	60.00
服务传递能力	94.67
参与服务能力	100.00
信息服务能力	96.67

图 5-101 "网信七台河"政务服务能力指数与各子能力维度指数

七台河市政务短视频日常发布的视频内容囊括新冠疫情防控、新闻时事、自然风景等多个领域;公开投稿信箱,广泛接收群众来信,并且标注来信时需提供联系方式,保障来信视频内容的真实可溯性。此外,在服务创新能力上,区别于其他地级市的直播动态回顾,七台河市进一步提供了可重复观看的直播视频,便于用户随时回顾直播内容,不仅增添了趣味性,还能够让用户享受到独特的"沉浸式体验"。另外,七台河市整理了关于招商引资的优惠政策合集,为用户节省了大量的时间成本。综合来看,"网信七台河"各子能力维度无明显短板,与2022年相比进步显著,认真经营账号,积极发布多元化视频,活跃度高,交互性强,称得上"模范型地级市政务短视频账号",值得被其他城市学习。

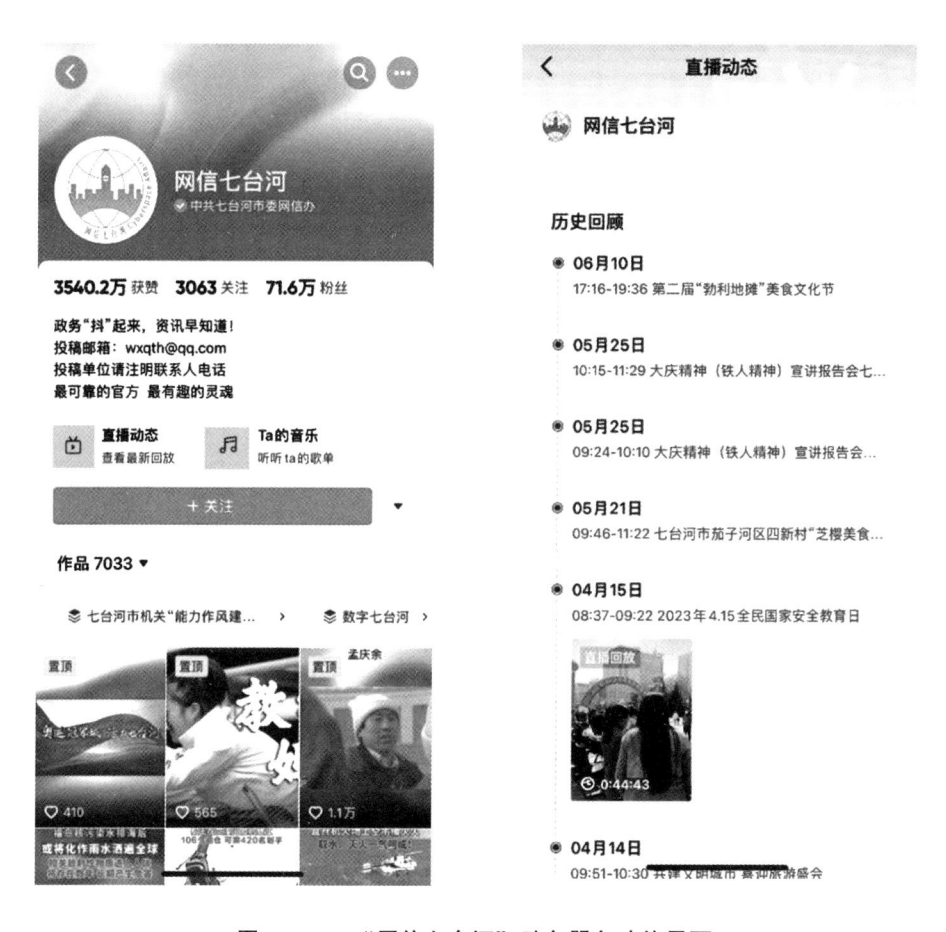

图 5-102 "网信七台河"政务服务功能界面

2. 湖州市

浙江省湖州市在地级市政务短视频服务能力指数测评中表现出色，湖州市人民政府新闻办公室官方抖音号——"美丽湖州"短视频指数为 82.65，在信息服务能力、参与服务能力和服务传递能力维度表现突出；信息服务能力与参与服务能力取得了满分的优异成绩。

"美丽湖州"短视频账号日常发布的视频内容以当地社会新闻和民俗文化为主，视频正上方有醒目的文字说明，可以让中老年用户拥有更好的浏览体验。在信息服务能力和参与服务能力上，湖州市都夺得满分，值得一提的是，"美丽湖州"在粉丝

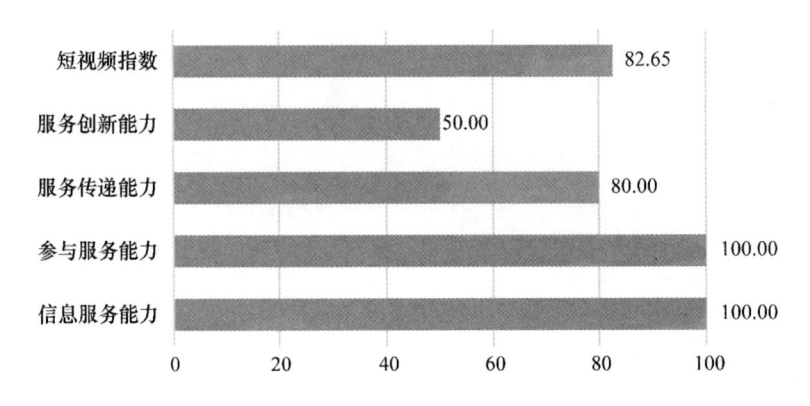

短视频指数	82.65
服务创新能力	50.00
服务传递能力	80.00
参与服务能力	100.00
信息服务能力	100.00

图 5-103 "美丽湖州"政务服务能力指数与各子能力维度指数

互动环节表现突出，积极参与回应粉丝的评论，并附带表情包，在表达观点和态度的同时传递了温度，体现了官方账号的亲和感，对于用户的部分具体疑问和诉求也能做到有针对性的回复，

图 5-104 "美丽湖州"政务服务功能界面

解决群众的实际问题。同时，湖州市整理的合集以美食美景为主，对城市的文化和旅游宣传做出了卓越贡献，充分展现了当地深厚的文化底蕴。

3. 大理白族自治州

云南省大理白族自治州在地级市政务短视频服务能力指数测评中发挥稳定，中共大理州委宣传部官方抖音号——"大理发布"短视频指数为68.97，在信息服务能力和服务传递能力两个维度表现出色。

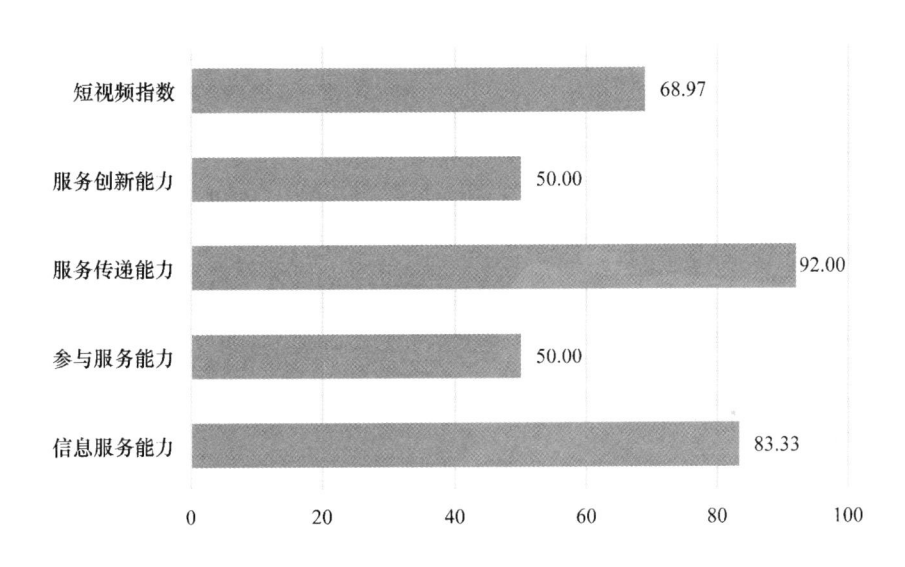

图 5-105 "大理发布"政务服务能力指数与各子能力维度指数

"大理发布"各方面表现良好，风格独树一帜，尤其在服务传递能力上，受众规模大，视频传播范围广，影响力大，收到的点赞、评论和转发数都名列前茅。"大理发布"日常推送的视频内容涉及当地新闻、时政、风景、人文等，转载视频或素材均标明来源，权威性强。值得一提的是，大理白族自治州了解如何运用自身优势发展短视频政务服务项目，当地风景优美，是旅游胜地，因此账号利用"每日云图"合辑记录大理的日常风景，吸引用户，同时为推动当地的文旅发展做了很好的宣传。

图 5-106 "大理发布"政务服务功能界面

(四) 省份政务短视频最佳实践

省份政务短视频服务能力指数是包含省级和各省所辖地级市在内的政务短视频服务能力综合指数。在省份政务短视频服务能力指数中，浙江省的指数均值为 40.29，表现优异，并且其拥有处于较高水平的地级市数量最多以及整体发展状况较好，故选择浙江省作为省份政务短视频最佳实践。

1. 浙江省政务短视频服务能力指数情况

在地级市政务短视频服务能力指数中，浙江省内有 4 个地级市位于较高水平行列,并且除绍兴市、丽水市外其他拥有短视频账号的地级市均指数较高,表现突出,可见浙江省政务短视频服务能力整体水平位于全国前列。

与 2022 年省份政务短视频服务能力指数相比,2023 年浙江省省级指数稍有退步,但仍保持较高水平,各地级市指数得分则变化各异。其中嘉兴市进步明显,仅凭一年的时间,实现了从无到有,并且指数高达 57.12,有重大突破。除丽水市指数略有下降外,其他拥有短视频账号的地级市指数均上涨,宁波市上涨 24.4。总体来看,浙江省各地级市政务短视频建设发展态势良好,半数地级市排名位于全国前列,与其他省份相比优势显著。

表 5-4　　浙江省及省辖市政务短视频服务能力指数年度对比

指数＼时间	2023 年指数	2022 年指数	指数变化
浙江省	71.58	79.40	-7.82
杭州市	65.44	64.83	+0.61
湖州市	82.65	70.22	+12.43
丽水市	38.18	38.46	-0.28
宁波市	73.55	49.15	+24.4
衢州市	78.05	65.87	+12.18
绍兴市	5.69	4.90	+0.79
台州市	42.47	38.91	+3.56
嘉兴市	57.12	无	+57.12
舟山市	无	无	—
金华市	无	无	—
温州市	无	无	—

2. 浙江省各市政务短视频服务能力指数情况

从地方政府政务短视频服务能力整体得分情况来看,浙江省政务短视频服务能力平均指数为 40.29,高于全国的平均指数

23.80，由此可见浙江省政务短视频的服务能力水平要高于全国平均水平，并且浙江省省级政府以及开通政务短视频的 8 个地级市的指数情况也全部高于全国平均水平，展现出浙江省在全国范围内的绝对领先地位。其中，指数最高的城市是湖州市，远超全国平均水平；此外，衢州市、宁波市在政务短视频的建设上也表现不俗，值得肯定。

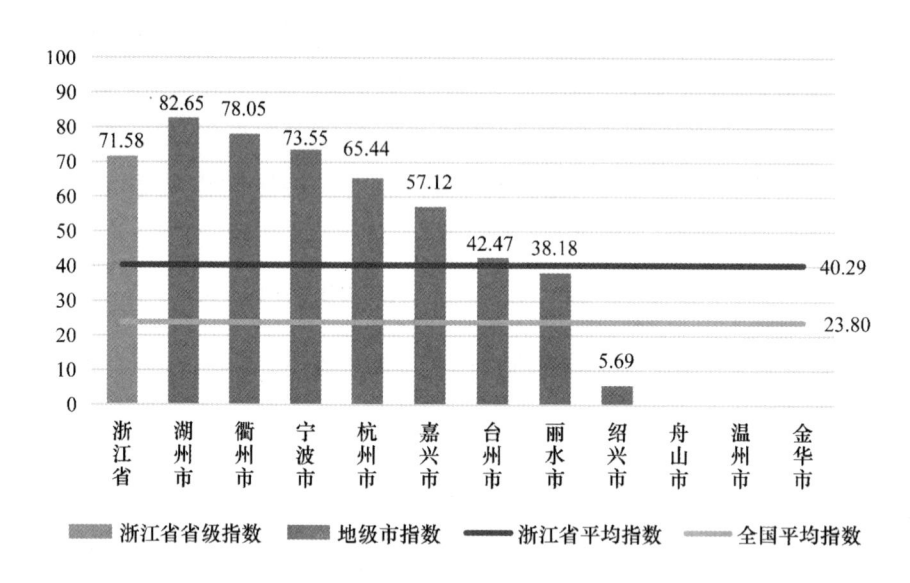

图 5-107 浙江省政务短视频服务能力指数情况

3. 浙江省优秀地级市案例

衢州市网络综合治理服务中心官方抖音账号——"衢州影像"服务能力指数为 78.05，处于较高水平，在信息服务能力和参与服务能力上表现亮眼。值得肯定的是，"衢州影像"在与粉丝的互动性上表现首屈一指，回复粉丝评论的数量最多，回复内容具体实用，帮助用户解决遇到的问题或者提供有效信息；语言具有亲和力，有时使用表情包，诙谐生动，有利于拉近与用户的距离，可以增强用户评论的兴趣。

日常发布的内容主要为当地实时资讯和文化宣传；视频文案均注明了来源，保障了内容的专业性和权威性。虽然"衢州影

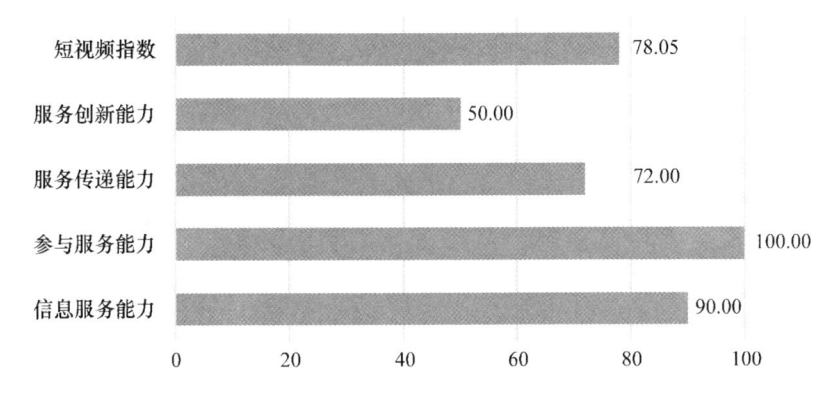

图 5-108　"衢州影像"政务服务能力总指数与各子能力维度指数

像"最近发布的内容在多元性上有所欠缺，但是它的合集内容分类明确，涉及抗疫、当地历史发展、非遗文化、饮食以及产业发展等多方面内容，大大提升了用户获取信息的便捷性。衢州整理的合集可以帮助用户深刻了解当地的发展历史和独特文化，充分展现了衢州深厚的文化底蕴，推动了城市文化和旅游发展。

图 5-109　"衢州影像"政务服务功能界面

七 "跨省通办"专区最佳实践

(一) 各省(自治区、直辖市)政务服务网站"跨省通办"专区最佳实践

1. 北京市

北京市不仅在直辖市网站服务能力指数测评中表现优秀,其官方网站"北京市政务服务网"在信息服务能力、事务服务能力、服务传递能力和服务创新能力方面均有出色表现。并且北京市以深化京津冀政务服务"一网通办"为重点,持续推进"跨省通办"事项网上办理。依托国家政务服务平台,在市政务服务网推出了京津冀"一网通办"专区和北京市"跨省通办"服务专区,实现企业开办、公积金、社保等242项事项线上"京津冀"通办和116个事项线上"跨省通办",减少企业、群众跨区域办事跑动。

图 5-110 北京市政务服务网站首页

北京市政务网站"跨省通办"专区作为"跨省通办"最佳实践，主要表现在"跨省通办"事项指引、事项查询等完善的办理渠道，接入学位学历公证、养老保险关系转移接续、电子社保卡申领、失业保险金申领等116项国家高频"跨省通办"事项，以及"高考成绩查询""建筑工程施工许可证查询"等142项高频便民利企服务。专区对"跨省通办"事项按照个人和法人办事进行分类，并分别根据不同主题进行相关政务服务事项的整合，梳理出社保医保、民政服务、文化体育、食品药品等18类主题，便于企业群众办事"一键直达"。

图 5-111 北京市"跨省通办"服务专区

北京市"跨省通办"服务专区还接入"便民服务"通道，按照服务主题提供社会保障、就业创业、教育科研、医疗卫生、交通运输、其他六大服务版块，充分满足公众对便民服务的需求。并且设立交流互动版块，聚焦意见建议征集、公众参与调查问卷、政务服务好差评三大层面，与公众面对面，便于倾听并解决公众参与政务服务中涉及的问题。

图 5-112 北京市"跨省通办"便民服务及交流互动专区

2. 重庆市

重庆市"跨省通办"专区持续完善制度、简化流程、优化服务，从办件查询等基础功能再到"互联网+"形式的跨省通办事项循序渐进，不断推进跨省办理机制革新，实现高频事项异地办、上网办、就近办，切实解决了办事痛点，极大减轻了群众多地往返的办事负担，提升了服务水平。

重庆市"跨省通办"专区设立办件查询和使用指引基础功

能，并且提供热门服务下婚姻预约、预约挂号、学籍查询、轨道交通、居民参保信息查询和开具发票信息六大热点服务通道，以及热门事项下特种设备检验、检测人员资格认定、排污许可、城镇职工基本养老保险、执业药师首次注册、个体工商户变更登记、特种设备生产单位许可七大热点办事通道。专区还设立通往其他办事专区的便捷通道，包括全国一体化政务服务平台、川渝通办服务专区和西南五省"跨省通办"服务专区。

图 5-113 重庆市"跨省通办"专区页面

重庆市"跨省通办"专区设立政务服务"跨省通办"事项办理模块，以牵头部门和服务对象为筛选标准，提供全面的跨省通办事项清单，分类清晰明了，大大增加了公众办理跨省通办事项的效率。专区还设置了社保、医疗、婚育、教育、税务服务和交通出行六大主题下的便民服务功能模块，方便公众查询各类信息。专区同样设有意见建议箱、调查问卷、好差评三个公众互动交流通道。

图 5-114 重庆市"跨省通办"专区页面

3. 四川省

四川省在省级政务网站服务能力指数测评中表现优异，并且深入推进了政务服务"跨省通办"专区的设立，在 2020 年年底前实现了第一批 58 项政务服务事项"跨省通办"，在 2021 年年底前基本实现高频政务服务事项"跨省通办"。

四川省政务服务网站"跨省通办"专区支持使用指引以及办件查询等基本跨省通办服务功能，并设立事项服务搜索栏，并在专区中设立热门办事以及热门应用事项，充分实现高频事项"跨省通办"服务，满足公众在"跨省通办"服务上的大部分需求。

图 5-115　四川省政务服务网站"跨省通办"专区

在四川省政务服务网站"跨省通办"专区中设有跨省通办事项办理模块以及便民服务模块，该专区的办事服务门类清晰，分为个人服务和法人服务，并专门设置了服务办事指南专区以及在线办理引导模块，查找方便，办事效率高。在便民服务通道中，该专区按照服务主题提供公积金、医疗、企业、教育、车辆、生活六大服务版块，充分满足公众对便民服务的需求。

在"跨省通办"专区的页面末端，专门设置了"个性服务专区"，该专区可直接跳转到"四川省'省内通办'专区""成德眉资专区""川渝通办专区"和"西南五省'跨省通办'专区"，用户可以不用返回政务服务网就能满足其他专区事项办理的需求。并且该"跨省通办"专区设立交流互动模块，聚焦意见建议、留言咨询、好差评三大层面，与公众面对面，便于倾听并解决公众参与政务服务中遇到的问题。

图 5-116　四川省"跨省通办"专区事项服务页面

图 5-117　四川省政务服务网站主页

4. 吉林省

吉林省"跨省通办"专区以企业和群众需求为导向，聚焦高频政务服务事项，持续推进"跨省通办"线上线下可办、好办，目标是全面建成方便快捷、公平普惠、优质高效的政务服务体系。

吉林省"跨省通办"服务专区同样设立了包括办件查询、使用指南基本模块以及办理事项搜索框，满足公众使用"跨省通办"服务专区基本功能的需求。专区设立了高频热门以及便民服务模块，精准且全面覆盖了公众对跨省通办服务的办理范围。便民服务分类清晰，分为医疗健康、交通出行、教育服务、证书证明、信用查询和环境监测六大服务主题。

图 5 – 118　吉林省政务服务网主页

吉林省"跨省通办"专区在满足群众及企业办事需求的同时，设立吉林省特色通办专栏，将跨省通办的范围细化到省市一对一通办服务专栏，推出了包括吉林市温州市、哈长城市群、浙江吉林对口合作和海南吉林等"跨省通办"服务专区，提高了公众搜索对应办事事项的效率。并且同样设置了交流互动模块，提供公众参与政务服务的渠道，划分了意见建议、调查问卷和好差评三大参与通道。

图 5-119　吉林省"跨省通办"专区办事及特色专栏

　　吉林省流动人员人事档案实现"跨省通办"，为流动人员档案服务打通"最后一公里"。流动人员人事档案"跨省通办"开通以来，极大地减少了用户线下接触和跑动。在疫情常态化下降低了疫情传播风险，极大简化了办事流程，群众只需前往就近的公共人才服务机构窗口或通过登录全国人力资源和社会保障政务平台，就可申请办理档案接转、政审、出具证明等档案服务事项，极大方便了办事群众档案业务的办理。

图 5-120　吉林省流动人员人事档案实现"跨省通办"

吉林省政务服务 App 吉事办设立"跨省通办"专区，实现"跨省通办"进入移动端的便民举措，专区包括热门服务和通办事项两部分，涵盖失业登记、学历公证等高频"跨省通办"事

图 5-121　吉林省吉事办"跨省通办"服务专区

项，为办事群众提供了更为便捷的办事通道，进一步提升群众办事体验。

5. 贵州省

贵州省充分运用大数据、人工智能、区块链等技术，创新政务服务供给模式，推动高频事项"跨省通办"，实现了包括学历公证、学位公正、机动车公正等事项的"跨省通办"，打破地域限制，因地制宜地为公众提供"一次办成"的"跨省通办"服务。

贵州省"跨省通办"专区针对不同来源地将跨省通办事项区分为"在贵州办外省事"以及"外省帮贵州办理事项"两大办事专区。从地理位置出发区分不同来源地用户的办事需求，在"在贵州办外省事"模块中，设有地图、全国一体化政务服务平台、西南地区"跨省通办"服务专区、长江经济带通办专区和泛珠区域"跨省通办"服务专区，为在贵州省内的用户提供省外办事渠道。在"外省帮贵州办理事项"模块中，设有以贵州省不同地级市为划分依据的办事导航栏，以及各类行政单位下的办事事项列表，覆盖范围全面，为省外用户办理贵州省内事宜提供了便捷的渠道。

贵州省"跨省通办"专区在办事服务方面设立有便民服务模块，提供了教师资格证考试成绩查询、公积金服务、婚姻信息查询、研究生考试成绩查询、政策法规查询、出入境查询、版税指南、社会组织查询、贵州地区重名查询和互联网+海关事项热门便民服务通道，为公众提供生活保障、交通出行和教育研究等方面的热点服务。

政府数字服务能力指数报告（2023版）　171

图 5-122　贵州省"跨省通办"专区页面

图 5-123　贵州省"跨省通办"专区页面

（二）各省（自治区、直辖市）政务App"跨省通办"专区最佳实践

1. 广州市

广州市政务App穗好办设立"跨域通办"专区，可从省内和省外两个范围内处理不同省份内地级市的事宜，在政务App内实现企业和个人办事事项"跨域通办"。与"跨省通办"类似，穗好办"跨域通办"专区凭借其在移动端的优势，可以提供公众随身的办事渠道，充分满足公众办事脱离地域限制，真正实现上网办、随身办、就近办，解决公众处理异地事项的各种困难，为一键办事提供了便捷渠道。

图5-124 广州市政务App"跨域通办"专区页面

2. 江苏省

江苏省政务 App 苏服办设立"跨省通办"专区，依托全国一体化政务服务平台，在苏服办中设立热门应用和跨省通办两大"跨省通办"模块。热门应用包括了公众在移动端处理的高频跨省通办事项，能最大限度地满足企业与个人对跨省通办服务的需求。"跨省通办"模块以主题为划分依据，设立以教育考试、社保服务、人才服务、审批服务、不动产服务、公积金服务、社会服务和就医服务八大主题下的跨省通办渠道，提供省外公众办理江苏省内事项。

图 5-125　江苏省政务 App "跨域通办"专区页面

3. 浙江省

浙江省政务服务 App 浙里办设立"跨省通办"专区，依托全国一体化政务服务平台，在浙里办"跨省通办"服务专题下设立"跨省通办"事项模块，以社保医保、就业创业、交通运输、气象环保、教育科技、民政服务和邮政快递 7 个主题的办事标签作为入口，提供公众在浙里办 App 中跨省通办的通道。专区还设立了热门服务模块，将"跨省通办"中的高频办事放置在界面中心，为公众提供便捷的办事渠道，大大增加公众跨省通办的效率。专区在底部设立长三角服务专题和居民服务"一卡

图 5-126 浙江省政务"跨省通办"专区页面

通"专题，为公众提供跳转到特定范围下的跨省通办事项链接，精准覆盖有相关需求的群众和企业。

4. 山东省

山东省政务App爱山东设立"跨省通办"专区，在爱山东"跨省通办"服务专区下设立事项搜索框，方便企业和个人按需检索跨省通办事项，极大提高了办事效率，降低了在功能搜索上的成本。专区设立热门服务，提供婚姻登记、医保电子凭证、生育登记和老年证办理四大主题的高频跨省通办事项办理通道。专区还提供省内通办跳转链接以及个人服务和法人服务为分类标签下的服务事项，满足了个人和企业两个群体的办事需求。

图5-127 山东省政务App"跨省通办"专区页面

(三) 全国一体化政务服务平台"跨省通办"专区最佳实践

全国一体化政务服务平台开设"跨省通办"服务专区,专区提供了一系列跨省通办服务,其中在网站首页中心位置提供了查询窗口,以便用户方便快捷地查询应用。并且设置了意见建议箱、掌上服务、我的办件等一系列模块,提供已实现全国"跨省通办"事项的清单。针对热门服务事项设置了服务推荐模块,提供了社会保险参保缴费记录查询、社会保障卡申领等6项热门事项以供用户参考,以快捷链接的方式满足用户的主要需求。在此基础上,网站中部还设置了高频跨省通办事项清单,在服务推荐的基础上进一步提供热门事项便捷办理的接口。在网站的顶部提供首页、国务院部门服务窗口、地方政府服务窗口、个人办事、法人办事、公共服务六大导航栏模块,按不同

图 5-128 全国一体化政务服务平台"跨省通办"专区页面

类型的用户需求设置网站的服务布局。侧栏提供网站基础的用户交互模块，提供使用反馈、用户指引、智能问答、我的服务、我要投诉、移动服务、移动端等交互功能。

图 5-129　全国一体化政务服务平台"跨省通办"专区页面

全国一体化政务服务平台"跨省通办"服务专区还设置了跨省通办事项办理模块，在此模块上区分了"个人办事"和"法人办事"两大类别，并且在一级门类下分别设置了"办事主题""生命周期""所属部门"三个子类，通过不同类型的筛选条件，用户可以方便快捷地查询各类跨省通办事项。

跨省通办事项办理

	个人办事				法人办事		

办事主题:	全部	社保医保	职业资格	食品药品	文化体育	医疗卫生	气象环保	财务税务	更多 ∨
生命周期:	全部	入学	工作	考证	救助	就医	车辆	出入境	退休
所属部门:	全部	国家发展和改革委员会	教育部	科学技术部	工业和信息化部	公安部	民政部	更多 ∨

共248个事项

异地定点医疗机构查询　　　　　　　　　　　　　　　事项办理

驾驶证补换领　　　　　　　　　　　　　　　　　　　事项办理

社会保险参保缴费记录查询　　　　　　　　　　　　　事项办理

个体工商户设立登记　　　　　　　　　　　　　　　　事项办理

灵活就业人员申请企业职工基本养老保险参保登记　　　事项办理

< 1 2 3 4 5 … 50 >

图 5－130　全国一体化政务服务平台"跨省通办"专区页面

全国一体化政务服务平台"跨省通办"服务专区还设置了"区域跨省通办专区"和"省际跨省通办专区",在区域跨省通办专区中,用户可以通过选择不同的区域并点击所属链接,跳转到不同的区域跨省通办服务专区中,该模块提供了"京津冀一网通办服务专区""长三角区域政务服务一体化专区"和"泛珠区域专区"等,囊括了全国各大经济区域供用户选择。在省际跨省通办专区中,按省级单位提供省际跨省通办的服务以及各类跨省代办事项,用户可通过此模块进行省际跨省通办的服务办理。

图 5-131　全国一体化政务服务平台"跨省通办"专区页面

第六章 政府数字服务综合能力空间分布

一 中国数字服务综合能力总体情况

(一) 直辖市与省级政府数字服务综合能力分布

上海市的数字服务综合能力指数表现出色；云南省、浙江省、四川省、北京市、湖北省、重庆市、甘肃省、新疆维吾尔自治区、山西省、河南省、湖南省、天津市、内蒙古自治区、安徽省、陕西省、江西省、河北省、海南省、贵州省、黑龙江省20个省（自治区、直辖市）政府的数字服务综合能力指数紧随其后。辽宁省、吉林省、西藏自治区、山东省、广西壮族自治区、青海省、宁夏回族自治区、广东省、福建省、江苏省10个省（自治区）政府的数字服务综合能力指数居于末位。中部地区省级政府的数字服务综合能力指数较高，西部、东部、南部和东北地区省级政府的数字服务综合能力指数相对较低。总体来说，由于数字服务综合能力由政务网站、政务微信、政务微博、政务App、政务短视频5个维度构成，可以得知目前大多数省级政府在政务网站、政务微信、政务微博、政务短视频和政务App 5个渠道尚未均衡发展，渠道之间的发展差距比较大。

(二) 直辖市与省级政务网站服务能力指数分布

北京市、天津市、陕西省、四川省、重庆市、贵州省、云南省、山西省、山东省、安徽省、上海市、湖北省、湖南省、江西省、浙江省、福建省、广西壮族自治区、广东省18个省（自治区、直辖市）政府的政务网站服务能力指数表现出色；黑龙江省、吉林省、辽宁省、内蒙古自治区、新疆维吾尔自治区、宁夏回族自治区、重庆市、青海省、甘肃省、河北省、河南省、江苏省、海南省13个省（自治区、直辖市）政府的政务网站服务能力指数表现良好。总体来说，直辖市与省级政府政务网站服务能力指数呈现"东强西弱、南强北弱"的格局，但东西和南北的差距较小，直辖市与省级政府政务网站服务能力指数普遍较高。

（三）直辖市与省级政务微信服务能力指数分布

云南市、河北省、上海市、湖北省、湖南省5个省（直辖市）政府的政务微信服务能力指数表现出色，达80分以上；北京市、黑龙江省、辽宁省、内蒙古自治区、甘肃省、陕西省、四川省、贵州省、山西省、河南省、海南省、广东省12个省（自治区、直辖市）政府的政务微信服务能力指数表现良好；天津市、新疆维吾尔自治区、安徽省、浙江省、福建省5个省（自治区、直辖市）政府政务微信服务能力指数表现中等。总体来说，直辖市与省级政府政务微信服务能力指数呈现"中部强"的格局，具体是华北地区和西南地区，此外上海和北京在4个直辖市中表现最佳，全国省级政府政务微信服务能力指数差距较大，部分省级政府政务微信发展仍比较滞后，极差有45.3。

（四）直辖市与省级政务微博服务能力指数分布

北京市、重庆市、江苏省、上海市4个省（直辖市）政府的政务微博服务能力指数表现出色，尤其是上海市的政务微博服务能力指数高于90；吉林省、天津市、甘肃省、陕西省、四川省、贵州省、河北省、山东省、安徽省、江西省、浙江省11个省（直辖市）政府的政务微博服务能力指数表现良好；黑龙江省、辽宁省、内蒙古自治区、新疆维吾尔自治区、宁夏回族自治区、青海省、西藏自治区、云南省、山西省、河南省、湖北省、湖南省、福建省、广西壮族自治区、海南省、广东省16个省（自治区）政府政务微博服务能力指数表现中等。总体来说，大部分省级政府政务微博服务能力发展较为成熟，仍有部分省级政府政务微博发展比较滞后。

（五）直辖市与省级政务短视频服务能力指数分布

四川省、重庆市、上海市、湖北省、浙江省5省（直辖市）政府的政务短视频服务能力指数表现良好，但最高分也只有71.58；北京市、黑龙江省、吉林省、天津市、内蒙古自治区、新疆维吾尔自治区、青海省、甘肃省、西藏自治区、云南省、山西省、河南省12个省（自治区、直辖市）政府的政务短视频服务能力指数表现中等。西部和部分中部地区省级政务短视频发展较好。

（六）直辖市与省级政务App服务能力指数分布

北京市、黑龙江省、天津市、新疆维吾尔自治区、宁夏回族自治区、甘肃省、陕西省、重庆市、贵州省、云南省、河北省、山东省、安徽省、上海市、湖南省、江西省、浙江省17个省（自治区、直辖市）政府的政务App服务能力指数表现出色，尤其是天津市、云南省、山东省、上海市和浙江省，政务App服务能力指数高于90；吉林省、辽宁省、内蒙古自治区、西藏自治区、四川省、山西省、河南省、湖北省、广西壮族自治区9个省（自治区）政府的政务App服务能力指数表现良好；总体来说，直辖市与省级政府政务App服务能力指数呈现中部地区和东部地区比较强的格局，全国省级政府政务App服务能力发展普遍较为成熟，省级政府间的差距比较小，可以继续向浙江省等东部地区的省级政府借鉴。

二 中国数字服务综合能力区域分析

（一）东北地区数字服务综合能力区域分析

东北地区包括黑龙江省、辽宁省和吉林省3个省级行政单位。数据显示，2022年东北三省的数字服务综合能力指数均处于较高水平区间（60—80）；辽宁省和吉林省两个省级政府的数字服务综合能力指数从"中"升至"较高"水平。

黑龙江省政务App——"黑龙江全省事"提供了服务零距离、办事零等待、沟通零障碍的功能，全力推进跨地区、跨部门、跨层级政务服务互通互联，依托"全省事"App实现政务服务"就近办、马上办、指尖办"和"不见面审批"等，让数据多跑路，群众少跑腿。吉林省为了加强全省政务服务事项规范管理，聚焦数字政府，建设了政务服务事项管理系统。辽宁省的政务微信——"辽宁发布"结合本省实际情况，改版建设公众号，切实提升政务新媒体传播力、引导力、影响力和公信力，努力建设利企便民、亮点纷呈的"指尖上的网上政府"。

表6-1　　　　　东北地区各省级行政单位典型做法

黑龙江省：努力实现政务服务"就近办、马上办、指尖办"	黑龙江省政务App为促进政务服务规范化、便利化，全面重塑黑龙江省民生营商新环境，加快建设覆盖业务全流程、部门全协同、效能全监管的全省一体化在线政务服务平台；依托"全省事"App实现政务服务"就近办、马上办、指尖办"和"不见面审批"等，让数据多跑路，群众少跑腿； 截至2022年，"全省事"App已进驻全省4795个部门的146564个事项，面向黑龙江个人及法人用户提供政务服务，并持续深化覆盖范围，其多元全面的应用场景，筑牢政务服务基础，使用户"只进一扇门，即可一站式办妥"，感受到"全方位的省事"

	续表
吉林省：聚焦数字政府，建设政务服务事项管理系统	为加强全省政务服务事项规范管理，吉林省建设了政务服务事项管理系统，开发并优化了国家目录、基本目录、业务办理项、质检问题清单、统计查询、人员信息等功能模块，为推进全省政务服务事项规范化提供了制度保障和技术支撑； 吉林省坚持"全省一盘棋""一把尺子量到底""各地齐步走""一个办法管到底"等原则，梳理形成了全省政务服务事项主项1654项、业务办理项3349项。以条线为主对全省政务服务事项通用目录和业务办理项市县级复用工作顺利完成，市级复用业务办理项平均为1536项，县级复用业务办理项平均为1483项，实现了全省同一政务服务事项的基本编码、事项名称、事项类型、设定依据等16个要素统一，推进了政务服务事项标准化规范化，夯实"数字政府"基础，不断提升政务服务能力
辽宁省：打造"指尖上的网上政府"	辽宁省政务微信认真贯彻落实省委、省政府关于大力加强"辽宁发布"微信公众号建设要求，实施网络强国战略，落实网络意识形态责任制，大力推进政务新媒体工作，明确功能定位，加强统筹规划，规范运营管理，努力建设利企便民、亮点纷呈的"指尖上的网上政府"；辽宁省政务微信结合本省实际，改版公众号，增设栏目、完善功能、不断扩大宣传影响力。为了切实提升政务新媒体传播力、引导力、影响力和公信力，"辽宁发布"改版栏目设置，开通信息留言互动功能和视频号；建立健全规范制度，提高更新频率，优化发布内容；全面形成政务新媒体规范发展、创新发展、融合发展的新格局

（二）华北地区数字服务综合能力区域分析

华北地区包括北京市、山西省、天津市、河北省、内蒙古自治区5个省级行政单位。数据显示，2022年，华北区域的5个地区数字服务能力综合指数为"较高"。

北京市的微博指数在华北地区各省级行政区规划单位中表现亮眼，与其他省级行政区分差显著。北京市人民政府新闻办公室积极统筹协调推动全市各级部门开设账号，积极发挥政务微博集群效应，实现服务范围全覆盖。天津市在政务App服务上有独特的见解与良好的运营，表现卓越。天津市政务App"津心办"为保障困难群众基本生活，开设了社会救助栏目等社会救助渠道，与多平台合作，全面做好困难群众兜底保障工作。

河北省的微信指数是河北省所有渠道指数中得分最高的一项，同时也是华北地区各省级行政区规划单位微信服务能力表现最佳者。河北省为了更好地方便市场主体落户、注册，推出企业开办2.0版改革，助力营商环境优化。内蒙古自治区自2020年起，开设"内蒙古一周政务"栏目，并在微信公众号上同步推送，为群众梳理每周自治区党委、政府领导的政务活动和政策，帮助群众及时获得最新政务动态。山西省在政务短视频渠道建设方面有着不错的表现。山西省人民政府携手旅游、交警、法律等多个政务类账号入驻抖音；通过短视频宣传当地美食美景；借助"总要来趟山西吧"文旅系列视频传播山西的本土特色，展现人文情怀。

表6-2　　　　　　　华北地区各省级行政单位典型做法

北京市政务微博："指尖上的网上政府"	北京市人民政府新闻办公室积极统筹协调推动全市各区各委办局开设账号。北京市的政务微博集群已经形成，许多官方微博积极发挥集群功能、线上线下联动，服务范围实现北京市全覆盖，服务效率大幅提升。政务微博平均每天会转发2—3条同级别的微博，增强不同地区之间的联系。北京市政务微博的信息传播能力日益增加。"北京发布"政务微博运营能力不断提高，发布内容、形式不断创新。其中适应时代潮流的政务信息更是在年轻群体中进一步得到推广，受到了年轻一代的欢迎
天津市政务App："津心办"社会救助栏目上线	"津心办"为保障困难群众基本生活，开设社会救助栏目等社会救助渠道，与12345服务热线、社会救助"直通车"微信码协同合作，采取多种有效措施，全面做好困难群众兜底保障工作。"津心办"全面推进救助事项"网上办、线上办"，方便困难群众通过网络和拨打电话就能及时办理社会救助； 自2019年上线以来，"津心办"一直以"精心、敬心、用心、暖心"为宗旨，经历从1.0到3.0三个版本的升级迭代，一直陪伴在天津市民的身边。2022年，又有3家旗舰店上新，提供更具特色和针对性的服务

续表

河北省： 推进企业开办 2.0 版改革，助力营商环境优化	为了更好更方便市场主体落户、坚持注册为导向，雄安新区推出企业开办 2.0 版改革，包括企业跨省迁移全程网办、打造"15 分钟企业服务圈"、深化"证照联办"改革、拓展告知承诺制等四大类 10 项改革创新举措，其中多项举措为全省首推、全国首创； 为了推进雄安与北京两地企业档案资源共享，加强企业登记业务协同，河北省实现全国首个跨省企业迁移"全程网办"——京雄两地档案"互联互通"，实现京雄两地"数字档案即时传递，免迁企业纸质档案"；北京企业跨省"无感迁移"——申请落地环节，企业无须到迁入地登记机关现场递交信息变更材料，仅需在企业迁移线上端填写相关信息；营业执照和公章"异地申领"——提供 24 小时打印营业执照、领取印章等"一站式"服务
内蒙古自治区政务微信："内蒙古一周政务"栏目，梳理政务互动，速览每周新政	自 2020 年起，内蒙古自治区开设"内蒙古一周政务"栏目，并且在微信公众号上同步推送，为群众梳理每周自治区党委、政府领导的政务活动；并且解读自治区出台的政策，帮助群众速览每周新政，及时获得最新政务动态； "领导活动"栏目依据领导的活动时间发展顺序，使用"标题+短文"的形式详细介绍了党委、政府领导的具体政务互动内容，脉络清晰、可读性强；"政策发布"栏目不仅公示了具体的政策文件及内容，还就政策发布的原因进行了解释，有助于群众更好地理解政务信息，提高群众获得政务动态的效率
山西省政务短视频： 八大沉"晋"式主题出圈	山西省人民政府携手旅游、交警、法律等多个政务类账号集体入驻抖音，此举不仅很好地展示和传播了当地政府部门的政务形象，更重要的是对山西省社会经济发展成果宣传做出了突出贡献； 2022 年"十一黄金周"期间，山西凭借惬意慢生活和各类面食短视频登上各平台热搜榜。山西省文化和旅游厅出品"总要来趟山西吧"文旅系列短视频，此系列短视频设置趣味情景、以展现山西地方特色为主，传播山西的本土特色和人文情怀，收获亿万播放量和阅读量，向外界展示了山西文旅新潮的一面

（三）华东地区数字服务综合能力区域分析

华东地区包括上海市、浙江省、安徽省、江西省、山东省、福建省、江苏省 7 个省级行政区划单位。数据显示，2022 年，华东区域的 7 个地区中，2 个地区数字服务能力综合指数为"高"，3 个地区数字服务能力综合指数为"较高"，1 个地区数字服务能力综合指数为"中",1个地区数字服务能力综合指数为"低"。

上海市的政务微博表现优异,在华东地区各省级行政区划单位中指数最高。为了加强集成创新持续优化营商环境,上海市嘉定区创新"小嘉帮办"服务模式,全力解决企业群众办事难题,不断提升人民群众的办事体验和满意度。App指数是浙江省所有渠道指数中得分最高的一项,同时也在华东地区各省级行政区划单位中表现出色,通过App为群众提供便利且快捷的政务服务。"浙里办"全新改版,提供了新布局、新能力、新定位、新体验服务。导航栏增加了"城市"栏目,保障用户体验,推出高频好用的本地特色服务,方便用户及时全面了解本地资讯。安徽省、江西省、福建省和江苏省的政务网站指数各自占据了该省各渠道指数的最高分,同时福建省和江西省也是华东地区各省级行政区划单位中在政务网站服务表现较为优异的省份。为了不断升级网上政务服务平台功能,助力打造一流营商环境,安徽省政务服务网站上线办事指南"简洁版",帮助用户在办理事项时"一看就能懂,一点就能办"。江西省政务网站上线"电子印章专区",实现了从"免费开办"到"服务发展"的政策红利延伸,为企业良好的经营发展提供有力支撑。福建省充分发挥数字政府数据共享和业务协同能力,持续拓展"跨省通办"服务专区功能,与来闽外来人口较多的河南省、四川省、湖北省和江西省积极对接,推进更多"跨省通办"业务上线,进一步提升跨区域政务服务水平。山东省深入推进"互联网+政务服务",开展"统云、并网、聚数"攻坚行动,努力塑造"爱山东"政务服务品牌。江苏省大力推进政务服务"省内通办",目前已增加70项"省内通办"事项,基本全部实现省内无差别受理、同标准办理;并且推出"自选动作",拓展事项办理渠道。

表 6-3　　　　　　　　　　华东地区各省级行政单位典型做法

上海市： "小嘉帮办"破解办事难，让市民少跑腿	2023年，为了加强集成创新持续优化营商环境，嘉定区为企业提供"更加便利，更少跑动，更少环节，更多线上"的服务。嘉定区行政服务中心集成了31家职能部门630多项政务服务事项，共设6个分领域专区162个综合窗口，日均接待量约4000人次，是上海单体建筑最大的综合型政务服务中心。该服务中心创新的"小嘉帮办"服务模式，全力解决企业群众办事难题，不断提升人民群众的办事体验和满意度； "小嘉帮办"中的快闪办，针对特种设备作业人员资格证、道路运输车辆年审标识领取等简易事项，引导办事企业通过"入门即办、办完即走"快速通道，即刻完成办理。"小嘉帮办"中的引导自助办，为缓解政务大厅人流大矛盾，嘉定区陆续推出申领离线码、社保单业务、不动产登记查询等高频事项"自助引导"，以查询无房证明及个人房产资料为例，由帮办员在外场协助完成查询打印，不排队且不占用窗口资源
安徽省政务网站： 办事指南"简洁版"	近年来，安徽省加快推进"互联网+政务服务"建设，不断升级网上政务服务平台功能，助力打造一流营商环境。安徽政务服务网开设"异地通办、不见面审批"专栏，为各地政务服务事项提供一站式服务，企业和群众办事实现了一个入口、一网通办。全省省级行政许可事项减至197项，"减证便民"省市县三级申请材料分别精简51.9%、57.7%和56.2%； 2022年12月，安徽省政务服务网站上线办事指南"简洁版"，指导帮助用户网上办事。此次上线的"简洁版"办事指南，对办理事项的内容进行了整理归纳、对业务办事需要了解的要点进行了梳理，提供更加简明易懂实用的办事指南，让用户在办理事项的时候可以"一看就能懂、一点就能办"
江西省政务网站： "电子印章专区"上线	在省政务服务管理办公室、省信息中心周密部署下，江西省政务服务网站"电子印章专区"正式上线。此专区的上线，持续优化了营商环境，大力推进了"一号改革工程"；推动一体化政务服务能力的提升；让用户拥有更便捷、更优质的电子印章服务体验； 目前江西省电子印章可应用于税务、劳动合同、工程建设、互联网+不动产登记、帮代办等高频政务服务事项，服务于各类政务办公、公共管理和社会公共活动等场景。电子印章的应用真实打通了全程网办的"最后一公里"，实现了"零跑腿"和"不见面"审批，利用电子化技术打通了企业办理业务随身携带公章的难点和痛点，实现了从"免费开办"到"服务发展"的政策红利延伸，为企业良好的经营发展提供有力支撑

续表

浙江省政务App："浙里办"App"规范、智能、有温度"	按照浙江省数字化改革部署，"浙里办"App不断优化改版，紧紧围绕"规范、智能、有温度"目标，在最新的版本中，界面布局、核心能力、视觉品质等方面都进行了整体提升，帮助用户服务更好找，办事更好办； "浙里办"全新改版，提供了新布局、新能力、新定位、新体验服务。导航栏增加了"城市"栏目，保障用户体验高频好用的本地特色服务，及时全面了解本地最新政策、生活地图、实时天气等资讯信息；法人频道登场，融合法人办事6076个，拓展了28个法人办事模块，汇聚全省法人热门服务、惠企专区，集成跨省通办服务，职能推送服务日历、惠企政策兑付等；办事服务点划分"线上一站办""线下就近办"两大场景，优化服务分类；新增"长辈版"，为老年人提供政务服务热点电话、方言搜索，资讯慢速朗读等服务
福建省政务网站："跨省通办"利民众	自2020年以来，福建省"跨省通办"网上办事统一入口，专区提供"跨省通办"服务事项、通办专窗、特色专栏、办件查询等网上服务，现已与广东省潮州市、梅州市，浙江省苍南县，江西省赣州市落地实施近120项事项； "跨省通办"专区服务破解企业与人民群众异地办事"多地跑、折返跑"的难题，为企业、群众跨省异地办事提供便捷化服务，大力提升了政务服务能力和群众获得感。福建省充分发挥数字政府数据共享和业务协同能力，持续拓展"跨省通办"服务专区功能，与来闽外来人口较多的河南省、四川省、湖北省和江西省积极对接，推进更多"跨省通办"业务上线，进一步提升跨区域政务服务水平，推动实现企业和群众异地办事"马上办、网上办、就近办、一地办"
山东省：塑造"爱山东"政务服务品牌	山东省深入推进"互联网+政务服务"，开展"统云、并网、聚数"攻坚行动。目前，一体化大数据平台已汇聚数据1313项、220多亿条；省级共享平台累计提供服务44.3亿余次；众多事项实现了"网上办、掌上办、跨越办、就近办"，在线申办率达到70%；企业和个人全生命周期"一件事"集成服务场景丰富； 山东省政务云网集约水平、数据汇聚力度及共享开放水平等走在全国第一方阵。到2025年，建成统一规范、公平普惠、便捷高效的政务服务体系；各级政务服务中心打造为现代"政务综合体"，免证办事、一码通行成为常态；依申请政务服务事项可网办率达到100%，"爱山东"日活跃用户数预计达到800万人

续表

江苏省：大力推进政务服务"省内通办"	在开展"跨省通办"服务之际，江苏省大力推行"省内通办"。2021年年底公布的第一批"省内通办"事项清单，包括102项行政权力事项、28项公共服务事项，涉及发展改革、交通运输、农业农村等25个省级部门。目前，江苏省已增加62项行政权力事项、8项公共服务事项，涉及教育、工信、公安等13个部门。增加的70项"省内通办"事项，基本全部实现省内无差别受理、同标准办理；此外，江苏省各地还积极推出通办"自选动作"。南京都市圈通办事项，从2021年的61项增加到目前的99项，事项办理渠道也在拓展。江苏省南京市、安徽省马鞍山市在一些自助机中添加"跨省通办"事项，使"跨省通办"24小时不打烊。南京市政务服务管理办公室还牵头调研都市圈所有成员城市的政务自助机使用情况，协调技术支撑团队加快对接，在都市圈内逐步全面实现自助通办

（四）华中地区数字服务综合能力区域分析

华中地区包括湖南市、湖北省和河南省3个省级行政区划单位。数据显示，2022年，华中区域的3个省份数字服务能力综合指数为"较高"。湖北省的网站指数是湖北省所有渠道中得分最高的一项。同时该得分也是华中地区各省级行政单位网站指数得分最高者。湖南省的网站指数和微信指数都表现优异。河南省的网站指数是河南省所有渠道中表现最优异的一项。

湖南省政务服务网站持续推进"一件事一次办"政务服务改革，扩大"跨省通办""一网通办"和"掌上办"事项范围，推出了"湘易办"超级服务端，为企业、群众打造市场有活力、服务有温度的政务服务环境。湖北省的政务微博运营良好，不仅在聚焦武汉本地的同时也关注全国热点，案例选材生动典型，贴近群众，引发广泛关注，颇受好评。河南省"豫事办"服务能力不断提高，注册用户数达到7530万，成为全国用户最多、服务集成度最高、活跃度最热的省级移动政务服务平台之一。

表 6-4　　　　　　　　华中地区各省级行政单位典型做法

湖南省：政务服务网站推进"一件事一次办"打造政务服务升级版	继 2019 年湖南省创新推出的"一件事一次办"改革，湖南高度重视营商环境优化，突出有效市场和有为政府结合，纵深推进"放管服"改革，着力打造市场化、法治化、国际化营商环境，使市场有活力、改革有品牌、服务有温度。"一件事一次办"已成为全国知名政务服务品牌，被写入党中央、国务院印发的《法治政府建设实施纲要（2021—2025 年）》，并在 2022 年年底逐步完成"一件事一次办"政务服务改革，扩大"跨省通办""一网通办"和"掌上办"事项范围，推出了"湘易办"超级服务端
湖北省：政务微博运营良好获好评	湖北省政务微博在聚焦武汉本地的同时也关注全国热点，案例选材生动典型，帮助受众及时了解警情快讯，起到了宣传警醒的效果。同时，在传播形式上，多用事件真实视频，形成强烈的视觉吸引力，引发广泛关注
河南省："豫事办"注册人数达高峰	2022 年，河南省政务服务能力持续提升，政务服务移动端"豫事办"注册用户数达到 7530 万，成为全国用户最多、服务集成度最高、活跃度最热的省级移动政务服务平台之一。"豫事办"按照"高频优先、热点优先"的原则，设置了推荐服务、遇事豫办、服务随行 3 个版块 14 个专区，为全省人民提供了具体而微的事项办理服务，在提高群众办事效率、降低群众办事成本的同时，增强了群众的幸福获得感

（五）华南地区数字服务综合能力区域分析

华南地区包括广东省、广西壮族自治区和海南省 3 个省级行政区划单位。华南地区的数字服务综合能力指数均值为 57.34，处于低水平，数字服务综合能力指数标准差为 6.49。3 个地区中，海南省的数字服务综合能力指数为"较高"，广东省和广西壮族自治区的数字服务综合能力指数为"中"，华南地区的数字服务综合能力具有较大的发展潜力。

华南地区的 3 个省（自治区）中，海南省数字服务能力综合指数表现优异，在不同政务渠道的建设方面，海南省的政务微信、政务短视频建设优于其余两省（自治区），广东省在政务网站和政务微博的建设更具优势。各省（自治区）在不同渠道的建设上，海南省的政务微信建设相较于该省其他渠道表现最好，广西壮族自治区和广东省的政务网站建设相较于其他渠道表现最优。

海南省政务"一站式"线上服务窗口"海易办"3.0成功推出，在产品布局、办事体验、证照运用、便民服务、自贸港特色服务等方面进行了全方位优化升级，用户将享受更简洁、更实用、更易用的政务服务办事体验。广西壮族自治区政务服务"微改革"从不同角度出发，完成"事联办""事好办"和"事即办"，解决企业群众"大问题"。广东省数字政府2.0建设成效显著，在政务服务"一网通办"以及"粤系列"政务服务平台的建设中卓有成效，全面推动政务服务实现跨越式发展，形成整体联动的数字化治理新格局。

表6-5　　　　　　华南地区各省级行政单位典型做法

海南省："海易办"3.0版上线，海南省掌上政务服务跨上新台阶	海南省政务"一站式"线上服务窗口"海易办"3.0于2022年7月推出，为贯彻落实国务院办公厅《全国一体化政务服务平台移动端建设指南》相关工作要求，"海易办"3.0版本在产品布局、办事体验、证照运用、便民服务、自贸港特色服务等方面进行了全方位优化升级，用户将享受更简洁、更实用、更易用的政务服务办事体验
广西壮族自治区：政务服务"微改革"解决企业群众"大问题"	广西壮族自治区政务服务"微改革"聚焦"信息共享+机制创新"，通过"数据多跑路、群众少跑腿"，实现"事联办"。聚焦"政企合作+惠民服务"，通过帮办、代办、通办、一起办，实现"事好办"。聚焦"承诺审批+智慧办理"，从"先审后批"向"先批后验"转变，实现"事即办"。在坚持创新驱动、技术赋能的同时，推出全域"跨省通办""跨省通办+套餐服务""跨省通办+承诺审批"、跨境通办、"一机通办""通办+云勘验"等创新改革举措，进一步提升通办效能，打造"跨省通办"升级版，解决企业群众"大问题"
广东省：数字政府2.0建设成效显著	2022年广东省政务服务进入"数字政府2.0"建设新阶段，以数字政府2.0建设为牵引，围绕四个"一网"主攻方向，努力提升全省一体化政务服务能力。广东省依托数字政府改革建设，全面深化政务服务"一网通办"，推动政务服务高质量发展，广东政务服务网"一件事"主题集成服务已拓展至10954个，网办率超94%。广东省持续提升"粤系列"平台服务能力，不断创新打造数字政府标志性成果。"粤省事""粤商通"等政务服务平台注册量与热度持续上升

（六）西南地区数字服务综合能力区域分析

西南地区包括重庆市、四川省、贵州省、云南省和西藏自治区5个省级行政区划单位。总体来看，西南地区的数字服务综合能力指数均值约为73.16，处于较高水平，西南地区数字服务综合能力指数标准差为9.70，各省份之间的差异并不显著。数据显示，云南省的数字服务综合能力指数为"高"，四川省、重庆市和贵州省3个省（自治区、直辖市）的数字服务综合能力指数为"较高"，西藏自治区的数字服务综合能力指数为"中"。其中，云南省的数字服务综合能力指数由2022年的"较高"升至"高"，可见西南地区的数字服务综合能力具有良好的发展势头。

西南地区的5个省份中，云南省数字服务综合指数表现优异，在不同政务渠道的建设方面，云南省的政务微博、政务微信、政务短视频和政务App建设优于其余4个省份，四川省的政务网站建设表现最优。各省（自治区、直辖市）在不同渠道的建设上，云南省和四川省的政务微博建设相较于其他渠道表现最好，贵州省和西藏自治区的政务App建设相较于其他渠道表现最优。

四川省12345政务服务便民热线24小时在线，在春节期间保持全程人工服务，以全量回访、人工跟进的原则为群众提供细致而微的服务，获得极高的满意度。云南省在全省范围内开展临时居民身份证"跨省通办"试点工作，省外人员来云南都能有证可办。重庆市"渝快办·渝悦生活"服务专区入围数字政府建设优秀案例，凭借其特色专栏以及多功能综合服务吸引到大量的平台用户使用。贵州省政务服务事项实现100%网上可办，贵州省数据共享交换平台上架目录超过3.81万个，人口、法人、电子证照等基础库、主题库汇聚数据超过9.38亿条。全省政务服务事项实现100%网上可办，"全程网办"率达到

79.32%。西藏自治区紧密结合警务信息化建设，深化"互联网+政务服务"，不断丰富"网上办""异地办""掌上办""指尖办"服务内容，完善"跨省通办"让群众便捷更暖心。

表6-6　　　　　　　　西南地区各省级行政单位典型做法

四川省：12345政务服务便民热线24小时在线	四川省12345政务服务便民热线在2023年春节期间24小时在线，在2022年，四川省12345热线办理事件82.59万件，满意率高达98.46%，实现全程人工服务，不让智能语音系统与群众兜圈子。并且12345热线在春节期间做足准备，节前即分析预判高频率问题，梳理汇总2023年的新政策、新动态，组织座席工作人员学习相关业务，规范办件环节，确保大多数咨询热线在短时间得到满意答复，保证实现全量回访，人工跟进的目标
云南省：启动临时居民身份证"跨省通办"试点工作	自2023年1月12日起，在全省范围内开展临时居民身份证"跨省通办"试点工作。省外来滇群众异地申请领取、换领、补领居民身份证期间急需使用居民身份证的，可以向受理地公安派出所申请办理临时居民身份证
重庆市："渝快办·渝悦生活"服务专区入围数字政府建设优秀案例	重庆市"渝快办·渝悦生活"服务专区搭建"5+1"专栏，即"住、业、游、乐、购"五大主题场景版块+"城市生活聚焦"资讯专栏，专区在2022年正式上线。中国建设银行股份有限公司重庆市分行利用其长期积累的自身优势结合重庆市政务服务实际，搭建各类特色服务品牌，为群众提供多功能综合服务。截至2022年9月9日，"渝快办·渝悦生活"服务专区共配置服务事项233项，发布资讯突破1700条，政务服务事项办理量达5.1万件，已成为"渝快办"政务服务平台App端用户活跃增长的核心功能区
贵州省：贵州省政务服务事项实现100%网上可办	截至2023年2月15日，贵州省数据共享交换平台上架目录超过3.81万个，人口、法人、电子证照等基础库、主题库汇聚数据超过9.38亿条。全省政务服务事项实现100%网上可办，"全程网办"率达到79.32%。此外，贵州还建成一批政务应用，强化AI中台、视频中台、地图中台等业务中台服务能力，"大政法"监督平台实现超20项跨部门大数据办案协同流程上线，区块链中台完成食品溯源、工程审批、电子证照等场景的应用实施
西藏自治区："跨省通办"让群众便捷更暖心	西藏自治区将在紧密结合警务信息化建设，深化"互联网+政务服务"，不断丰富"网上办""异地办""掌上办""指尖办"服务内容；推进审批模式转型，规范审批服务事项办理；在完善窗口服务措施，改进管理服务理念和工作作风等方面下功夫，确保政策不断"给力"、支持不断"加码"、群众获得感不断提升

(七) 西北地区数字服务综合能力区域分析

西北地区包括甘肃省、新疆维吾尔自治区、陕西省、宁夏回族自治区和青海省。西北地区的数字服务综合能力指数均值为66.98，处于较高水平区间，数字服务综合能力指数标准差为9.32。数据显示，甘肃省、新疆维吾尔自治区和陕西省的数字服务综合能力指数处于较高水平，其余省份的数字服务综合能力指数处于中水平。总体来说，虽然作为经济欠发达地区，西北地区的数字服务综合能力指数仍旧保持良好的增长趋势，各地区指数均有不同幅度的增长，有较大的发展潜力。

西北地区的5个省份中，甘肃省数字服务能力综合指数表现突出。在不同政务渠道的建设方面，甘肃省的政务App和短视频建设优于其他4个省份，新疆维吾尔自治区的政务微博建设相较于其他4个省份表现最佳，陕西省的政务网站和政务微信建设表现最优。在不同渠道的建设上，甘肃省和宁夏回族自治区的政务App建设相较于其他渠道表现最好，新疆维吾尔自治区的政务微博建设相较于该省其他渠道更具优势，陕西省和青海省的政务网站建设相较于其他渠道表现更好。

新疆维吾尔自治区在企业注册和变更登记过程中，推出"容缺受理""容缺办理"机制，对"容缺办理"的主体，通过跟踪服务，加强事中、事后监管，打破了过去申请材料必须齐全再受理的传统。陕西省政务App"秦务员"将政务服务、便民缴费、普惠金融、多个行业应用自动衔接，同时融入人脸识别、区块链、大数据等技术，提供政务大数据、可视化看板，聚焦社情民意，助力政府精准治理。青海省认真贯彻落实党中央、国务院关于深化"互联网+政务服务"的决策部署，将各地区、各部门政务服务"一网通办"工作纳入目标绩效考核，积极推进线上"一网通办"、线下"只进一扇门"、企业和群众办事"最多跑一次"。宁夏回族自治区推进"掌上可办"向"掌上好办"转型,升级"我的宁夏"2.0版本,目前已基本实现了"一端服务全宁夏,一屏智享新生活"的目标。甘肃省政务App"甘快办"临夏回族自治州平台已整合汇聚103项高频特色应用和2151项政务服务事项,有效推进覆盖范围广、应用频率高的政务服务事项向移动端延伸,实现了政务服务事项"掌上办""指尖办"的目标。

表6-7　　　　　　　　西北地区各省级行政单位典型做法

新疆维吾尔自治区:推出"容缺受理""容缺办理"机制	乌苏市在企业注册和变更登记过程中,推出"容缺受理""容缺办理"机制,对"容缺办理"的主体,通过跟踪服务,加强事中、事后监管,打破了过去申请材料必须齐全再受理的传统; 近年来,新疆维吾尔自治区贯彻落实国家对"一件事一次办"改革工作要求,将多个部门相关联的"单项事"整合为企业和群众视角的"一件事",推行集成化办理,依托自治区一体化政务服务平台,建设了"一件事一次办"系统、"统一受理"系统,满足跨部门"一件事一次办"业务支撑需求,方便群众办事
陕西省政务App:智慧政务——"秦务员"App	"秦务员"App是陕西省"互联网+政务服务"建设形成的"零距离、全天候、一站式"线上线下融合政务服务新生态。它将政务服务、便民缴费、普惠金融、多个行业应用自动衔接,同时融入人脸识别、区块链、大数据等,一次认证、一个界面、一次办成,并可提供政务大数据、可视化看板,聚焦社情民意,助力政府精准治理; 近年来,陕西省共计梳理完善22万多个事项办事指南,全面对接省级各部门业务系统和各市政务服务平台,汇聚各类政务数据和电子证照,推进政务服务事项减时间、减环节、减材料、减跑动,持续提高网办深度;在西安、宝鸡、咸阳、渭南试点推行多项政务服务"全省通办",实现74项"跨省通办"事项落地

续表

青海省： "进一张网办全省事"全力打造"青海模式"	青海省认真贯彻落实党中央、国务院关于深化"互联网+政务服务"的决策部署，始终坚持"便民、高效、廉洁、规范"的服务理念，持续发挥一体化政务服务平台建设成效，不断推进政务服务"一网通办"，推动全省政务服务"审批提速、服务提质"。截至目前，省级政务服务中心进驻事项全部实现网上可办，市（州）、县（区）政务服务事项网办率达93.4%；青海省将各地区、各部门政务服务"一网通办"工作纳入目标绩效考核，积极推进线上"一网通办"、线下"只进一扇门"、企业和群众办事"最多跑一次"。截至2023年，省一体化政务服务平台已覆盖全省407个乡镇（街道）、4664个村（社区），形成全省五级联动政务服务平台体系
宁夏回族自治区政务App： 推进"掌上可办"向"掌上好办"转型	2022年12月，宁夏回族自治区、区移动政务服务总门户"我的宁夏"政务App 2.0版本正式发布上线。升级后的"我的宁夏"，界面更优化、办事更方便、服务更人性化、特点更鲜明，将持续推动"掌上可办"向"掌上好办"迈进，让政务服务"找得到、看得懂、办得好"； "我的宁夏"2.0版本涵盖群众关心的人社、医保、公积金和民政等26类高频服务；实现"一点云签字、一键亮证照、办完即评价、问题可咨询"的办事新体验；试点区域智慧社区模块，群众可加入我的社区，查收社区通知公告，参与社区活动，发布邻里互助信息，畅享智慧社区服务，打造社区治理新模式； 截至2023年1月，"我的宁夏"政务App注册人数近1100万人，日均点击启动次数达1260万次；可办事项1500余项，可查事项3500余项；汇聚生活服务近60类，入驻公共服务单位近500家；累计办事近1200万件，生活缴费45万次；已基本实现了"一端服务全宁夏，一屏智享新生活"的目标
甘肃省政务App： "甘快办"赶快办、指尖办	"甘快办"App是甘肃省委、省政府优化营商环境的具体举措之一，截至2022年11月，"甘快办"App临夏回族自治州平台已整合汇聚103项高频特色应用和2151项政务服务事项，有效推进了覆盖范围广、应用频率高的政务服务事项向移动端延伸，实现了政务服务事项"掌上办""指尖办"的目的； "甘快办"聚焦高效便民，做到服务功能多样化，整合汇聚不动产、公积金、教育、医保、婚育等103项高频公共服务应用；建设9个特色专区，以群众需求为导向，方便群众办事，确保全方位服务企业和群众需求；以个人、法人用户的角度、按照生命周期和群体对2151项服务事项进行梳理，整合热门服务导航，提升用户体验

第七章　省市政府数字服务发展问题和建议

一　省市政府数字服务发展的不足和建议概述

近年来，中国政府数字服务发展、政府数字化转型加速推进，以数字化促改革、以数字化助改革、以数字化提服务的理念不断深入人心，各地陆续出台政府数字服务建设相关规划文件，持续推进政府治理体系和治理能力现代化建设。然而，根据多年对省市政府数字服务建设情况的报告评估来看，各地政府数字化服务建设的进程和效果存在明显差异。不少地方政府在数字服务建设过程中，仍存在资金投入、运营管理、人力投入和不同渠道发展失衡等问题，亟须各地结合地方实际情况，从政策、资金、人才、理念等方面入手，推动政府数字服务全方面发展，以期为提升政府数字服务能力，提高人民群众的获得感、满足感提供不竭动力。

（一）省市政府数字服务发展的不足
1. 经济发展制约政府数字服务发展投入

总体来看，经济实力强的地区，其政府数字服务建设水平相对较高。除个别省市以外，财政收入和人均生产总值处于全国领先水平的省市其网上政务服务水平也较高；而经济欠发达地区，虽然其网上政务服务水平与其自身相比，正在逐步提高，但与其他省市相比仍有较大差距。主要原因在于政府发展政务数字服务需要信息化基础设施、软硬件系统和人力资源支撑，这些都将持续消耗大量资金。一方面，经济发展作为基础保障条件，财政资源多寡意味着政府在建设电子政务、改进政府服务方面有多少财力保障；另一方面，公众对政府数字服务的强烈需求也会反向推动数字政府的发展。因此，对于经济发展相对落后的地区，无论是其政府数字化发展基础禀赋还是后期发展资源支持，都捉襟见肘，亟须外部资金力量支持。

2. 省市政府协同能力不足阻碍数据流通

地方政府数字化建设往往需要考虑自上而下的垂直型系统和部门内部系统，跨部门业务协同因此面临重重阻力。然而，政府数字服务发展建设发挥作用的前提正是贯通的数据基础设施和畅通的数据共享，这使得许多地方政府独臂难支。2015年以来，中央政府部门相继出台一系列政策旨在推动地方政府先行先试，但由于前期统筹规划不足、各出其政，导致一些地方政府在数字服务发展过程中标准化、规范化、制度化程度较低。在跨层级数据共享方面，即使目前各省市均已接入国家一体化政务服务平台，但由于纵向直通的接入方式，各地方普遍采取"对上负责"的态度，数据"上的去，下不来"问题突出；在跨部门数据共享方面，由于数据安全、使用范围难以保障，一些部门不敢或不愿共享数据，导致"数据烟囱"林立。花费大量财政资源建设的系统无法发挥其应有的效果，造成了政府资源的浪费。

3. 人才培养方案不完善影响数字化转型的进程

省市政府数字服务不是简单的服务上网，当政府部门越来越依赖大数据协同处理时，人力资源对政府治理水平和治理能力现代化的影响就变得越发显著。政府机构必须树立技术创新理念，运用大数据、云计算、人工智能等技术推动数字政府的迭代和更新。这就要求政务服务人员在原有政治和服务技能基础上，牢固树立数字化管理意识，同时掌握基本的信息化系统建设、运维，数据安全保障的知识与能力，以及政务服务的末端应用技能,这无疑对政府工作人员的能力提出了更高要求,符合相关条件的人必是人才市场中的"香饽饽"。但是目前负责数字化政府的一些人员显然未能充分理解并提供充分的数字化政府服务,导致省市政府与人民的沟通渠道产生堵塞,例如微博、微信、App、短视频和网站中的信息未能及时更新等。对省市政府数字化服务未能制定针对性的人才培养方案,人才的缺失、相关人员能力不足等是省市政府数字化转型的痛点。

4. 对群众需求认知不足制约数字化转型深度

目前,各地政府数字服务系统建设一般以政府行政命令发起并主导,开发者大多是有政府背景的企业,在需求论证、功能设计、系统测试阶段缺少需求端体验,导致系统不接地气、不好用,群众不愿用、不常用等问题突出,白白浪费了本就稀缺的财政资源。如往年国务院"互联网+督查"通报中,有一个案例:某县建立"云窗办照App",但由于市场监管局地方分局对相关业务工作疏于管理、督导,相关工作人员对系统功能不了解,群众在App提交营业执照注销申请后两个月仍无人审核,App形同虚设甚至不如不设。政府数字服务的建设不是"事项简单上网",更要注重流程的优化和系统功能的人性化设计。不少事项实现网上办事后,办事人跑动次数、重复提交材料数量并未减少,甚至由于系统运行不稳定或操作复杂等问题,使政务服务效率更低。

(二)省市政府数字服务发展的建议

1. 加强顶层设计,统筹信息基础设施建设

在逐年省市政府数字服务评估报告中,尽管财政收入和地区经济发展程度均不占优势,贵州省却能连续多年位于全国前列。这是因为早在2014年,贵州省就已经将大数据战略列为全省发展的三大主战略之一。经过多年的努力,"云上贵州"省级政务数据平台、数据共享交换平台、数据开放平台、App 相继上线运行，标志着贵州省政务数据"聚用通"的框架基本完成。作为首个国家大数据综合试验区，贵州省率先颁布了《大数据发展应用促进条例》等地方法规。贵州省的成功经验，给经济欠发达省市提供了数字化转型的有益经验，"集中力量办大事"也许将成为数字化转型过程中经济落后省市"弯道超车"的制胜法宝。

2. 强化资金保障，弥补资源差异造成的"数字鸿沟"

以阿里、腾讯、华为等为代表的头部企业为浙江、广东等地区的政府数字服务发展提供了技术和服务保障，相较于东部地区，西部、东北等欠发达地区的省份及广大农村地区，互联网宽带、移动网络等基础设施建设尚不完善，数字化能力也相对薄弱，仅靠自身力量在短时间内无法跻身政府数字服务发展的"第一梯队"。急需相关部门在制定地区发展规划时，统筹规划，通过增设专项资金、合理引导社会资本等方式解决经济欠发达地区政府数字服务建设过程中由于资金不足导致的发展能力不足等问题，缩小地区之间的"数字鸿沟"，让改革开放成果由全体人民共享，整体提升中国政府数字治理能力。

3. 完善用才机制，吸引培养数字化专业人才

（1）提高待遇吸引高素质人才作为直接参与者，政府工作人员的数字化业务水平深刻影响着政府数字服务效率和水平。他们需要同时具备以下三方面能力：一是业务能力。紧跟行业变化发展，了解行业相关法律法规、专业知识，能将最新政策落地为实际业务办理要求。二是技术能力。掌握一定信息系统建设、数据治理能力，并能将技术和业务深度融合。三是服务能力。能够设身处地为企业和群众着想，在工作中理顺流程，改进服务方式，提升服务效率，优化办事体验。政府部门需要针对高素质人才紧缺和市场竞争激烈等实际情况，通过编制保障、提高工资收入、完善福利待遇、畅通晋升渠道等方式提升岗位吸引力。

（2）加强培训提高工作人员数字素养。虽然政府数字服务建设已持续推进多年，但是部分政府部门及其基层人员对政府数字服务建设仍是一知半解，没有深刻理解其内涵和本质，因此必须要加强对政府工作人员的培训，提高他们的数字素养与技术能力。一方面，政府部门可以开展相关的学习活动，通过集中培训让政府工作人员感受到政府数字服务建设的紧迫性，对政府数字服务建设采取正确的态度；另一方面，多措并举提升政府工作人员的数字素养，把握新技术发展趋势，提升网上服务平台处理能力，培养技术业务兼备的复合型人才。

4. 构建激励机制，以府际合作竞争激发政府创新活力

根据"府际竞争"理论，省级政府出台相关政策不仅有利于促进区域一体化内其他省级行政区及同一省级内其他地级行政区政府互联网服务能力的提升，也会增加省内各地级行政区政府之间的竞争。这种竞争关系，会激发地方政府的创新性，提升地方政府数字化治理能力，更好回应公众服务需求。相关政府部门可以通过建立数字化治理的绩效考核评价指标体系，评选出政务数字服务水平较高或者成果丰富的地区，通过择优激励、案例宣贯等方式，营造良好的竞争环境，以此激励地方政府数字化治理能力的提升。

二 省市政务网站服务发展的不足与建议

（一）省市政府网站服务发展的不足

20世纪90年代后期，随着互联网技术的发展与进步，中国出现了以电子政务为代表的新型政府管理模式。中国电子政务建设工作是在借鉴国外成功的电子政务建设经验之上展开的，并且因地制宜地制定了符合中国国情的发展策略。据《2022联合国电子政务调查报告（中文版）》显示，中国的电子政务建设已经取得了巨大的进步。但是，由于中国国情的复杂性与特殊性，电子政务的发展仍然存在认知偏差、部门之间协同困难等障碍。

1. 信息公开质量和水平参差不齐

信息公开是政府网站作为一个为社会服务的重要评估指标，而信息公开的有效性、及时性与政府数字化相联系。中国政府网站在公开信息有效性方面几乎都能做到高效、同步，特别是在与民众利益相关的信息公开上更新及时、有效。但据国家统计局发布的《关于2022年第四季度政府网站与政务新媒体检查情况及全年总体情况的通报》，政府网站总体情况良好，但仍存在一些问题，主要表现在以下三方面。一是内容保障机制有待健全。部分网站仍然存在信息不更新、互动不回应等问题。二是数据发布解读水平有待提升。部分网站解读形式比较单一，以文字解读居多，结合图表、图示较少。三是新媒体矩阵发展两极分化，"信息搬运工"现象犹存，内容整合能力有待提升。中央政府网站公开信息质量更佳，信息内容简洁明了，对于地方政府，尤其是乡镇县一级地方政府网站，信息质量相对低下，内容比较粗略。通过研究各政府网站信息的规范性发现，都是按照一定的标准进行信息公开，但是对于不同层级的政府网站，信息的规范性也存在部分不同。

2. 个性化服务存在局限性

中国政府网站信息导览的完整性比较高，但是在关键词搜索上面功能还是不够完美，需要提高服务意识，设身处地为用户着想，改善和提高政府导航适应性。在相关网站的网页设置上，大部分都有点读功能以及智能机器人，能够帮助满足老人、文盲这一类群体的需求。但是对于残障人士，这部分功能还是有一定的不足，尤其是一些聋哑人等弱势群体，需要更加重视。除此之外，还需要考虑政务网站的对外性，考察是否有外文版本，中国的政府网站虽然全部设有英文版本，但是相对于一些不说英语的国家，还是有部分局限性。

3. 交流互动版块仍不完善

中国的政务网站由于所属地区不同，在横向地理位置上，东部发达城市网站建设水平高于中西部地区的网站建设水平；在纵向中央垂直管理地方上，中央政府网站建设比地方政府网站建设更加完善。正是因为不同的政府网站之间存在差异，建设水平不一致，所以政府网站之间的互动不能达成一个更加高效的衔接。中国的政府网站在与公民的交流互动当中，存在效率不高、反馈不及时的问题，主要表现为人民群众在咨询和申请相关事项时及时反应性不高，并且在人民群众监督和意见反馈方面，政府网站不能及时、有效地处理和答复，这样就不能充分发挥电子政务在监督和建言献策方面的优势。

(二) 省市政府网站服务发展的建议

1. 提高信息公开质量

网站建设需要有专业的部门和人员进行统一管理，并且定期、及时地更新新闻、政策等服务信息，有效处理用户咨询、建议和监督信息，特别是要注意及时解决失效链接或者出现故障网页等问题，提高网站信息处理水平。同时，要注重内外部用户行为数据的采集与分析。用户行为数据往往能够客观反映用户使用政务网站获取信息、办事与参与的需求、偏好、习惯与模式。这些数据一方面可以支撑政务网站的设计与优化，另一方面可以为精准服务、精细服务、智能服务提供训练算法模型的语料。

此外，全国政府门户网站需要统一信息公开的标准，按照标准定时定量处理信息公开。某些政府门户网站上的人民参政议政、监督投诉的版块几乎被荒废，没有进行充分利用，应该加强信息透明度。对于各地政府门户网站呈现不同信息质量水平的情况，应该加强政府网站的管理和建设，定期进行政府网站服务的检查，增设群众监督网站建设版块，能够从多方面提高网站建设水平。中国的政府门户网站是人民群众获取公开信息、享受政务服务的统一窗口，而由于各地网站建设水平不同，呈现不同网站建设质量。因此我们需要不断加强政府门户网站之间的交流互动，相互借鉴，推动建设更好的服务型政府网站。

2. 加强政府网站在线服务水平

针对在线服务版块中信息导览水平不高的问题，需要政府网站与大数据结合，运用系统收集和分析访问量最高的热点问题和服务，通过数据分析的结果，进行对应的导览设置，提高关键词搜索的灵敏度。中国政府网站在线服务不仅要满足大部分人民群众的需求，还要关注少部分特殊弱势群体的诉求。对于盲人、聋哑人等特殊群体应该设定特殊功能，例如点读或者手语操作等，这样才能实现中国政府网站使用对象的全覆盖。对于老年人，可以设定更加醒目的老人服务专区，字体大小设置也应该有所不同，要考虑到老人对于网络适应性比较差的情况，需要不断完善。对于外国人，应该增强中国政府网站的国际化水平，向高开放水平的目标前进。

在保障高开放水平的同时，也需要注意安全系统的建设，特别是对于安全系数低的政府门户网站更是迫切需要增强安全性，提高隐私保护水平，但最重要的还是政府部门应该转变观念，从"官本位"思想转变为为人民服务的"民本位"上面来，以为人民服务为宗旨。从观念、服务方式服务的质量和水平上进行改变，提高为人民群众服务的效率，加大中国政府门户网站的宣传，鼓励引导人民群众进行线上业务办理，加大网站访问量。从不同方面、高水平、高质量解决人民群众的问题，才能把事办好、办实事，实现中国政府网站建设的长远发展。

3. 提高政府网站创新服务水平

目前中国政府网站的色调大多以红色为主，缺乏独特性，特别是不同部门、不同地区的政务网站都应该呈现出各自的独特性，在遵从中国政府网站统一建设的标准下，适当体现各个区域、部门的特色，充分展现出部门、地区文化和风俗等。同时，需要提高创新能力，大多数政府网站整体布局都是一个模子刻出来的，没有体现出当地特色。不过，最近几年中国政府网站建设更加深入，部分地区的特色开始显现。例如成都市人民政府网站，不仅有成都申遗的太阳神鸟图案，打开网页后还可以播放特色歌曲，充分展现了当地特色，并且部分基层政府网站，更是与当地旅游景点相结合，不仅增强了政府网站的吸引力，更是宣传了当地的旅游特色，带动了地方经济发展。因此，不同地区更是应该结合当地特色或者地方重点发展目标进行一个网站整体规划。

4. 增强网页设置人性化

电子政务不是"一刀切"，更不是简单地把线下的办事流程生搬硬套到线上进行，而是在中国政府门户网站建设过程中，注入新的灵魂，深入贯彻实施为人民服务的理念，深化政府机构改革，通过与电子化信息技术结合，精简部门和人员。电子政务的发展对政府服务人员有了新的要求，需要把先进的服务理念与熟练掌握信息技术相结合，最终才能够更加有效、快速地提高中国政府网站的服务水平。

5. 建立健全法律法规

中国政府网站一直坚持信息公开原则，及时向社会公众公布信息。正因如此，政府网站更需要加强安全性建设，主要解决措施就是建立相应的法律法规。例如对于涉及人员信息或者政府投资等情况，按照一定的规章制度进行公开，分为不同的保密级别，其余的涉及相关的隐私信息按照标准分保密级别进行保密，这一切都需要法律来进行支撑和保障。我国政府网站虽然现在已经非常具有安全性，但仍然会受到恶意和黑客攻击以及其他恶势力的破坏。因此，需要建立相应的法律制度为中国政府网站的正常运行、信息安全、日常维护和网站管理带来保障，通过保障我国政府网站安全，最终达到保护国家信息安全的目的。除此之外，对于一些基层政府的政务网站本身安全性就不高的问题，则需要各基层政府加强信息技术的运用，积极吸纳信息技术人才投身于政府网站安全性建设。同时还需要加强工作人员安全管理意识，从网站和管理运营人员两方面来提高中国政府网站安全性建设，为实现更加先进、安全的电子政务不断努力。

三 省市政务微博服务发展问题和建议

（一）省市政务微博数字服务发展问题

近年来，政务微博作为拓宽政府数字服务、塑造政府形象、提升公民政治参与的平台取得了巨大发展，政务微博不仅在庞大的基数上继续稳定扩张规模，还发力朝纵深化、精细化、专业化、垂直化发展。然而，政务微博在蓬勃发展的同时也显现出诸多问题。

1. 地方政务微博的建设观念滞后

部分地方政府未将政务微博视作政府进行数字服务的重要途径，仅仅是出于外在强制性制度压力下而创建。并且出于言多必失的风险预期，活跃度较低，交互性不高，微博内容同质化倾向严重，原创信息不足。同时，原创政务微博在发布形式上，大多语言较为严肃，官话、套话较多，未考虑微博受众的特点，造成了与网民的疏离感。这就使其运营观念落后，甚至根本不重视政务微博的运营。

2. 政务微博运营人才不足，运营非专业化

政务微博建设观念的滞后也带来了其运营的非专业化，不少政务微博的运营是由政府宣传部门相关人员兼任。人员的非专职化造成运营人才短缺，多数政务微博的发布更新缓慢，几天甚至数月才更新；或者为应付检查紧急更新数十条微博，检查过后又变成"僵尸微博"。非专职人员运营微博也直接导致了运营的非专业化。政务微博信息的发布仅停留在转发信息或者至多发布政务信息的层面，内容重复单一、"官腔"十足、不接地气，不受群众的支持与欢迎；至于数字服务的创新功能等得不到充分开掘，形式呆板，缺少创新特质，严重影响了政务微博的用户使用体验。

3. 政务微博互动性较差，影响力弱

一些政务微博的互动性差也成为其数字服务提升的阻碍之一。有些政务微博发布数量不少，但以单向发布为主，网民参与互动、评论的微博推文数量不多。不少政务微博都拥有上百万的粉丝，但其微博被评论和点赞数几乎保持在个位，甚至为0，用户的评论更是得不到运营方任何回复。同时，一些政务微博缺乏有效的宣传与推广，其更新运营一般停留在初级阶段，影响力较低。

4. 政务微博矩阵未构建，集群效应缺乏

政务微博矩阵，指的是一定行政区域内的党政机构及其职能部门的政务微博账号，根据行政层级和职能的不同，通过线上的互相关注和互动以及线下的协同合作，进行发布政务信息、加强网民互动和提供公共服务的微博账号体系。目前，中国各级各类政府机关开通的微博数量非常庞大，但互相关注的政务微博并不多，政务微博的集群效应未能很好显现。政务微博对省内其他各级各类的微博的关注均较少，不利于地方政务微博协同效应和集群效应的发挥。

（二）省市政务微博数字服务发展建议

针对政务微博发展中存在的问题，提升政务微博的影响力和管理效度必须从以下5个方面做出调整和努力。

1. 提升建设水平，充分挖掘公共服务功能

作为政府信息公开重要渠道的政务微博应充分挖掘其公共服务功能，推动服务型政府构建。首先要转变观念，将政务微

博作为构建服务型政府的重要手段，切实提升政务微博的建设水平。其次，政务微博可与政务微信等渠道联手，在"双微联动"模式下努力打造公共服务平台，真正了解公民需求，重视公民政治互动、参与等功能。

2. 增强运营能力，建设专业化运营团队

政务微博作为一个重要的政务新媒体，必须尊重新闻传播的基本规律，将其作为一个专业化的新媒体进行运营。首先要建设一支专业化运营团队，聘请懂传播、善经营、精技术的专业人员进行运作。其次要进行精细化运作，重视其信息公开的职能以及提高信息质量，针对政府部门的基本职能和关注用户的需求合理地进行议题设置，避免内容同质化和无关性。最后，注意传播方式的优化，要以亲民、接地气的语言进行传播，传播形式多样化，采取文图结合、声画结合等方式。

3. 开放政府信息数据，重视用户生成内容

开放政府数据信息是一种更加完整的信息共享行为，相比而言给予了公众与其他社会主体更多选择的机会，使政府数据信息得到更加多样化的利用。社会治理无法单靠政府实现，应让公民积极参与。政务微博作为政府职能实施的延展，用户生成内容是有效的微博创新路径，也是政务微博提升社会影响力和关注度的有效方式。因此，政府应在其政务微博上大量开放相关信息数据，由相关组织进行开发和挖掘，并对用户开放，由用户生成内容。这不仅实现了公民积极参与社会治理，也切实发挥了政务微博公共服务的职能，使微博内容真正做到了异质化。

4. 重视用户互动参与，提升政务微博影响

作为社交媒体，政务微博的互动参与功能必须得以重视，以提升其影响力。政务微博应建立专门的运营团队搭建双向互动平台，收集、归类并定期回复用户评论，真正扩展公众参与公共事务的渠道。同时，要切实实施"微博问政"，搭建专门的交流平台请政府部门相关领导和负责人定期进行实时在线交流，切实回复和解决公众关心的热点问题，疏导公众情绪，提升政务微博的舆论引导力。

5. 构建政务微博矩阵，强化集群效应

构建政务微博矩阵不仅能理清各级各类政府部门的职能，也能够很好地发挥政务微博的联动效应和集群效应，提升其影响力。各级各类政务微博应根据自身定位和职能合理科学地进行命名，避免微博昵称的重复和职能的不清晰。各级各类政务微博在具体的运营过程中应相互关注，积极互动，尤其是在政务信息的发布以及就网民关心的热点问题进行互动的过程中，应通过@功能等实现相互之间的协作，切实发挥联动效应。

四　省市政务微信服务发展不足和建议

（一）省市政务微信服务发展的不足

当今，互联网技术高速发展，政务微信悄然兴起，在政府信息公开、服务提供、交流互动方面发挥了显著作用，助推服务型政府建设，为逐步构建国家治理体系和实现治理能力现代化奠定了基础。随着科学技术的发展进步，中国微信政务服务已经整体进入广泛建设阶段，各省市也涌现出了许多创新实践。但不可否认的是，省级、市级一体化微信政务服务平台建设还处于初期阶段，在推进政府数字服务发展过程中往往面临以下难题。

1. 微信服务自身能力有待提升

很多省市的政府微信公众号中子菜单的功能都是直接链接到网站或者政务App下载页。对于普通用户来说，使用手机浏览网站、访问网站提供的服务是非常不便捷的，主要原因在于页面字体太小、功能入口太小、网页布局不适配手机屏幕而显示异常等。同时，用户通过链接下载政务 App、熟悉政务 App 界面和使用流程较为费时费力。而诸多政务网站或政务 App 上的信息服务/事务服务功能在微信小程序中也可以实现，并且能为用户提供更为便捷易用的服务。但是目前从政府微信公众号功能菜单链接到微信小程序去实现电子政务服务的省市仍占少数。

2. 微信服务的智能化发展不足

部分政务微信小程序或由微信公众号功能菜单链接到的省市网站的检索功能不够智能，比如输入"社保卡申领"无法找到社会保障卡申领的入口，只有输入"社会保障卡申领"才能找到相应入口。而这种检索时的模糊匹配机制是大部分普通用户需要的且在技术上是易于实现的。

随着"互联网+政务"的不断推进和落实，大部分微信小程序或由微信公众号功能菜单链接到的省市网站提供越来越多的信息服务或事务服务。这些独立、多源、异构的政务信息与服务逐渐造成了信息迷航和信息过载等问题。对于具有不同信息浏览/事务办理需求的用户，多数小程序/网站提供"一刀切"的服务模式，未能满足公众多样化和个性化的服务需求。

3. 微信服务信息传递形式的多样性不足

大部分政府微信公众号的信息发布形式较为单一，仅局限于图文形式，难以满足民众日益增长的文化生活需求。而在微信平台上，信息发布形式的多样性并非难以实现，如通过微信视频号发布政务信息、在微信公众号文章中插入视频/音频以丰富文章表达形式等操作可以轻松实现。目前有少数政府的微信公众号在信息发布形式上有所拓展，如政务微信"上海发布"将视频号集成进公众号，即在公众号中可直接访问视频号的内容，为民众带来了更丰富的信息访问体验，是值得借鉴和推广的。

图 7-1　政务微信"上海发布"集成视频号丰富信息发布形式

4. 微信服务信息发布的内容质量有待提升

部分政务微信公众号信息发布内容涵盖了天气类、感叹类等非政务相关信息，与政务微信发展的初衷有所偏离。政务微信公众号发布的信息应主要涵盖重要时政、民生、舆情通报、互动、功能服务五大类别，特别是民生类信息和与群众生活相关的内容应成为推送文章中最重要的组成部分。除了考虑信息发布规模以外，还应考虑发布频率。微信公众号推文的发布频率应保持适度，间隔时间稳定，根据内容决定发布频率，对服务类信息和有迫切民生需求的信息提高发布频率，注重信息质量而不是数量。

5. 微信服务创新性和地方特色不足

大部分政务微信缺乏创新性与地方特色，提供的服务项目趋于同一。这类政务微信虽然能够向公众提供足够的基础政务服务，但在整体上缺乏新意和特色。少部分政务微信具有创新性和地方特色，是十分值得鼓励和借鉴的。如遵义市的政务微信公众号"遵义市人民政府网"提供了"5G游遵义"的子功能，积极宣传当地的红色旅游文化；湛江市的政务微信公众号"湛江政府网"关联"粤省事"微信小程序的"特色专题"模块提供了"志愿公益专区""青少年专区""旅游服务""红讲台"等多种特色服务。

图 7-2 具有服务创新和地方特色的优秀地方政务微信案例

(二) 省市政务微信服务发展的建议

1. 提升微信服务自身能力

本书建议相关政府部门在发展政务微信服务时，应当更加关注微信服务自身能力的提升。具体而言，优先考虑通过使用便捷易用的微信小程序来实现信息服务和事务服务的提供。考虑到部分复杂功能在微信小程序上无法实现，本书也建议应用更为先进的 Web 前端技术提升政务网站适配手机端界面的能力，满足用户在手机端就能轻松访问网站提供的信息服务或事务服务的基本需求。微信服务自身能力的提升，将有助于减少用户在使用微信政务服务时对外界渠道的依赖，极大改善用户对微信政务服务的使用体验。

2. 推动微信服务的智能化发展

本书建议相关政府部门在发展政务微信服务时，应当更加关注微信服务的智能化发展。具体而言，使用自然语言处理等技术优化小程序或网站的信息/服务检索功能，支持模糊匹配搜索、关联匹配搜索等智能检索机制；使用个性化推荐等技术，支持向个人和企业用户提供灵活、方便、精确且有针对性的电子政务服务。政务微信服务的智能化发展是智慧政务建设的重要组成部分，将助力政务建设与互联网先进技术的深度融合，并且真正将服务型政府的要求落到实处。

3. 提升微信服务信息传递形式的多样性

本书建议相关政府部门在发展政府微信服务时，应当更加关注微信服务信息传递形式的多样性。具体而言，充分利用微信平台的视频号等功能，支持广大普通用户更加轻松便捷地获取政务信息、了解最新政策、熟悉业务办事流程等。微信服务信息传递形式的丰富将在一定程度上使政务微信更加受民众欢迎，有助于扩大政务微信的受众规模和影响力。

4. 提升微信服务信息发布的内容质量

本书建议相关政府部门在发展政务微信服务时，应当更加关注微信服务信息发布的内容质量。具体而言，政务微信发布的内容应主要关注重要时政、民生、舆情通报、互动、功能服务等企业、公众所需的、密切关注的政务内容；信息发布规模和发布频率应该依实际内容而定，注重信息质量而不是数量。提升微信服务信息发布的内容质量将从根本上提升政务微信的信息服务能力，从而吸纳更多企业和群众关注政务微信渠道。

5. 增加微信服务创新性和地方特色

本书建议相关政府部门在发展政务微信服务时，应当更加关注微信服务创新性和地方特色的呈现。具体而言，政务微信服务体系在保证提供坚实、全面的基础服务的前提下，积极思考结合地方特色的创新思路，向用户提供更加独特的政务服务使用体验。提升政务微信服务创新性和地方特色将在一定程度上提升政务微信服务体验感，增强用户黏性。

五 省市政务 App 服务发展的不足与建议

(一) 省市政务 App 服务的不足

2021年11月，国务院办公厅印发《全国一体化政务服务平台移动端建设指南》（以下简称《服务指南》），就进一步加强政务服务平台移动端标准化、规范化建设和互联互通，创新服务方式、增强服务能力，推动更多政务服务事项网上办、掌上办，不断提升企业和群众的获得感和满意度做出部署。随着《建设指南》的规范指导与科学技术的发展进步，中国移动政务服务已经整体进入广泛建设阶段，各省市也涌现出了许多创新实践。但不可否认的是，省级、市级一体化在线政务服务平台建设还处于初期阶段，在推进数字服务发展过程中往往面临以下难题。

1. 服务功能不完善，信息整合能力弱

移动互联网时代下，相比于浏览网站，公众更倾向选择通过客户端来满足日常的学习、社交、娱乐等活动，而对比手机应用市场上的企业开发的客户端 App，政务服务 App 的功能明显不够丰富与完善。政务 App 中查询类与办理类业务占据了服务类别的绝大部分，信息服务普遍较弱，分类往往过于分散，不够清晰明确。一些省市的政务 App 功能应用仅仅是本地政务服务网站内容的"迁移"，未能充分发挥移动端"轻、快、易"的特点。部分省市的政务 App 还存在办理某项业务时需要跳转链接下载新的专项 App 的现象，未能做到将所有业务集成、整合，导致用户手机内存被各类 App 应用占满，严重影响了公众对于政务 App 的印象与满意度。

2. 平台交流效率低，智能互动功能少

绝大部分省市的政务 App 都开设有在线咨询、在线投诉等与公众的交流互动版块，也有一些省市设置了智能机器人解答疑问。但是，这些在线互动能快速、及时、准确帮助用户解决问题的却比较少，基本上都是采用留言然后等待后台回复的形式，若是用户等待几个工作日后尚未得到满意答复，如此再进行沟通则又要浪费时间。此外，部分省市政务 App 设置了人工智能助手，虽能使上述问题有所改善，但目前智能互动功能仍不完善，例如有些省市的政务 App 智能助手只支持语音咨询事务且只能识别标准的普通话、有些政务 App 智能助手只能通过打字发送问题而无语音输入等，为互动交流增加了许多限制，对老年人群体不算友好，也会影响用户参与互动的活跃度和积极性。

3. 后台更新不及时，信息安全有隐患

在测评过程中发现，部分省市移动端 App 存在信息发布更新不及时、后台维护响应慢等问题，使公众难以形成长期稳定的使用习惯。此外，政务 App 在使用过程中如出现稳定性能不强、时常卡顿甚至闪退的情况，将严重影响用户体验。还需引

起重视的是，用户在下载政务 App 时，其安装必须通过第三方应用市场来完成，政务 App 混杂在各类新闻、游戏、社交、办公应用软件中，国家没有相关部门认证平台来源的真实性。而如果第三方市场上出现山寨版本的政务 App，将会导致公众无法分辨其真实来源，对用户获取的信息准确性乃至个人信息安全都构成了威胁。

4. 界面设计不友好，用户需求未满足

构建服务型政府需要更好地满足公众需求，而应用新媒体工具可以为公众获取服务提供便利，能够有针对性地满足公众诉求。政务 App 作为一种移动互联网工具，具有快捷、高效、双向互动等优势。但在测评过程中发现，少数政务 App 的界面设计不够友好，分类较为混乱，使用者无法快速找到所需的信息，也无法快速完成操作，从而影响政务 App 的使用效率以及用户的心理体验。此外，一些政务 App 的功能设计也无法使公众的需求都得到满足，比如只重视办事功能而忽视了新闻政策等信息内容的传递、或是缺少信息交流的渠道等。在不同的背景下，公众的需求也会发生变化。随着政务 App 的广泛使用，公众享受到便利的同时，对相关功能也会提出更高的期望，但实际上政府还没有关注到功能拓展，从而不能很好地满足公众的需求，有待进一步发展。

（二）省市政务 App 服务发展的建议

1. 丰富服务功能，实现资源联动

政务 App 数字服务能力的提升首先离不开 App 平台的发展建设。在内容建设方面，政务 App 主要服务对象与所属辖区民众高度重合，因此政务 App 应该更加强调其地域性与本土性，为用户提供针对性、精准性的政务服务，如此才能培养出忠实粉丝。同时，服务功能定位不能拘泥于业务办理，也应积极研究本地人的需求、特性与关注点，及时更新资讯要闻，丰富服务功能。此外，政务服务 App 还需要做好数据集中和共享平台，省市级各行政单位根据行业要求和规范,配合做好数据交互工作,把资源集中整合到一个平台上来,推动"跨省通办"业务办理,实现服务功能的信息联通与多地、多平台的资源共享,大大提升在线办事的全程办理率,切实让数据多跑路、群众少麻烦。

2. 拓宽沟通渠道,增加互动形式

政务 App 数字服务能力的加强需要增强与用户的双向互动,而不仅仅是单纯的提供服务、发布资讯。通过增加用户参与服务的渠道,可以有效增加用户黏性,提升用户依赖感,也同时能够激发公众参与政务活动的主观能动性。用户可以通过后台点赞、留言、分享等方式与政务媒体进行线上实时互动,政务机构也应该加强技术开发,对用户发送的消息实现及时的反馈,对用户的咨询留言提供正确的解答。此外,政务 App 所提供的政务信息公开、政务服务和在线办事等功能,都是基于用户主动愿意与政府通过客户端进行互动。许多省市的政务 App 也在推进建设智能客服助手,以可爱的卡通形象增强互动的鲜活性,并不断引入新技术完善智能互动功能,从而提高公众与政府的交流效率,增强用户的参与感和获得感。

3. 提升安全保障,引用新兴技术

面对政务 App 存在信息安全隐患的问题,各地政府应该加大自身平台的宣传力度,适当为公众科普政务 App 移动客户端的知识,这既能方便用户分辨应用真伪、快速上手操作,也能有效地把政务 App 打造成基础建设良好且下载安装使用率高的优质平台。考虑到不同层次的受众,例如针对年龄较大的用户,可以在各大社区设置宣传点,安排工作人员手把手指导政务 App 的使用操作方法。同时,要想把移动端平台建设好,技术也是重要保障。建设政务 App 的过程中应当及时吸收最新的技术手段,响应移动互联网时代的大趋势,比如通过纳入 5G 通信系统来加快平台运行的速度、后台数据计算采用最新的区块链技术和人工智能技术,对用户数据及业务数据进行深度挖掘和收集,洞察分析用户需求，为使用者创造一种个性化、智能化、互动式的政务服务体验等，将大大提升用户的参与感和满意度。

4. 立足公众需求，优化开发设计

为了更好地满足公众需求，政府需要在建设政务 App 时更加关注民生，让居民足不出户就能办理与自身关系密切的业务。同时也要重视适时收集公众对于 App 使用的反馈，这就需要政府通过各种渠道加大政务 App 的宣传力度，增强公众对 App 内容、形式、特点的了解与普及，提升公众的认可度和参与度，从而能定期获得用户的使用反馈意见，在公众的建议下对 App 进行改进，使之更符合公民对于政务信息的期待，着重完善内容的实用性。针对政务 App 界面设计的问题，政府应该从用户角度出发，优化分类管理，使功能版块或信息传递清晰明了，避免重复。政府应当不断完善 App 的相关功能，并且提供的信息内容也要所有侧重，更加突出政府的公共服务和社会管理职能，突出实现服务功能，注重满足民生需求，从而才能更好地发挥作用，提高用户的使用效率及满意度。

六 省市政务短视频服务发展的不足与建议

(一) 省市政务短视频服务发展的不足

中国互联网络信息中心（CNNIC）《第 50 次〈中国互联网络发展状况统计报告〉》[①] 显示，截至 2022 年 6 月，中国短视频用户规模为 9.62 亿，占网民整体的 91.5%。随着网民阅读习惯的变化，移动端短视频平台迅速火热起来，新技术的融合，为政务新媒体的迭代升级提供了新的契机，短视频逐渐成

---

① 《第 50 次〈中国互联网络发展状况统计报告〉》，中国互联网网络信息中心，2022 年 8 月 31 日，https://www.cnnic.cn/NMediaFile/2022/1020/MAIN16662586615125EJOL1VKDF.pdf。

为政务新媒体信息传播的新阵地，政务新媒体也随之呈现出全新的内容生态，短视频逐渐成为各地各级政府部门宣传政策和推广形象的重要平台。自2018年年初开始越来越多的政府部门进驻短视频平台，通过政务短视频宣传政策和树立形象。但不可否认的是，在政务短视频不断发展的过程中，各地区短视频账号也暴露了许多问题。

1. 政务短视频制作门槛高，缺少专业人才

由前文可知，经济较发达地区的政务短视频发展好于其他地区。大部分地区的政务短视频账号发布视频数量少，间隔时间长，时效性低。有部分地域顺应时代潮流，开通短视频账号，丰富政务公开途径，但是缺乏中长期发展规划，逐渐成为"僵尸"账号。与其他渠道的图文传播相比，短视频尽管短小精悍，但是在构思、拍摄和制作方面的成本相对较高，有一定的技术壁垒。区别于个人账号，政务短视频必须要考虑短视频内容的新闻主体、立意和剪辑效果等，不能敷衍了事，而大部分工作人员并非专业领域的人才，若要上传富有新意的短视频，对他们来说是一个很大的挑战。因此政务短视频的制作与发布对政府部门来说压力较大，以自身实力运营短视频账号，难以实现传播质量的飞跃，不利于政务短视频长远发展。

2. 政务短视频缺少与用户的互动，阻碍情感强化

在数据搜集和分析过程中可知，超过95%的地区政务短视频账号不与用户互动或回复用户评论，从而导致在四个子能力中，参与服务能力表现最差，甚至多数为0分。社交媒体平台的重要优势是分享与互动，但由于传播思维和运营人员积极性的制约，相关人员尚未意识到互动的重要性，政务短视频缺少与用户的互动，往往在视频上传之后就认为任务完成，从而难以在平台中形成稳定的用户群体，降低了用户黏性，并且长此以往，容易形成单向传播，降低政务信息的传播效果。

4.96%

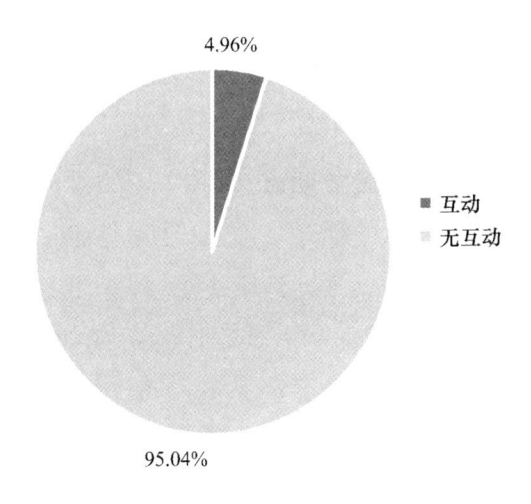

95.04%

■ 互动
无互动

图 7-3 政务短视频账号有无互动分布

3. 政务短视频单独运营，缺乏与其他渠道的合作

在服务创新能力的下属维度"渠道的介绍与推广"评分中，只有 4 个政务短视频账号介绍了其他平台的账号，缺乏不同平台间的交互。由于短视频传递内容的形式区别于其他渠道，各政府机构政务短视频账号发布的内容与微博、微信、网站的内容是相互割裂的，没有很好地将图文与短视频相互融合，各平台之间独立运作，限制了全网的影响力，大大降低了传播效果。

4. 政务短视频定位模糊，观众形成审美疲劳

在政务短视频的发展过程中，不能一味追求内容大而全，不能从一个极端走向另一个极端。比如，部分政务短视频账号为了规避短视频内容过于宽泛的问题，将关注点单纯地放在了专业内容上，这种过于局限的短视频内容限制了受众范围，造成用户的审美疲劳。政务短视频宣传内容大都是政务行政类信息，难以融入年轻群体。此外，政务短视频在制造爆款内容上缺乏吸引力，大大降低了用户观看的兴趣，减弱了用户二次传播的影响力。

（二）省市政务短视频服务发展的建议

针对前文所述的种种问题，本书提出了以下发展建议。

1. 打通与传统媒体的合作通道

政务短视频在发展过程中，受到管理体制、人才架构、专业能力等多方面的限制，并且政务短视频需处理好视频制作周期与信息时效性之间的矛盾[①]，导致政务短视频的内容更新、活动策划效率较低；其本质原因还是政务短视频运营人员的专业能力不足，缺少新闻传播思维和创新创作思维。因此，宣传单位需要根据发展需求，打通与专业的新闻传播机构合作通道，借助"外力"优化政务短视频的创作和传播模式。一方面，可以与新媒体机构的运营团队、广电网络等合作，从专业新闻传播的视角将政务新闻纳入专业传播中，做好政务短视频的传播与运营工作；一方面，可以与专业视频创作单位合作，通过内容创作的委托跨越技术的壁垒，让短视频更具可观性，提高政务短视频的浏览量和传播力。

2. 跨平台联动，形成政务新媒体链

做好新媒体的创新，需要加快传统媒体和新兴媒体的融合发展，充分运用新技术新应用创新媒体传播方式。在新媒体内部，也可以互相融合，发挥各自优势，加速内容传播。互动仪式链理论认为互动是社会动力的来源。在政务新媒体的传播过程中，短视频在信息传递和接收方面有着得天独厚的优势，但由于时长的限制，其不能对信息进行深度挖掘。因此，短视频与其他新媒体平台的链接可以弥补这一缺陷。跨平台联动有两

---

① 冯帆：《政务短视频：政务3.0时代的创新与突围——以抖音平台政务短视频为中心的考察》，《新闻战线》2018年第10期。

方面的含义：自建平台联动和站外平台联动。① 自建平台是指与其他不同定位的短视频平台联合；站外平台是指通过链接和算法推送，可以将短视频的内容与微信、微博和 App 中的政府信息、图文和服务进行链接，构成政务传播新形态。前者重过程弱展示，后者则重展示弱过程。② 如此，用户可以通过短视频接收即时的政务信息，可以通过"两微一端"进一步了解内容和相关事项。用户可以根据自身需求选择不同深度的信息浏览，形成一条互动传播链，促进信息的有效传播。两者有机结合能够实现各自间的优势互补，使政务新媒体矩阵更好地赋能政务服务，实现政民间的有效互动。

3. 明确账号定位，持续输出内容

政务短视频账号在发展过程中，应制定该账号的发展规划，并依据用户反馈及时调整发展策略。政务短视频需要强调以用户为中心的设计思路，真正开发具有原创性、普及性和穿透力的产品，并赢得用户的关注、点赞和二次传播。③ 区别于个人账号，政务短视频应立足自身工作，结合当地特色，形成个性化风格，争取在众多账号中脱颖而出。目前多数政务短视频账号出现"停更、托更"等现象，极大地降低了政府公信力和影响力。因此，政务短视频还需要持续且统一地输出内容，增强用户黏性。政务短视频账号要破除单向宣传的壁垒，努力拉近与民众的距离。视频的制作需要从用户的需求出发，围绕"用户需要什么，我便宣传什么"的思想，以通过视频的完播率、转发量、评论数等反馈数据明确用户需求痛点，从而让视频内容

---

① 李明德、张园：《政务短视频内容生态的评价维度与优化策略》，《电子政务》2019 年第 10 期。
② 曹海军、侯甜甜：《信息生态视角下政务短视频的内生逻辑与优化路径》，《情报杂志》2021 年第 2 期。
③ 马亮：《政务短视频的现状、挑战与前景》，《电子政务》2019 年第 7 期。

更加接地气，满足用户日常信息获取的需求。

4. 加强政民互动，增强用户黏性

响应是政府和民众互动的一种反馈。实验结果表明感知响应性通过中介变量沉浸感对使用行为产生显著正向影响，即若用户参与到政务短视频的评论后，账号运营者或者其他用户没有给予回复，该状况很有可能会打击、消减用户互动的积极性。[①] 作为社交化媒体，政务短视频的互动回复功能必须得以重视，以提升其影响力，增强用户黏性。在服务创新上，可以探索新型互动模式，如通过发起热门话题、举办活动等方式鼓励用户参与，发挥用户能动性，促进政府与民众间的信息与情感交流。在鼓励用户参与互动的同时，政府运营主体应建立专门的运营团队搭建双向互动平台，积极回复用户评论，多答疑解惑，置顶精选评论，变"被动应付"为主动回复，切实回复和解决公众关心的热点问题，疏导公众情绪，真正扩展公众参与公共事务的渠道，提升政务短视频的舆论引导力。

---

① 闻宇、吴红雨：《政务短视频公众使用行为及其影响因素研究——基于上海的调查》，《新媒体公共传播》2021年第2期。

第八章　同类报告的比较及分析

一　比较对象

(一) 中共中央党校（国家行政学院）《省级政府和重点城市一体化政务服务能力调查评估报告（2022）》

为贯彻落实党中央、国务院关于深入推进"互联网+政务服务"的部署要求，推动"建立政务服务'好差评'制度，服务绩效由企业和群众来评判"，中共中央党校（国家行政学院）电子政务研究中心受国务院办公厅电子政务办公室委托，面向全国31个省（自治区、直辖市）和新疆生产建设兵团以及计划单列市、省会城市，开展了省级政府和重点城市一体化政务服务能力第三方调查评估工作。该评估工作在参照联合国电子政务调查评估（EGDI）指标体系的基础上，重点围绕服务成效度（"好差评"制度建设）、办理成熟度、方式完备度、事项覆盖度、指南准确度5个维度展开，并形成《省级政府和重点城市一体化政务服务能力调查评估报告（2022）》。

评估结果表明，随着各地区各部门大力推进"互联网+政务服务"改革，政务服务创新举措不断涌现，政务服务的标准化、规范化、便利化水平不断提升，全国一体化政务服务平台作为政府数字化转型的基础性引领工程，在提升人民群众获得感、推进国家治理体系和治理能力现代化进程中发挥了重要作用，一体化政务服务能力的显著提升成为中国现阶段数字政府建设的典型特征。评估报告同时指出，目前"互联网＋政务服务"工作还面临不少难点、堵点问题，诸如区域发展不平衡、法规标准不健全、信息资源共享不充分、专业人才缺乏等，需要在改革创新中稳步推动，在不断的发展过程中补齐短板，要把满足人民对美好生活的向往作为优化政务服务的出发点和落脚点，以效能提升为方向，持续强化一体化政务服务能力，以数据驱动为核心，以场景服务为重点，全面优化提升用户体验，让数字化改革成果惠及全体人民。

（二）电子科技大学《政府互联网服务能力蓝皮书：中国地方政府互联网服务能力发展报告（2022）》

《政府互联网服务能力蓝皮书：中国地方政府互联网服务能力发展报告（2022）》（以下简称《报告（2022）》）由电子科技大学智慧治理研究院与成都市经济发展研究院、清华大学互联网治理研究中心等10家政府治理研究机构联合发布。报告运用大数据监测分析和人工采集校验相结合的方式对全国4个直辖市和333个地级行政区划单位的政府互联网服务能力进行评价。《报告（2022）》从服务供给能力、服务响应能力与服务智慧能力三个方面建立了对政府互联网服务能力的评价体系，通过总体评价、分项能力表现、专题研究和区域分析等方面，反映了全国地方政府互联网服务能力的发展现状与趋势。评价结果呈现集约化建设从平台建设规范向服务应用规范纵深发展，以数字政府建设的"三融五跨"推动整体政府协同发展，数据赋能打造智慧泛在、便捷普惠的数字化服务体系的发展趋势。

蓝皮书专题篇基于政府互联网服务能力建设和数字化转型，研究营商环境建设、政务公开数字化转型、政府回应能力提升、社会信用体系建设、数字协同治理发展、政府数据开放建设和政务服务区域协同发展7个重点热点领域，综合指标表现与案例分析，研究其政府互联网服务能力发展的现状与启示。区域篇聚焦湖北省、甘肃省、广州市和绍兴市 4 个省（地级市）的政府互联网服务能力发展现状，通过分析、整理 4 个省（地级市）的具体数据呈现与典型做法，为中国其他地区提供可供参考借鉴的经验。

二　指标体系构建的比较

（一）各级指标数量比较

南京大学《政府数字服务能力指数报告（2023 版）》指标体系共分为 5 个渠道，包含 5 项一级指标，22 项二级指标，64 项三级指标。

中共中央党校《省级政府和重点城市一体化政务服务能力调查评估报告（2022）》指标体系共包含 5 项一级指标，21 项二级指标（比 2021 年度减少 1 项），55 项三级指标（比 2021 年度减少 11 项）；重点城市评估指标体系共包含 5 项一级指标，17 项二级指标，41 项三级指标（比 2021 年度减少 9 项）。

电子科技大学《中国地方政府互联网服务能力发展报告（2022）》评价指标体系设计为三级，包括 3 个一级指标、9 个二级指标和 23 个三级指标。

（二）指标制定依据比较

南京大学《政府数字服务能力指数报告（2023 版）》通过文献调研、专家访问、小组研讨制定出评价待测评对象的指标体系，并对所有指标进行量化处理。数字政务服务能力是基于多项政务维度测评加权而得到的综合评价。现有数字政务服务能力测评体系构建多基于政府外部视角，较少从内部视角切入，未能体现数字政务服务内部的作用效果。因此，南京大学政务数据资源研究所依据资源能力理论、组织能力理论、组织实践理论，从政府内部及用户体验视角切入构建指标体系。一级维度分别为信息服务能力、事务服务能力、参与服务能力、服务传递能力、服务创新能力。

中共中央党校（国家行政学院）电子政务研究中心组织相关专家成立了评估工作组，工作组与国务院办公厅电子政务办公室、国家电子政务专家委员会、国家政务服务平台建设工作组及地方政府的相关专家进行了多次沟通讨论，充分听取了意见建议。形成指标体系初稿后，广泛征求各地区书面意见建议，多次召开专家论证会、座谈会、征求意见会，根据反馈的意见建议，先后进行了多次修改完善。

电子科技大学《中国地方政府互联网服务能力发展报告（2022）》研究评价体系与指标全面覆盖数字政府的"多网、多微、多端"服务与应用，既考量政府互联网服务的外在效果，也关联政府全互联网的整体服务效能，实现对泛在可及、智慧便捷、公平普惠的数字化服务体系的综合评价，以期正确反映数字政府时代政府与时俱进的履职能力建设情况。

（三）指标权重比较

南京大学《政府数字服务能力指数报告（2023版）》、中共中央党校《省级政府和重点城市一体化政务服务能力调查评估报告（2022）》都采用了德尔菲法确定指标权重。

三 数据采集的比较

（一）数据来源、渠道比较

南京大学《政府数字服务能力指数报告（2023版）》基于政务网站、政务微信、政务微博、政务App和政务短视频5种政务服务渠道，确定符合数据采集对象标准的各级政府的官方网站、政务微信、政务微博、政务App的下载地址以及政务短视频的ID。将渠道信息汇总后进行复核，确定各测评对象严格符合制定的标准。根据中国内地（大陆）（港、澳、台除外）的4个直辖市、27个省（自治区）、333个地级行政区划单位（包括副省级和计划单列市）的政府官方网站、政务微信、政务微博、政务App、政务短视频，实现省（自治区）、直辖市、地级行政区划单位的全样本测评。

中共中央党校《省级政府和重点城市一体化政务服务能力调查评估报告（2022）》采集了31个省（自治区、直辖市）和新疆生产建设兵团省级政务服务网相关数据和国家政务服务平台数据以及汇聚接入的各地区相关数据。评估组采用"用户体验"的方式，按照由群众来评判政务服务水平的导向，对评估对象在国家政务服务平台和省级政务服务平台提供的相关服务进行了动态跟踪，采集相关数据共计超过260万项。同时还整理分析了64个评估对象在一体化政务服务平台规划、建设、运维等方面的有关材料。

电子科技大学《中国地方政府互联网服务能力发展报告（2022）》报告数据采集采用人工与机器交叉结合的方式实施，充分发挥人工采集精准、交互和技术采集高效、快速的优势，实现全覆盖、全流程数据采集与回归校验，是该报告的重要创新之一。

（二）数据处理方式比较

南京大学《政府数字服务能力指数报告（2023版）》通过应用多维指标体系测评地级以上城市政务网站、政务微信、政务微博、政务App及政务短视频，分别基于地理区域、政务渠道、政务维度视角进行统计分析与归纳讨论。以客观公正、可量化、可重复为原则，对333个地级行政区划单位和4个直辖市的政府门户网站、微博（以新浪微博为主）、微信、App（手机客户端），短视频（以抖音为主），进行全方位的交叉测评、复查。将数据清洗并标准化后，通过时序分析、交叉分析和空间分析等分析方法进行评估，得到数字政务服务能力的最终能力值。

中共中央党校《省级政府和重点城市一体化政务服务能力调查评估报告（2022）》评估组依据评估指标，通过统计分析、交叉分析、文本分析、空间分析等分析方法，建立数据评估模型，对采集数据进行了全方位分析和研判，并形成了评估结果。

电子科技大学《中国地方政府互联网服务能力发展报告（2022）》基于评价结果数据和分类排序情况，运用差分趋势分析、聚类分析和描述统计分析等计算分析方法进行多维数据计算，形成各地发展阶段等级划分，各区域发展状况差异化对比，一级、二级指标服务能力发展态势等分析成果，支撑能力现状、区域特征、发展趋势等分析结论产生。

四　各省市服务能力评价结果的比较

南京大学《政府数字服务能力指数报告（2023版）》从3个层面（省、直辖市、地级市），结合5种渠道（政务网站、政务微博、政务微信、政务App、政务短视频）对政务服务能力、政务服务途径、省级政务服务区间属性、政务服务区域属性等进行深入分析，系统报告了中国数字政务服务的发展水平。评价结果显示：第一，政府数字服务渠道功能日趋分化，形成以事项服务提供为主的网站、App、微信政务服务渠道和以信息宣传服务为主的微博、短视频政务服务渠道；第二，政务服务格局发生改变，中国政务服务平台逐渐从原来以政府网站为主过渡到政务新媒体作为主要政务服务平台的发展阶段；第三，政府数字服务更加集约丰富，逐步汇聚集成套餐式服务、"一网通办"和"跨省通办"等多层次应用场景；第四，政府数字服务更加个性化和精准化，用户专属服务空间、适老化改造、智能服务和服务评价反馈成效显著。

中共中央党校《省级政府和重点城市一体化政务服务能力调查评估报告（2022）》的评价结果表明，得益于党中央、国务院对网络强国、数字中国战略布局的指引，形成了政府主导、企业参与、社会协同的"全国一盘棋"良好格局，为全面推进数字政府建设提供了强有力的体制机制保障。得益于连续多年的信息化建设，一体化政务服务公共支撑能力显著提升，为全面推进数字政府建设筑牢了基础保障。得益于以人民为中心的价值导向，全国一体化政务服务平台功能不断完善，用户体验不断提升，为全面推进数字政府建设夯实了平台支撑。得益于统筹协调和基层创新互促互动，数字化改革举措不断涌现，为全面推进数字政府建设积累了丰富经验。总体来看，极具中国特色的一体化政务服务平台体系正在加速形成，全国一体化政务服务平台作为政府数字化转型的基础性引领工程，在提升人民群众获得感、推进国家治理体系和治理能力现代化进程中发挥了重要作用，一体化政务服务能力的显著提升成为中国现阶段数字政府建设的典型特征。

电子科技大学《中国地方政府互联网服务能力发展报告（2022）》运用大数据监测分析和人工采集校验相结合的方式对全国4个直辖市和333个地级行政区划单位的互联网服务能力进行评价，并根据评价得分从高到低将其划分为领先发展、积极发展、稳步发展、亟待发展四种类型。评价结果呈现集约化建设从平台建设规范向服务应用规范纵深发展，以数字政府建设的"三融五跨"推动整体政府协同发展，数据赋能打造智慧泛在、便捷普惠的数字化服务体系的发展趋势。

第九章　问题与反馈

一　测评过程说明

《政府数字服务能力指数报告（2023版）》整个测评过程流程如图9-1所示，测评过程可概括为：

①渠道来源数据的收集。通过网页、微信、微博、App和政务短视频（抖音、快手）的检索，确定符合数据采集对象标准的各级政府的官方网址、政务微博、政务微信、政务App的下载地址以及政务短视频的ID。将渠道信息汇总后进行复核，确定各测评对象严格符合制定的标准。

②指标体系的建立。通过文献调研、专家访问、小组研讨制定出评价待测评对象的指标体系，并对所有指标进行量化处理。

③测评原则贯彻与技巧培训。进行测评前的统一培训，使项目组成员熟练掌握测评原则和标准，最大限度地降低个体评价差异。

④全面测评。根据记录的各政府的门户网站网址、官方微博账号、官方微信公众号、官方App下载地址以及官方政务短视频（抖音、快手）账号，分小组正式开展测评。

⑤记录测评问题。项目组成员记录并反馈在测评过程中遇到的问题，全员共同商讨统一测评标准并制定解决方案。

⑥数据清洗。第一轮全面测评后，依据原测者重测为主、

组长重测为辅的原则对可疑数据进行重测，并对测评结果进行抽样重测，对数据进行清洗。

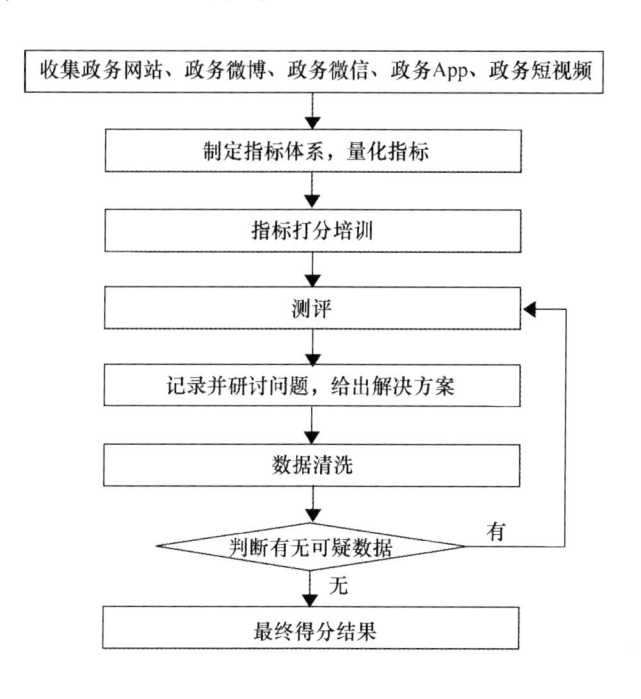

```
收集政务网站、政务微博、政务微信、政务App、政务短视频
            ↓
    制定指标体系，量化指标
            ↓
       指标打分培训
            ↓
          测评 ←──────┐
            ↓         │
  记录并研讨问题，给出解决方案
            ↓         │
        数据清洗       │
            ↓         │
    判断有无可疑数据 ──有┘
            │无
       最终得分结果
```

图 9-1　测评过程流程

二　特殊情况处理

测评过程中可能遇到的例外情况及处置方法如下：

①样本在测评期间开通相应渠道，均需更新相关信息，予以测评。

②依据已有给分原则无法判定评分即遇"特殊情况"时，及时告知团队负责人，制定补充新标准统一解决此类问题。

③测评数据可疑的样本，原测评人应给予重测，仍有疑点，数据清洗小组负责核查。

④缺乏相应政务渠道或部分政务维度服务，则统一将该项政务服务记为 0 分。

三 局限与不足

对本次测评工作的局限性与不足概括如下：

①评测时间具有先后性。本次测评历时两个月，不同渠道、不同政府测评时间存在先后，即存在时间差，而信息服务能力相关指标敏感度强、精确性高，以至于不同时间节点或重要事件发生时间段评测的得分可能有所差异，测评结果受到一定影响。

②成员评分尺度具有差异性。由于待测评样本数量庞大，为保证进度需要，需要团队成员单独针对某一研究对象进行测评，虽然贯彻了测评原则并统一了测评给分尺度，但成员间认知层面不同，给分尺度难以保证完全一致，特别是对部分指标的感性认识。例如政府微信测评，事务服务能力维度的"便捷全面"指标的一部分是根据"办事服务是否全面"来给分，各成员对"办事服务是否全面"的认知并非完全相同，给分可能存在差异。

③参照标准具有局限性。测评过程中对于部分测评指标难以具体化和标准化，我们选定了参照标准作为评分依据，这具有一定的随机性，影响该项指标评比结果。例如政府微信测评，其服务传递能力维度下"信息规模"指标，约定以"近3期的推文总数"为例，如果改为"近5期的推文总数"，该项指标评分可能会变动，其随机性影响了最终结果。

④测评工具具有差异性。团队使用电脑测评官方网站，使用手机测评官方微博、官方微信公众号、官方App和官方政务短视频（抖音、快手）。由于成员所使用的电脑和手机的型号、操作系统不同，性能也存在差异，因而导致测评结果存在一定误差。

四　版权说明

版权所有，不可侵犯。如需引用、刊发或转载本报告，请注明出处。不得对本报告进行任何有悖原意的删节和修改。

五　交流反馈

您的意见与反馈将是项目组提高电子政务测评报告质量的重要动力和提升方向，将有助于更好地推进中国电子政务的发展进程。您的意见我们将及时给予反馈，谢谢您的支持与合作！

反馈联系方式：cesai2021@163.com。

六　改进设想

（一）政务网站测评改进设想

据政务网站测评组统计，政务网站渠道信息服务能力的时间效度指标项有超过94%的政府门户网站得到满分，缺乏区分度。建议2024年该项指标的评判标准将"信息发布的最新日期为当天或昨天的得5分，最新日期为前天的得4分，依次，3天为3分，4—7天为2分，7—14天为1分，14天以上均为0分"修订为"信息发布的最新日期为当天的得5分，最新日期为昨天的得4分，依次多隔1天减1分，最低得1分"。

政务网站渠道信息服务能力的易得可得指标项的评分标准"在政府网站首页任选10条发布的信息，统计可以正确打开，并看到完整内容的链接数目n。计算公式n/2。（满分5分）"中"任选10条"范围过大，可能造成10条全部选自某一栏目（如"今日要闻"）的现象，考虑不够全面且不具有代表性。建议改为"从5个及以上的栏目中各任取1条或2条"。

(二) 政务微博测评改进设想

政务微博渠道服务传递能力的有无微博指标项的评分标准"是否有政务微博？如无得 0 分，如有得 5 分"划分粒度较粗，且政务微博测评指标体系未考虑到发布微博的原创性因素。建议将评分标准细化为"是否有政务微博？如有，该政务微博的原创性程度如何？如无得 0 分；如有得 2 分，且考虑近 5 条微博，有 1 条原创微博加 1 分。此项满分 5 分"。

在政务微博实际测评中，部分长时间不使用的微博的有用实用指标项得分反而更高，这是由于该指标评分标准未考虑时间因素。建议在该指标评分标准中增加时间惩罚项，如"近 2 周未使用的微博，扣 1 分；近 1 月未使用的微博扣 2 分；以此类推，该项最低 0 分，最高 5 分"。

政务微博渠道的服务传递能力的受众规模指标评分主要参考政务微博的粉丝数排名。不同省份城市，人口密度不同，单看粉丝数，可能衡量不全面。建议依据人口密度，对指标进行归一化处理，即使受众规模指标评分参考单位人口数量下的粉丝数排名。

(三) 政务微信测评改进设想

很多地级市的政府微信公众号中子菜单的功能都是直接链接到网站或者政务 App 下载页。而这些功能其实在微信小程序中可以实现，从而为用户提供更便捷的服务。建议在服务传递能力下扩充便捷易用指标，如微信平台子菜单功能全部由微信平台实现得 2 分，部分由微信平台实现得 1 分，其他得 0 分。

政务微信渠道事务服务能力的便捷全面指标项的部分评分标准"办事服务全面得 2 分，办事服务不全面得 1 分"区分度小且没有具体细化标准，不同测评人员对于同一微信公众号事务服务是否全面的判断结果不同。建议加大得分区分度并且细化评分标准中办事服务的全面性程度，比如设置一个阈值，办事服务类型数目大于该阈值为全面得 2 分，否则为不全面得 0 分。

政务微信渠道服务传递能力的信息规模指标项主要参考政务微信最近 3 期推文总数排名。但在实际信息规模相同的情况下，每期推文数少但单位时间期数多的公众号将明显差于每期推文数多但单位时间期数少的公众号。建议考察单位时间（如最近一周）推文总数代替最近三期推文总数进行测评。

（四）政务短视频测评改进设想

符合测评条件的政务短视频账号少，部分账号主题为融媒体中心或当地日报社因而不符合测评标准。建议在地区无政务短视频账号的情况下，考虑测评融媒体中心的政务相关内容，通过扩充样本容量来考察该地区的短视频政务服务能力。同时，有政务短视频账号的地区应增加基础分。

在政务短视频实际测评中，由于部分账号存在不允许用户评论的情况，无法客观测评该账号的评论数量。建议修订相关指标的评分标准，如将信息服务能力的有用实用指标项中"统计其中转/赞/评均不为 0 的短视频数 n"修订为"统计其中转/赞/评至少有 2 项不为 0 的短视频数 n"，并将不允许用户评论的政务短视频账号的该项指标得分减 1 分。

政务短视频渠道的服务传递能力的受众规模指标评分主要参考政务短视频的粉丝数排名。不同省份城市，人口密度不同，单看粉丝数，可能衡量不全面。建议依据人口密度，对指标进行归一化处理，即使受众规模指标评分参考单位人口数量下的粉丝数排名。

（五）政务 App 测评改进设想

在政务 App 实际测评中，企业（法人）办事中许多事务都需要法人登录账号来进行办理，一些不需要法人登录账号办理的事项要么是特别偏门，要么是不属于企业办事一项，因此很难打分。建议寻找企业合作伙伴，使用真实的法人账号进行政务 App 测评。

政务 App 实际测评相比其他渠道更为耗时，主要原因有两个：第一，需要下载不同省份的客户端，各个省市客户端界面特征不同，在涉及具体事项评分时需要耗费一定时间熟悉 App 的功能；第二，对于参与服务能力的参与回应指标项的评分流程涉及给相关政府服务部门信箱留言或电话沟通的形式，两种方式耗费的时间均较长。建议增加政务 App 测评组的人员分配。

附录 1 政府电子服务能力测评指标

附表 1-1 政务网站服务能力测评指标

一级指标	二级指标	三级指标
政务网站服务能力（权重：0.2325）	1. 信息服务能力（ISC）（权重：0.2124）	1. 有用实用
		2. 解读回应
		3. 时间效度
		4. 易得可得
	2. 事务服务能力（ASC）（权重：0.2260）	1. 公众（个人）办事
		2. 企业（法人）办事
		3. 全程办理率
	3. 参与服务能力（PSC）（权重：0.1879）	1. 参与管理
		2. 参与回应
		3. 参与反馈
	4. 服务传递能力（SDC）（权重：0.1996）	1. 便捷易用
		2. 灵活性
		3. 稳定可靠
	5. 服务创新能力（SIC）（权重：0.1740）	1. 吸纳能力
		2. 传播能力

附表1-2　政务微博服务能力测评指标

一级指标	二级指标	三级指标
政务微博服务能力（权重：0.1739）	1. 信息服务能力（ISC）（权重：0.3712）	1. 有用实用
		2. 来源权威
		3. 时间效度
		4. 易得可得
	2. 服务传递能力（SDC）（权重：0.3306）	1. 有无政务微博
		2. 受众规模
		3. 信息规模
		4. 活跃度
		5. 交互性
	3. 服务创新能力（SIC）（权重：0.2983）	1. 吸纳能力
		2. 采纳能力

附表1-3　政务微信服务能力测评指标

一级指标	二级指标	三级指标
政务微信服务能力（权重：0.2162）	1. 信息服务能力（ISC）（权重：0.2695）	1. 有用实用
		2. 来源权威
		3. 时间效度
		4. 易得可得
	2. 事务服务能力（ASC）（权重：0.2497）	1. 便捷全面
		2. 程序规范
	3. 参与服务能力（PSC）（权重：0.2470）	1. 参与服务渠道
	4. 服务传递能力（SDC）（权重：0.2339）	1. 快捷易用
		2. 受众规模
		3. 信息规模

附表1-4　　政务App服务能力测评指标

一级指标	二级指标	三级指标
政务App服务能力（权重：0.2208）	1. 信息服务能力（ISC）（权重：0.2448）	1. 有用实用
		2. 来源权威
		3. 时间效度
		4. 易得可得
	2. 事务服务能力（ASC）（权重：0.2698）	1. 公众（个人）办事
		2. 企业（法人）办事
		3. 全程办理率
	3. 参与服务能力（PSC）（权重：0.2468）	1. 参与渠道
		2. 参与回应
		3. 参与反馈
	4. 服务传递能力（SDC）（权重：0.2386）	1. 省市连通
		2. 覆盖面
		3. 易得性
		4. 稳定可靠
		5. 易用性
		6. 使用反馈
		7. 社交性

附表1-5　　政务短视频（抖音、快手）服务能力测评指标

一级指标	二级指标	三级指标
政务短视频服务能力（权重：0.1566）	1. 信息服务能力（ISC）（权重：0.2711）	1. 有用实用
		2. 来源权威
		3. 时间效度
	2. 参与服务能力（PSC）（权重：0.2291）	1. 参与回应
		2. 参与传播
	3. 服务传递能力（SDC）（权重：0.2450）	1. 有无政务短视频
		2. 受众规模
		3. 信息规模
		4. 活跃度
		5. 交互性
	4. 服务创新能力（SIC）（权重：0.2548）	1. 采纳能力
		2. 吸收能力

附录 2　政府电子服务能力测评标准

附表 2 – 1　　　　　　　　　政务网站测评标准

	信息服务能力
1. 有用实用	(1) 机构职能介绍完整、清晰，有完整的职能简介、负责人、联系方式、地址信息等，得 5 分；缺一项扣 2 分； (2) 概况类信息更新量、政务动态信息更新量和信息公开目录信息更新量（来源可参考政府网站工作年报）。根据排名给出得分 X 与 Y（排名前 10% 得 5 分；排名前 20% 得 4 分；排名前 30% 得 3 分；排名前 50% 得 2 分；其余得 1 分），取平均（可顺延）(X + Y) /2，计算公式：取 (1)(2) 均分
2. 解读回应	(1) 解读信息发布，包括解读材料数量、解读产品数量和媒体评论文章数量（来源可参考政府网站工作年报）（以排名计算分数）； (2) 回应公众关注热点或重大舆情数量（来源可参考政府网站工作年报）（以排名计算分数）
3. 时间效度	选择政府网站主页"今日要闻""热点动态""要闻动态"等能代表新闻类栏目打分方法：信息发布的最新日期为当天或昨天的得 5 分，最新日期为前天的得 4 分，依此类推，3 天为 3 分，4—7 天为 2 分，7—14 天为 1 分，14 天以上均为 0 分，只计算工作日时间
4. 易得可得	在政府网站首页任选 10 条发布的信息，统计可以正确打开，并看到完整内容的链接数目 n，计算公式 n/2

续表

	事务服务能力
1. 公众（个人）办事	（1）在政府网站"公众办事""便民服务"（或类似栏目）选择一个办事项目，有清晰办事流程说明、能完成整个服务全程办理 （2）操作：以"不动产登记"为例，若办事指南、信息录入、预约、支付、查询均可线上完成，得 5 分；实现一项，得 1 分。需要注册的步骤可视为实现。计算公式：取（1）（2）均分
2. 企业（法人）办事	（1）在政府网站"企业办事"（或类似栏目）选择一个办事项目，有清晰办事流程说明、能完成整个服务的全程办理； （2）操作：以"企业或者公司设立登记"办理为例，若办事指南、预约、申请、支付、查询均可线上完成，得 5 分；少一项，扣 1 分。计算公式：取（1）（2）均分
3. 全程办理率	（1）在政府网站"公众办事""法人办事"（或类似栏目）任选 10 个办事项目，统计能完成全程办理的服务的数量； （2）说明：引导至登录、注册界面，可视为可全程办理，有特殊要求必须到现场办理、又提供清晰"办事指南"的视为可全程办理。计算公式：n/2
	参与服务能力
1. 参与管理	（1）通过"省长信箱""市长信箱"进行咨询，有写信须知（注意事项）、注册协议、查询或公开等功能。以上功能实现一项得 1 分，功能合并的按总分计算； （2）征集调查部分，包括征集调查期数和公布调查结果期数来进行计算（以排名计算分数）
2. 参与回应	（1）对信箱进行咨询，24 小时内收到回复的得 5 分，24—48 小时内回复的得 4 分，48—72 小时内回复的得 3 分，72—96 小时内回复的得 2 分，96—168 小时内回复的得 1 分，超过 168 个小时（7 天）仍未得到回复的得 0 分。只计算工作日时间； （2）留言办理，包括留言办理平均时间和办结留言比例（办结留言比例 = 办结留言数量/收到留言数量）（以排名计算分数）； （3）在线访谈，包括访谈期数和答复网友提问率（答复网友提问率 = 答复网民提问数量/网民留言数量）（以排名计算分数）
3. 参与反馈	对上述反馈结果进行分析，给予正面、充分回应的得 5 分，推至其他职能部门或人的得 1 分，未收到回应的得 0 分；基于正面回应的程度判定得 3 分或 4 分

续表

	服务提供能力
1. 便捷易用	政府网站（1）有明确的导航条或导航栏；（2）按用户类型对服务事项进行了划分，比如分为个人与法人，公众与企业；（3）二级类目按事项类型进行归类，比如"个人服务"中按教育、就业、社保等进行了分类整理，"法人服务"按资质认定、经营纳税等进行了分类整理，以上功能实现一项得1分，实现两项得3分，实现3项得5分
2. 公平均等	政府网站功能上支持（1）多种语言，如繁体、英文、日文等；（2）辅助老人、盲人使用，支持语音、读屏功能；（3）对硬软件性能无特别要求（主要考虑低收入人群的使用）；（4）帮助功能简单易用、流程清楚以上功能只实现一项得2分，每多一项加1分
3. 稳定可靠	（1）网站安全防护部分，包括网站安全检测评估次数、是否建立安全监测预警机制、是否开展应急演练（来源可参考政府网站工作年报）（以排名计算分数）；（2）访问政府网站的时候：a. 首页各类内容、元素均能正常显示；b. 外部链接3次测试均能打开；c. 多语言版本、搜索功能等辅助功能均能使用。以上功能实现一项得1分
	服务创新能力
1. 吸纳能力	是否具备意见与建议功能？ 操作：政府网站有（1）联系我们、（2）网站纠错、（3）网站评价等类似功能，测试并给出回应。测试周期为1周，给予正面、充分回应的得5分，未收到回应的得0分；基于正面回应的程度判定得2—4分（统一设计咨询内容）
2. 传播能力	（1）是否存在社交平台分享功能？ 操作：在首页从不同栏目中随机打开5条信息，统计具备分享到社交平台功能的信息数目，上限3分； （2）是否存在多平台分享功能？ 操作：微博和微信粉丝数、其他官方号个数，以排名计算分数，上限2分

附表2-2　　　　　　　　　　政务微博测评标准

	信息服务能力	
1. 有用实用	（1）微博是否有被转/赞/评？ 操作1：（有用性）选择全部微博的近5条微博，统计其中转发、评论、点赞其一不为0的微博数n，则该指标得分为n，满分5分； （2）是否为实用性微博？ 操作2：（实用性）选择全部微博中的近5条微博，非天气类、健身类、美食类、鸡汤类、感叹类、搞笑类的微博数n，则该指标得分为n，满分5分	
	微博来源是否权威？ 操作：选择近5条事实类（天气类、健身类、美食类、鸡汤类、感叹类、搞笑类除外）微博，统计有信息来源（来源可能出现在文字或图片中，方式有：@某账号，cr某账号，正文标明来源、图片标明来源等）的微博数n，则该指标得分为n，满分5分	
2. 来源权威	最近微博与报道内容时差如何？ 操作：进入官方微博主页，选择"全部"微博，查看最近一条时效性微博的发布时间相比微博报道内容的发生时间的差额天数。计算方法：如果差额为0或1得分为5，差额为2得分为4，差额为3得分为3，差额4—5得分为2，差额5天以上得分为1。只计算工作日时间	
3. 时间效度	（1）是否采用了标签标识？ 操作1：（易得性）是否采用了标签，如有1分，如无0分，上限1分； （2）官方微博主页，任意点击超链接，是否可以打开？ 操作2：（可得性）进入官方微博主页，任意点击4个超链接，统计可以正常打开并看到完整内容的链接数目n，则该指标得分为n，上限4分	
4. 易得可得	（1）微博是否有被转/赞/评？ 操作1：（有用性）选择全部微博中的近5条微博，统计其中转发、评论、点赞其一不为0的微博数n，则该指标得分为n，满分5分； （2）是否为实用性微博？ 操作2：（实用性）选择全部微博中的近5条微博，非天气类、健身类、美食类、鸡汤类、感叹类、搞笑类的微博数n，则该指标得分为n，满分5分	

续表

信息传递能力	
1. 有无政务微博	是否有政务微博、原创？ 操作：如无微博账号，得 0 分；有微博账号、无原创微博，得 3 分；有微博账号、有原创微博，得 5 分
2. 受众规模	政务微博粉丝数：粉丝数不为 0 的根据粉丝数排名，前 10% 得 5 分；排名前 20% 得 4 分；排名前 30% 得 3 分；排名前 50% 得 2 分；其余得 1 分，粉丝数为 0 的得 0 分
3. 信息规模	政务微博总微博数：排名前 10% 得 5 分；排名前 20% 得 4 分；排名前 30% 得 3 分；排名前 50% 得 2 分；其余得 1 分，总微博数为 0 得 0 分
4. 活跃度	政务微博近 3 个工作日的微博数 操作：微博数不为 0 的根据微博数排名，前 10% 得 5 分；排名前 20% 得 4 分；排名前 30% 得 3 分；排名前 50% 得 2 分；其余得 1 分，微博数为 0 的得 0 分
5. 交互性	统计近 5 条微博的转发合计数、评论合计数、点赞合计数（分开统计） 操作：转发数、点赞数、评论不为 0 的根据数据排名，排名前 10% 得 5 分；排名前 20% 得 4 分；排名前 30% 得 3 分；排名前 50% 得 2 分；其余得 1 分，转发数、点赞数、评论数为 0 的得 0 分
服务创新能力	
1. 吸纳能力	（1）是否采用其他渠道进行推广或介绍？ 操作 1：政府官方微信、网站、App、政务短视频（抖音、快手等）等的推广或功能介绍，上限为 2 分； （2）是否对不同职能部门进行推广或介绍？ 操作 2：有职能部门（如公安、交警、医疗等）的推广或介绍等功能，上限为 3 分
2. 采纳能力	是否采纳新技术、新方法？ 操作：微博采纳新技术、新方法并持续创新服务，微博内容包括视频、直播、微博投票、超话等元素（在高级搜索中进行勾选即可查看）等功能；有 1 个得 2 分，2 个得 3 分，3 个得 4 分，4 个得 5 分

附表2-3　　　　　　　　　　政务微信测评标准

	信息服务能力
1. 有用实用	政务微信推送的信息中有企业、公众所需的、密切关注的内容（非天气类、健身类、美食类、鸡汤类、感叹类）比例高吗？ 操作：近5条信息中含有企业、公众所需的、密切关注的内容的条数，N条得n分，满分5分
2. 来源权威	政务微信推送的信息内容都属于按照《中华人民共和国政府信息公开条例》产生的第一手资料或其他来源明确的官方资料吗？ 操作：选5条推送信息，统计有明确权威来源的推文数目n，则该指标得分为n，满分5分
3. 时间效度	政务微信推送的信息都是在信息有效期内第一时间向社会发布的吗？ 操作：查看政务微信历史消息，信息发布的最新日期为当天或昨天的得5分，最新日期为前天的得4分，依此类推3天为3分，4—5天为2分，6—14天为1分，14天以上为0分，只计算工作日时间
4. 易得可得	（1）通过政务微信查询相关信息的成功率高吗？ 操作1：测试所有快捷菜单（包括子菜单），是否可以正确打开并有相应内容（如无菜单，则任选4条历史信息，是否可以正确打开并看到完整内容）？统计有效的菜单或者链接数目n，则该指标得分为n*0.5，满分2分 （2）政务信息分类是否清晰易得人性化？ 操作2：有政务信息分类一级菜单得1分，有政务信息分类二级菜单得1分，信息分类二级菜单项累计超过5项得1分，满分3分
	事务服务能力
1. 便捷全面	（1）使用政务微信是否可以快速找到事务服务入口？ 操作1：通过自动回复提示可以进入服务入口得1分，通过快捷菜单可以进入服务入口得2分（尽量测试全部事务服务内容，有一项服务符合以上事项即可得分）； （2）办事服务是否全面？ 操作2：办事服务不全面得1分，办事服务全面得2分

续表

事务服务能力	
2. 程序规范	(1) 是否有清晰的办事流程？ 操作：有清晰的办事流程说明得2分； (2) 是否可以全程网上办理？ 操作：可以全程网上办理得2分； (3) 是否可以获知事务处理进度？ 操作：可以获知事务处理进度得1分（尽量测试全部事务服务内容，有一项服务符合以上事项即可得分）
参与服务能力	
1. 参与服务渠道	(1) 有无市长信箱；(2) 有无意见征集；(3) 有无网上调查；(4) 有无互动留言；(5) 有无12345热线；(6) 有无其他：（如有，注明该栏目名称）有1项得1分，满分5分（以上均可由国务院统一接口获得）
服务传递能力	
1. 快捷易用	是否具备菜单快捷和回复功能？ 操作：(1) 有快捷菜单；(2) 快捷菜单有二级菜单；(3) 有用的自动回复（有助于指导用户完成相关事项）；(4) 有人工回复；以上功能实现1项计1分，实现2项计2分，实现3项计3分，实现3项以上计5分
2. 受众规模	分别统计政务微信历史消息中第三期推送第一条、第二条、第三条推文的点赞量与阅读数之和，分别根据排名给出得分X与Y（排名前10%得5分；排名前20%得4分；排名前30%得3分；排名前50%得2分；其余得1分），取平均（可顺延）（X+Y）/2
3. 信息规模	政务微信最近3期的推文总数，根据得分给予排名：排名前10%得5分；排名前20%得4分；排名前30%得3分；排名前50%得2分；其余得1分

附表 2 – 4　　　　　　　　政务 App 测评标准

	信息服务能力
1. 有用实用	政府信息分类清晰，是否有用实用？ 操作：有具体细分为信息公开、近日新闻、热点动态、政策解读等类别（天气、娱乐等版块除外），每有一类得 1 分，满分为 5 分；无此项目得 0 分
2. 来源权威	（1）政务 App 发布的新闻、热点信息均为本市吗？ 操作 1：新闻、热点信息发布主体为本市，得 2 分，若是与省级同步，得 1 分； （2）政府官方 App 发布的信息内容都属于第一手资料或其他来源明确的官方资料吗？ 操作 2：在官方 App 首页任选 5 条发布的信息，统计信息来源于"官方第一手资料"或者"标明转载出处"的信息数目 n，则该指标得分为 n，满分 3 分
3. 时间效度	信息都是在信息有效期内第一时间向社会发布吗？ 操作：选择政府官方 App 主页"今日要闻""热点动态""要闻动态"等能代表工作日当天信息的栏目。计算方法：如果有当天或昨天发布的信息得 5 分，依此类推，2 天得 4 分，3 天得 3 分，4 天得 2 分，5 天及以上得 1 分。只计算工作日时间
4. 易得可得	政务 App 发布的消息链接，能够打开吗？ 操作：政府官方 App 任选 5 条发布的信息，统计可以正常点开，并看到完整内容的链接数目 n，则该指标得分为 n，满分 5 分
	事务服务能力
1. 公众（个人）办事	在政务 App "公众办事""便民服务"（或类似栏目）选择一个办事项目，有清晰办事流程说明、能完成整个服务全程办理。具体测试：选择"驾驶证补证、换证"，若办事指南、信息录入、在线预约、网上缴费、查询均可线上完成，得 5 分；实现 1 项，得 1 分，需要注册或跳转到网站的步骤可视为实现
2. 企业（法人）办事	在政务 App "企业办事"（或类似栏目）选择一个办事项目，有清晰办事流程说明、能完成整个服务的全程办理。具体测试：选择"抵押权注销登记"，若办事指南、预约、申请、查询均可线上完成，得 5 分；少 1 项，扣 1 分

续表

		事务服务能力
3. 全程办理率		在政务App"公众办事""法人办事"（或类似栏目）任选5个办事项目，统计能完成全程办理的服务的数量n，则该指标得分为n，满分5分。说明：引导至登录、注册界面，可视为可全程办理，有特殊要求必须到现场办理、又提供清晰"办事指南"的视为可全程办理（例如港澳台通行证办理）
		参与服务能力
1. 参与渠道		操作：通过"省长信箱""市长信箱""市长热线""12345"智能机器人等进行信息交流。具备（1）在线咨询（需官方进行答复）；（2）用户建议（包括投诉、举报等）；（3）社区交流（用户与用户间）；（4）首页有专门模块或可搜索；（5）查询或公开等功能。以上功能实现1项得1分，功能合并的按总分计算，如无此项服务能力，本主题下各指标均得0分
2. 参与回应		操作：通过"市长信箱""市长热线""12345"等进行咨询，若只有智能机器人自动答复的，统一得1分。其余渠道24小时内回复的得5分，24—48小时内回复的得4分，48—72小时内回复的得3分，72—96内小时回复的得2分，96—168小时内回复的得1分，超过168个小时（7天）仍未得到回复的得0分只计算工作日时间
3. 参与反馈		对上述反馈结果进行分析，给予正面、充分回应的得4—5分，推至其他职能部门或人的得1分，未收到回应的得0分，基于正面回应的程度判定得2—3分
		服务传递能力
1. 省市连通		省市是否连通？操作：没有连通，也没有自己App得0分；没有连通，有自己App得1分；有连通，有自己App，没有个性化定制得3分；有连通，有自己App，有个性化定制得5分
2. 覆盖面		是否包括信息服务、事务服务、参与服务？操作：纯信息服务，得1分；除信息服务外，有政府官方网站上部分事务服务、参与服务功能，但不全，得2—4分；与政府官方网站功能基本一致，可提供信息服务、事务服务、参与服务等，得5分
3. 易得性		是否容易下载到？官网首页有下载提示（链接、二维码均可）且可正常下载，得3分；可在主流电子市场（Android：应用宝、360手机助手、小米、华为、百度手机助手、豌豆荚、安智、历趣、沃商店；iOS：App Store）任意一个下载到，加2分，满分5分

续表

服务传递能力	
4. 稳定可靠	判断是否可以正常使用，满分5分。无法打开，得0分；出现闪退或卡顿2次及以上，扣2分；无法打开部分栏目、内容，或点击按钮等操作无响应，根据严重情况，扣1—2分；屏幕分辨率适配度，如显示严重异常，扣1分
5. 易用性	是否可以方便地找到并浏览信息？界面符合用户对App的使用习惯，无学习门槛，加1分；有搜索功能，加1分；有收藏功能，加1分；有字体大小自适应调节功能，加1分；4项都拥有可得满分5分
6. 使用反馈	有无对App使用意见反馈功能；有则得5分，没有则得0分
7. 社交性	是否有分享到社交平台功能？如有分享本App到社交平台功能，加2分；如有分享信息、资讯到社交平台功能加3分

附表2-5　政务短视频（抖音、快手）测评标准

信息服务能力	
1. 有用实用	短视频是否有用实用？ 操作：选择近5条短视频，统计其中转/赞/评均不为0的短视频数n与非天气类、健身类、美食类、鸡汤类、感叹类的短视频数n（每项5分，共10分）
2. 来源权威	选择近5条事实类（天气类、健身类、美食类、鸡汤类、感叹类除外）视频，统计有信息来源（来源可能出现在视频介绍文字或视频内容中，方式有：@某账号，视频介绍标明来源、视频内容标明来源等）的视频数n，则该指标得分为n，满分5分
3. 时间效度	进入官方短视频主页，查看最近一条短视频（满足有用实用条件的短视频）发布日期，计算与报道内容的发生时间（如无，则为当前时间）的差额天数。计算方法：如果差额为0或1得分为5，差额为2得分为4，差额为3得分为3，差额为4—5得分为2，差额5天以上得分为1，只计算工作日时间

续表

参与服务能力	
1. 参与回应	回应粉丝评论如何？ 操作：政务短视频回复粉丝评论数排名（前10%得5分；排名前20%得4分；排名前30%得3分；排名前50%得2分；其余得1分），统计近5条抖音的官方回复网友评论的数目n
2. 参与传播	进入官方政务短视频主页，是否有邮箱等投稿方式或联系方式若没有得0分，若有得5分
服务传递能力	
1. 有无政务短视频	是否有政务短视频（抖音、快手）？如无，得0分；有1个短视频，得3分；有抖音、快手，得5分
2. 受众规模	政务短视频（抖音、快手）粉丝数：排名前10%得5分；排名前20%得4分；排名前30%得3分；排名前50%得2分；其余得1分
3. 信息规模	政务短视频（抖音、快手）总短视频数：排名前10%得5分；排名前20%得4分；排名前30%得3分；排名前50%得2分；其余得1分
4. 活跃度	政务短视频原创数量如何？ 操作：近5天政务短视频原创数量（排名前10%得5分；排名前20%得4分；排名前30%得3分；排名前50%得2分；其余得1分）
5. 交互性	统计近5条短视频的转发数、点赞数、评论数（分开统计）人均转发数通过排名给予得分、点赞数通过排名给予得分、评论排名给予得分的均值，排名前10%得5分；排名前20%得4分；排名前30%得3分；排名前50%得2分；其余得1分
服务创新能力	
1. 采纳能力	(1) 是否有发布官方话题？ 操作1：短视频是否有参与或发布官方话题（多为"#+话题名"），计分方法：满分3分； (2) 是否有视频内容合集？ 操作2：是否有整理视频内容合集（参考上海发布短视频账号首页），计分方法：满分2分
2. 吸收能力	是否有其他政务平台的介绍推广？ 操作1：进入账号首页，查看是否有其他政务平台（微信、微博、网站、App）的介绍或推广，若没有，得0分；若有一个加1分，上限为5分

附录3 省市政府电子服务能力测评样本来源

附表3-1　　　省（自治区、直辖市）政务网站来源

省级	采集数据源（网址）	省级	采集数据源（网址）
北京市	http://www.beijing.gov.cn	辽宁省	http://www.ln.gov.cn/
天津市	http://www.tj.gov.cn/	四川省	http://www.sc.gov.cn/
上海市	http://www.shanghai.gov.cn/	云南省	http://www.yn.gov.cn/
重庆市	http://www.cq.gov.cn/	青海省	http://www.qh.gov.cn/
广东省	http://www.gd.gov.cn/	山东省	http://www.shandong.gov.cn/
甘肃省	http://www.gansu.gov.cn/	山西省	http://www.shanxi.gov.cn/
贵州省	http://www.gzgov.gov.cn/	陕西省	http://www.shaanxi.gov.cn/
海南省	http://www.hainan.gov.cn/	福建省	http://www.fujian.gov.cn/
河北省	http://www.hebei.gov.cn/	浙江省	http://www.zj.gov.cn/
河南省	http://www.henan.gov.cn/	安徽省	http://www.ah.gov.cn/
黑龙江省	http://www.hlj.gov.cn/	内蒙古自治区	http://www.nmg.gov.cn/
湖北省	http://www.hubei.gov.cn/	新疆维吾尔自治区	http://www.xj.gov.cn http://www.xinjiang.gov.cn
湖南省	http://www.hunan.gov.cn/		
吉林省	http://www.jl.gov.cn/	宁夏回族自治区	http://www.nx.gov.cn/
江苏省	http://www.jiangsu.gov.cn/	广西壮族自治区	http://www.gxzf.gov.cn/
江西省	http://www.jiangxi.gov.cn/	西藏自治区	http://www.xizang.gov.cn/

附表 3-2　　　　　　　地级市政务网站来源

地级市	采集数据源（网址）	地级市	采集数据源（网址）
河北省石家庄市	http://www.sjz.gov.cn/	河南省郑州市	http://www.zhengzhou.gov.cn/
河北省张家口市	http://www.zjk.gov.cn/	河南省安阳市	http://www.anyang.gov.cn/
河北省承德市	http://www.chengde.gov.cn/	河南省鹤壁市	http://www.hebi.gov.cn/
河北省唐山市	http://www.tangshan.gov.cn/	河南省濮阳市	http://www.puyang.gov.cn/
河北省秦皇岛市	http://www.qhd.gov.cn/	河南省新乡市	http://www.xinxiang.gov.cn/
河北省廊坊市	http://www.lf.gov.cn/	河南省焦作市	http://www.jiaozuo.gov.cn/
河北省保定市	http://www.bd.gov.cn/	河南省三门峡市	http://www.smx.gov.cn/
河北省沧州市	http://www.cangzhou.gov.cn/	河南省开封市	http://www.kaifeng.gov.cn/
河北省衡水市	http://www.hengshui.gov.cn/	河南省洛阳市	http://www.ly.gov.cn/
河北省邢台市	http://www.xingtai.gov.cn/	河南省商丘市	http://www.shangqiu.gov.cn/
河北省邯郸市	http://www.hd.gov.cn/	河南省许昌市	http://www.xuchang.gov.cn/
山西省太原市	http://www.taiyuan.gov.cn/	河南省周口市	http://www.zhoukou.gov.cn/
山西省大同市	http://www.sxdt.gov.cn/	河南省漯河市	http://www.luohe.gov.cn/
山西省朔州市	http://www.shuozhou.gov.cn/	河南省南阳市	http://www.nanyang.gov.cn/
山西省忻州市	http://www.sxxz.gov.cn/	河南省驻马店市	http://www.zhumadian.gov.cn/
山西省阳泉市	http://www.yq.gov.cn/	河南省信阳市	http://www.xinyang.gov.cn/
山西省晋中市	http://www.sxjz.gov.cn/	河南省平顶山市	http://www.pds.gov.cn/
山西省吕梁市	http://www.lvliang.gov.cn/	湖北省随州市	http://www.suizhou.gov.cn/
山西省长治市	http://www.changzhi.gov.cn/	湖北省荆门市	http://www.jingmen.gov.cn/

续表

地级市	采集数据源（网址）	地级市	采集数据源（网址）
山西省临汾市	http://www.linfen.gov.cn/	湖北省孝感市	http://www.xiaogan.gov.cn/
山西省晋城市	http://www.jconline.cn/	湖北省宜昌市	http://www.yichang.gov.cn/
山西省运城市	http://www.yuncheng.gov.cn/	湖北省黄冈市	http://www.hg.gov.cn/
内蒙古自治区呼和浩特市	http://www.huhhot.gov.cn/	湖北省鄂州市	http://www.ezhou.gov.cn/
内蒙古自治区呼伦贝尔市	http://www.hlbe.gov.cn/	湖北省荆州市	http://www.jingzhou.gov.cn/
内蒙古自治区通辽市	http://www.tongliao.gov.cn/	湖北省黄石市	http://www.huangshi.gov.cn/
内蒙古自治区赤峰市	http://www.chifeng.gov.cn/	湖北省咸宁市	http://www.xianning.gov.cn/
内蒙古自治区巴彦淖尔市	http://www.bynr.gov.cn/	湖北省恩施土家族苗族自治州	http://www.enshi.gov.cn/
内蒙古自治区乌兰察布市	http://www.wulanchabu.gov.cn/	湖南省长沙市	http://www.changsha.gov.cn/
内蒙古自治区包头市	http://www.baotou.gov.cn/	湖南省岳阳市	http://www.yueyang.gov.cn/
内蒙古自治区鄂尔多斯市	http://www.ordos.gov.cn/	湖南省张家界市	http://www.zjj.gov.cn/
内蒙古自治区乌海市	http://www.wuhai.gov.cn/	湖南省常德市	http://www.changde.gov.cn/
内蒙古自治区兴安盟	http://www.xam.gov.cn/	湖南省益阳市	http://www.yiyang.gov.cn/
内蒙古自治区锡林郭勒盟	http://www.xlgl.gov.cn/	湖南省湘潭市	http://www.xiangtan.gov.cn/

续表

地级市	采集数据源（网址）	地级市	采集数据源（网址）
内蒙古自治区阿拉善盟	http://www.als.gov.cn/	湖南省株洲市	http://www.zhuzhou.gov.cn/
黑龙江省哈尔滨市	http://www.harbin.gov.cn/	湖南省娄底市	http://www.hnloudi.gov.cn/
黑龙江省黑河市	http://www.heihe.gov.cn/	湖南省怀化市	http://www.huaihua.gov.cn/
黑龙江省伊春市	http://www.yc.gov.cn/	湖南省邵阳市	http://www.shaoyang.gov.cn/
黑龙江齐齐哈尔市	http://www.qqhr.gov.cn/	湖南省衡阳市	http://www.hengyang.gov.cn/
黑龙江省鹤岗市	http://www.hegang.gov.cn/	湖南省永州市	http://www.yzcity.gov.cn/
黑龙江省佳木斯市	http://www.jms.gov.cn/	湖南省郴州市	http://www.czs.gov.cn/
黑龙江双鸭山市	http://www.shuangyashan.gov.cn/	湖南省湘西土家族苗族自治州	http://www.xxz.gov.cn/
黑龙江省绥化市	http://www.suihua.gov.cn/	广东省广州市	http://www.gz.gov.cn/
黑龙江省大庆市	http://www.daqing.gov.cn/	广东省韶关市	http://www.sg.gov.cn/
黑龙江省七台河市	http://www.qth.gov.cn/	广东省梅州市	http://www.meizhou.gov.cn/
黑龙江省鸡西市	http://www.jixi.gov.cn/	广东省河源市	http://www.heyuan.gov.cn/web/
黑龙江省牡丹江市	http://www.mdj.gov.cn/	广东省清远市	http://www.gdqy.gov.cn/
黑龙江省大兴安岭	http://www.dxal.gov.cn/	广东省潮州市	http://wscz.chaozhou.gov.cn/
辽宁省沈阳市	http://www.shenyang.gov.cn/	广东省揭阳市	http://www.jieyang.gd.cn/
辽宁省铁岭市	http://www.tieling.gov.cn/	广东省汕头市	http://www.shantou.gov.cn/
辽宁省阜新市	http://www.fuxin.gov.cn/	广东省肇庆市	http://www.zhaoqing.gov.cn/
辽宁省抚顺市	http://www.fushun.gov.cn/	广东省惠州市	http://www.huizhou.gov.cn/
辽宁省朝阳市	http://www.chaoyang.gov.cn/	广东省佛山市	http://www.foshan.gov.cn/

续表

地级市	采集数据源（网址）	地级市	采集数据源（网址）
辽宁省本溪市	http://www.benxi.gov.cn/	广东省东莞市	http://www.dg.gov.cn/
辽宁省辽阳市	http://www.liaoyang.gov.cn/	广东省云浮市	http://www.yunfu.gov.cn/
辽宁省鞍山市	http://www.anshan.gov.cn/	广东省汕尾市	http://www.shanwei.gov.cn/
辽宁省盘锦市	http://www.panjin.gov.cn	广东省江门市	http://www.jiangmen.gov.cn/
辽宁省锦州市	http://www.jz.gov.cn/	广东省中山市	http://www.zs.gov.cn
辽宁省葫芦岛市	http://www.hld.gov.cn/	广东省深圳市	http://www.sz.gov.cn/cn/
辽宁省营口市	http://www.yingkou.gov.cn/	广东省珠海市	http://www.zhuhai.gov.cn
辽宁省丹东市	http://www.dandong.gov.cn/	广东省阳江市	http://www.yangjiang.gov.cn/
辽宁省大连市	http://www.dl.gov.cn/gov/	广东省茂名市	http://www.maoming.gov.cn/
吉林省长春市	http://www.changchun.gov.cn/	广东省湛江市	http://www.zhanjiang.gov.cn/
吉林省白城市	http://www.jlbc.gov.cn/	广西壮族自治区南宁市	http://www.nanning.gov.cn/
吉林省松原市	http://www.jlsy.gov.cn/	广西壮族自治区桂林市	http://www.guilin.gov.cn/
吉林省吉林市	http://www.jlcity.gov.cn/	广西壮族自治区河池市	http://www.gxhc.gov.cn/
吉林省四平市	http://www.siping.gov.cn/	广西壮族自治区贺州市	http://www.gxhz.gov.cn/
吉林省辽源市	http://www.liaoyuan.gov.cn/	广西壮族自治区柳州市	http://www.liuzhou.gov.cn/
吉林省白山市	http://www.cbs.gov.cn/	广西壮族自治区百色市	http://www.baise.gov.cn/
吉林省通化市	http://www.tonghua.gov.cn/	广西壮族自治区来宾市	http://www.laibin.gov.cn/

续表

地级市	采集数据源（网址）	地级市	采集数据源（网址）
吉林省延边朝鲜族自治州	http://www.yanbian.gov.cn/	广西壮族自治区梧州市	http://www.wuzhou.gov.cn/
江苏省南京市	http://www.nanjing.gov.cn/	广西壮族自治区贵港市	http://www.gxgg.gov.cn/
江苏省连云港市	http://www.lyg.gov.cn/	广西壮族自治区玉林市	http://www.yulin.gov.cn/
江苏省徐州市	http://www.xz.gov.cn/	广西壮族自治区崇左市	http://www.chongzuo.gov.cn/
江苏省宿迁市	http://www.suqian.gov.cn/	广西壮族自治区钦州市	http://www.qinzhou.gov.cn/
江苏省淮安市	http://www.huaian.gov.cn/	广西壮族自治区防城港市	http://www.fcgs.gov.cn/
江苏省盐城市	http://www.yancheng.gov.cn/	广西壮族自治区北海市	http://www.beihai.gov.cn/
江苏省泰州市	http://www.taizhou.gov.cn/	海南省海口市	http://www.haikou.gov.cn/
江苏省扬州市	http://www.yangzhou.gov.cn/	海南省三亚市	http://www.sanya.gov.cn/
江苏省镇江市	http://www.zhenjiang.gov.cn/	海南省儋州市	http://www.danzhou.gov.cn/
江苏省南通市	http://www.nantong.gov.cn/	海南省三沙市	http://www.sansha.gov.cn/
江苏省常州市	http://www.changzhou.gov.cn/	四川省成都市	http://www.chengdu.gov.cn/
江苏省无锡市	http://www.wuxi.gov.cn/	四川省广元市	http://www.cngy.gov.cn/
江苏省苏州市	http://www.suzhou.gov.cn/	四川省巴中市	http://www.cnbz.gov.cn/
浙江省杭州市	http://www.hangzhou.gov.cn/	四川省绵阳市	http://www.my.gov.cn/

续表

地级市	采集数据源（网址）	地级市	采集数据源（网址）
浙江省湖州市	http://huz.zj.gov.cn/	四川省德阳市	http://www.deyang.gov.cn/
浙江省嘉兴市	http://www.jiaxing.gov.cn/	四川省达州市	http://www.dazhou.gov.cn/
浙江省绍兴市	http://www.sx.gov.cn/	四川省南充市	http://www.nanchong.gov.cn/
浙江省舟山市	http://www.zhoushan.gov.cn/	四川省遂宁市	http://www.scsn.gov.cn/
浙江省宁波市	http://www.ningbo.gov.cn/	四川省广安市	http://www.guang-an.gov.cn/
浙江省金华市	http://www.jinhua.gov.cn/	四川省资阳市	http://www.ziyang.gov.cn/
浙江省衢州市	http://www.qz.gov.cn/	四川省眉山市	http://www.ms.gov.cn/
浙江省台州市	http://www.zjtz.gov.cn/	四川省雅安市	http://www.yaan.gov.cn/
浙江省丽水市	http://www.lishui.gov.cn/	四川省内江市	http://www.neijiang.gov.cn/
浙江省温州市	http://wz.zj.gov.cn/	四川省乐山市	http://www.leshan.gov.cn/
安徽省合肥市	http://www.hefei.gov.cn/	四川省自贡市	http://www.zg.gov.cn/
安徽省淮北市	http://www.huaibei.gov.cn/	四川省泸州市	http://www.luzhou.gov.cn/
安徽省亳州市	http://www.bozhou.gov.cn/	四川省宜宾市	http://www.yb.gov.cn/
安徽省宿州市	http://www.ahsz.gov.cn/	四川省攀枝花市	http://panzhihua.gov.cn/
安徽省蚌埠市	http://www.bengbu.gov.cn/	四川省阿坝藏族羌族自治州	http://www.abazhou.gov.cn/
安徽省阜阳市	http://www.fy.gov.cn/	四川省甘孜藏族自治州	http://www.gzz.gov.cn/
安徽省淮南市	http://www.huainan.gov.cn/	四川省凉山彝族自治州	http://www.lsz.gov.cn/

续表

地级市	采集数据源（网址）	地级市	采集数据源（网址）
安徽省滁州市	http://www.chuzhou.gov.cn/	贵州省贵阳市	http://www.gygov.gov.cn/
安徽省六安市	http://www.luan.gov.cn/	贵州省遵义市	http://www.zunyi.gov.cn/
安徽省马鞍山市	http://www.mas.gov.cn/	贵州省六盘水市	http://www.gzlps.gov.cn/
安徽省芜湖市	http://www.wuhu.gov.cn/	贵州省安顺市	http://www.anshun.gov.cn/
安徽省宣城市	http://www.xuancheng.gov.cn/	贵州省铜仁市	http://www.trs.gov.cn/
安徽省铜陵市	http://www.tl.gov.cn/	贵州省毕节市	http://www.bijie.gov.cn/
安徽省池州市	http://www.chizhou.gov.cn/	贵州省黔西南布依族苗族自治州	http://www.qxn.gov.cn/
安徽省安庆市	http://www.anqing.gov.cn/	贵州省黔东南苗族侗族自治州	http://www.qdn.gov.cn/
安徽省黄山市	http://www.huangshan.gov.cn/	贵州省黔南布依族苗族自治州	http://www.qiannan.gov.cn/
福建省福州市	http://www.fuzhou.gov.cn/	云南省昆明市	http://www.km.gov.cn/
福建省宁德市	http://www.ningde.gov.cn/	云南省昭通市	http://www.zt.gov.cn/
福建省南平市	http://www.np.gov.cn/	云南省丽江市	http://www.lijiang.gov.cn/
福建省三明市	http://www.sm.gov.cn/	云南省曲靖市	http://www.qj.gov.cn/
福建省莆田市	http://www.putian.gov.cn/	云南省保山市	http://www.baoshan.gov.cn/
福建省龙岩市	http://www.longyan.gov.cn/	云南省玉溪市	http://www.yuxi.gov.cn/
福建省泉州市	http://www.fjqz.gov.cn/	云南省临沧市	http://www.lincang.gov.cn/

续表

地级市	采集数据源（网址）	地级市	采集数据源（网址）
福建省漳州市	http://www.zhangzhou.gov.cn/	云南省普洱市	http://www.puershi.gov.cn/
福建省厦门市	http://www.xm.gov.cn/	云南省楚雄彝族自治州	http://www.cxz.gov.cn/
江西省南昌市	http://www.nc.gov.cn/	云南省红河哈尼族彝族自治州	http://www.hh.gov.cn/
江西省九江市	http://www.jiujiang.gov.cn/	云南省文山壮族苗族自治州	http://www.ynws.gov.cn/
江西省景德镇市	http://www.jdz.gov.cn/	云南省西双版纳傣族自治州	http://www.xsbn.gov.cn/
江西省上饶市	http://www.zgsr.gov.cn/	云南省大理白族自治州	http://www.dali.gov.cn
江西省鹰潭市	http://www.yingtan.gov.cn/	云南省德宏傣族景颇族自治州	http://www.dh.gov.cn
江西省抚州市	http://www.jxfz.gov.cn/	云南省怒江傈僳族	http://www.nj.yn.gov.cn
江西省新余市	http://www.xinyu.gov.cn/	云南省迪庆藏族自治州	http://www.diqing.gov.cn/
江西省宜春市	http://www.yichun.gov.cn/	西藏自治区拉萨市	http://www.lasa.gov.cn/
江西省萍乡市	http://www.pingxiang.gov.cn/	西藏自治区昌都市	http://www.changdu.gov.cn/
江西省吉安市	http://www.jian.gov.cn/	西藏自治区日喀则市	http://www.rkzw.cn/
江西省赣州市	http://www.ganzhou.gov.cn/	西藏自治区林芝市	http://www.linzhi.gov.cn/
山东省济南市	http://www.jinan.gov.cn/	西藏自治区山南市	http://www.xzsnw.com/

续表

地级市	采集数据源（网址）	地级市	采集数据源（网址）
山东省德州市	http://www.dezhou.gov.cn/	西藏自治区那曲地区	http://www.xznq.gov.cn
山东省滨州市	http://www.binzhou.gov.cn/	西藏自治区阿里地区	http://www.xzali.gov.cn/
山东省东营市	http:www.dongying.gov.cn/	陕西省西安市	http://www.xa.gov.cn/
山东省烟台市	http://www.yantai.gov.cn/	陕西省榆林市	http://www.yl.gov.cn/
山东省威海市	http://www.weihai.gov.cn/	陕西省延安市	http://www.yanan.gov.cn/
山东省淄博市	http://www.zibo.gov.cn/	陕西省铜川市	http://www.tongchuan.gov.cn/
山东省潍坊市	http://www.weifang.gov.cn/	陕西省渭南市	http://www.weinan.gov.cn/
山东省聊城市	http://www.liaocheng.gov.cn/	陕西省宝鸡市	http://www.baoji.gov.cn/
山东省泰安市	http://www.taian.gov.cn/	陕西省咸阳市	http://www.xianyang.gov.cn/
山东省青岛市	http://www.qingdao.gov.cn/	陕西省商洛市	http://www.shangluo.gov.cn/
山东省日照市	http://www.rizhao.gov.cn/	陕西省汉中市	http://www.hanzhong.gov.cn/
山东省济宁市	http://www.jining.gov.cn/	陕西省安康市	http://www.ak.gov.cn/
山东省菏泽市	http://www.heze.gov.cn/	甘肃省兰州市	http://www.lanzhou.gov.cn/
山东省临沂市	http://www.linyi.gov.cn/	甘肃省嘉峪关市	http://www.jyg.gansu.gov.cn
山东省枣庄市	http://www.zaozhuang.gov.cn/	甘肃省酒泉市	http://www.jiuquan.gov.cn/
新疆维吾尔自治区巴音郭楞蒙古自治州	http://www.xjbz.gov.cn/	甘肃省张掖市	http://www.zhangye.gov.cn
新疆维吾尔自治区阿克苏地区	http://www.aksu.gov.cn/	甘肃省金昌市	http://www.jc.gansu.gov.cn/

续表

地级市	采集数据源（网址）	地级市	采集数据源（网址）
新疆维吾尔自治区克孜勒苏柯尔克孜自治州	http://www.xjkz.gov.cn/	甘肃省武威市	http://www.ww.gansu.gov.cn/
新疆维吾尔自治区喀什地区	http://www.xjks.gov.cn/	甘肃省白银市	http://www.baiyin.gov.cn/
新疆维吾尔自治区和田地区	http://www.hts.gov.cn/	甘肃省庆阳市	http://www.zgqingyang.gov.cn/
新疆维吾尔自治区伊犁哈萨克自治州	http://www.xjyl.gov.cn/	甘肃省平凉市	http://www.pingliang.gov.cn/
新疆维吾尔自治区塔城地区	http://www.xjtc.gov.cn/	甘肃省定西市	http://www.dingxi.gov.cn/
新疆维吾尔自治区阿勒泰地区	http://www.xjalt.gov.cn/	甘肃省天水市	http://www.tianshui.gov.cn/
新疆维吾尔自治区博尔塔拉蒙古自治州	http://www.xjboz.gov.cn/	甘肃省陇南市	http://www.longnan.gov.cn/
新疆维吾尔自治区乌鲁木齐市	http://www.urumqi.gov.cn/	甘肃省临夏回族自治州	http://www.linxia.gov.cn/
新疆维吾尔自治区克拉玛依市	http://www.klmyq.gov.cn/	甘肃省甘南藏族自治州	http://www.gn.gansu.gov.cn/
新疆维吾尔自治区吐鲁番市	http://www.tlf.gov.cn/	青海省西宁市	http://www.xining.gov.cn/

续表

地级市	采集数据源（网址）	地级市	采集数据源（网址）
新疆维吾尔自治区哈密市	http://www.hami.gov.cn/	青海省海南藏族自治州	http://www.qhhn.gov.cn/
新疆维吾尔自治区昌吉回族自治州	http://www.cj.gov.cn/	青海省玉树藏族自治州	http://www.qhys.gov.cn/
青海省黄南藏族自治州	http://www.huangnan.gov.cn/	宁夏回族自治区石嘴山市	http://www.nxszs.gov.cn/
青海省果洛藏族自治州	http://www.guoluo.gov.cn/	宁夏回族自治区中卫市	http://www.nxzw.gov.cn/
青海省海西藏族自治州	http://www.haixi.gov.cn/	宁夏回族自治区银川市	http://www.yinchuan.gov.cn/
青海省海东市	http://www.haidong.gov.cn/	宁夏回族自治区吴忠市	http://www.wuzhong.gov.cn/
青海省海北藏族自治州	http://www.qhhb.gov.cn/	宁夏回族自治区固原市	http://www.nxgy.gov.cn/

附表3-3　省（自治区、直辖市）政务微博来源

省级	采集数据源（名称）	省级	采集数据源（名称）
北京市	北京发布	辽宁省	辽宁发布
天津市	天津发布	四川省	四川发布
上海市	上海发布	云南省	云南发布
重庆市	重庆发布	青海省	青海发布
广东省	广东发布	山东省	山东发布
甘肃省	甘肃发布	山西省	山西发布
贵州省	黔办之声	陕西省	陕西发布
海南省	海南政务服务	福建省	福建发布

续表

省级	采集数据源（名称）	省级	采集数据源（名称）
河北省	河北新闻网	浙江省	浙江发布
河南省	精彩河南	安徽省	安徽发布
黑龙江省	黑龙江发布	内蒙古自治区	活力内蒙古
湖北省	湖北发布	新疆维吾尔自治区	新疆发布
湖南省	湖南省政府门户网站	宁夏回族自治区	宁夏政务发布
吉林省	吉林发布	广西壮族自治区	中国广西政府网
江苏省	微博江苏	西藏自治区	西藏发布
江西省	江西发布		

附表 3-4　　　　地级行政区划单位政务微博来源

地级市	采集数据源（名称）	地级市	采集数据源（名称）
河北省石家庄市	石家庄发布	河南省郑州市	郑州发布
河北省张家口市	张家口发布	河南省安阳市	安阳市民之家
河北省承德市	承德发布	河南省鹤壁市	鹤壁政法
河北省唐山市	唐山发布	河南省濮阳市	无
河北省秦皇岛市	秦皇岛发布	河南省新乡市	新乡发布
河北省廊坊市	廊坊发布	河南省焦作市	焦作发布
河北省保定市	微博保定	河南省三门峡市	三门峡发布
河北省沧州市	微博沧州	河南省开封市	开封发布
河北省衡水市	衡水发布	河南省洛阳市	精彩洛阳
河北省邢台市	邢台发布	河南省商丘市	商丘发布
河北省邯郸市	聚焦邯郸	河南省许昌市	精彩许昌
山西省太原市	太原发布	河南省平顶山市	平顶山外宣
山西省大同市	大同市12345政府服务热线	河南省周口市	周口发布
山西省朔州市	朔州市政府网	河南省漯河市	精彩漯河
山西省忻州市	忻州发布	河南省南阳市	南阳政法
山西省阳泉市	阳泉市人民政府	河南省驻马店市	微博驻马店

续表

地级市	采集数据源（名称）	地级市	采集数据源（名称）
山西省晋中市	晋中发布	河南省信阳市	信阳外宣
山西省吕梁市	吕梁发布	湖北省武汉市	武汉发布
山西省长治市	无	湖北省十堰市	十堰发布
山西省临汾市	临汾发布	湖北省襄阳市	襄阳发布
山西省晋城市	晋城发布	湖北省随州市	随州市政府门户网站
山西省运城市	运城发布	湖北省荆门市	荆门发布
内蒙古自治区呼和浩特市	呼和浩特发布	湖北省孝感市	孝感发布
内蒙古自治区呼伦贝尔市	呼伦贝尔发布	湖北省宜昌市	宜昌发布
内蒙古自治区通辽市	通辽发布	湖北省黄冈市	黄冈政府门户网
内蒙古自治区赤峰市	赤峰之窗	湖北省鄂州市	鄂州发布
内蒙古自治区巴彦淖尔市	巴彦淖尔发布	湖北省荆州市	荆州发布
内蒙古自治区乌兰察布市	活力乌兰察布	湖北省黄石市	黄石发布
内蒙古自治区包头市	包头发布	湖北省咸宁市	咸宁发布
内蒙古自治区鄂尔多斯市	鄂尔多斯发布	湖北省恩施土家族苗族自治州	恩施州政府
内蒙古自治区乌海市	乌海新闻	湖南省长沙市	长沙发布
内蒙古自治区兴安盟	魅力兴安盟	湖南省岳阳市	岳阳市政府门户网站
内蒙古自治区锡林郭勒盟	吉祥草原锡林郭勒	湖南省张家界市	无
内蒙古自治区阿拉善盟	阿拉善发布	湖南省常德市	常德市人民政府
黑龙江省哈尔滨市	哈尔滨发布	湖南省益阳市	中国益阳门户网
黑龙江省黑河市	黑河封面	湖南省湘潭市	湘潭发布
黑龙江省伊春市	伊春发布	湖南省株洲市	株洲发布

续表

地级市	采集数据源（名称）	地级市	采集数据源（名称）
黑龙江省齐齐哈尔市	鹤城政务	湖南省娄底市	娄底发布
黑龙江省鹤岗市	鹤岗网讯	湖南省怀化市	无
黑龙江省佳木斯市	无	湖南省邵阳市	邵阳发布
黑龙江省双鸭山市	双鸭山发布政务微博	湖南省衡阳市	衡阳发布
黑龙江省绥化市	绥化发布	湖南省永州市	永州发布
黑龙江省大庆市	中国大庆发布	湖南省郴州市	郴州发布
黑龙江省七台河市	七台河市发布	湖南省湘西土家族苗族自治州	无
黑龙江省鸡西市	网信鸡西	广东省广州市	中国广州发布
黑龙江省牡丹江市	网信牡丹江	广东省韶关市	韶关发布
黑龙江省大兴安岭	无	广东省梅州市	梅州发布
辽宁省沈阳市	沈阳发布	广东省河源市	河源发布
辽宁省铁岭市	无	广东省清远市	清远发布
辽宁省阜新市	无	广东省潮州市	潮州发布
辽宁省抚顺市	抚顺发布	广东省揭阳市	揭阳发布
辽宁省朝阳市	朝阳政务	广东省汕头市	汕头政务发布
辽宁省本溪市	本溪发布厅	广东省肇庆市	肇庆发布
辽宁省辽阳市	辽阳政务	广东省惠州市	惠州发布
辽宁省鞍山市	鞍山发布	广东省佛山市	佛山发布
辽宁省盘锦市	盘锦市委网信办	广东省东莞市	莞香花开
辽宁省锦州市	锦州官方微博	广东省云浮市	无
辽宁省葫芦岛市	无	广东省汕尾市	汕尾发布
辽宁省营口市	营口政务	广东省江门市	中国侨都—江门发布
辽宁省丹东市	丹东发布	广东省中山市	中山发布
辽宁省大连市	大连发布	广东省深圳市	深圳微博发布厅
吉林省长春市	长春发布	广东省珠海市	珠海发布

续表

地级市	采集数据源（名称）	地级市	采集数据源（名称）
吉林省白城市	白城发布	广东省阳江市	广东阳江发布
吉林省松原市	松原发布	广东省茂名市	茂名发布
吉林省吉林市	吉林市发布	广东省湛江市	湛江发布
吉林省四平市	四平发布	广西壮族自治区南宁市	南宁发布
吉林省辽源市	辽源发布	广西壮族自治区桂林市	无
吉林省白山市	白山发布	广西壮族自治区河池市	无
吉林省通化市	通化发布	广西壮族自治区贺州市	长寿贺州
吉林省延边朝鲜族自治州	延边发布	广西壮族自治区柳州市	我爱柳州
江苏省南京市	南京发布	广西壮族自治区百色市	百色发布
江苏省连云港市	连云港发布	广西壮族自治区来宾市	来宾发布
江苏省徐州市	徐州发布	广西壮族自治区梧州市	梧州发布
江苏省宿迁市	宿迁之声	广西壮族自治区贵港市	贵港宣传
江苏省淮安市	淮安发布	广西壮族自治区玉林市	玉林发布
江苏省盐城市	盐城发布	广西壮族自治区崇左市	崇左政府发布
江苏省泰州市	泰州发布	广西壮族自治区钦州市	钦州发布
江苏省扬州市	扬州发布	广西壮族自治区防城港市	防城港发布
江苏省镇江市	镇江发布	广西壮族自治区北海市	北海发布
江苏省南通市	南通发布	海南省海口市	海口发布
江苏省常州市	微常州	海南省三亚市	三亚市人民政府网
江苏省无锡市	无锡发布	海南省儋州市	儋州市人民政府
江苏省苏州市	苏州发布	海南省三沙市	无

续表

地级市	采集数据源（名称）	地级市	采集数据源（名称）
浙江省杭州市	杭州发布	四川省成都市	成都市政府门户网站
浙江省湖州市	湖州发布	四川省广元市	凤之城广元
浙江省嘉兴市	嘉兴发布	四川省巴中市	巴中发布
浙江省绍兴市	绍兴发布	四川省绵阳市	今日绵阳
浙江省舟山市	舟山发布	四川省德阳市	微博德阳
浙江省宁波市	宁波发布	四川省达州市	达州发布
浙江省金华市	金华发布	四川省南充市	南充播报
浙江省衢州市	衢州发布	四川省遂宁市	遂宁发布
浙江省台州市	台州发布	四川省广安市	广安播报
浙江省丽水市	丽水发布	四川省资阳市	资阳之声
浙江省温州市	温州发布	四川省眉山市	眉山发布
安徽省合肥市	合肥发布	四川省雅安市	生态雅安
安徽省淮北市	淮北发布	四川省内江市	微内江
安徽省亳州市	亳州发布	四川省乐山市	无
安徽省宿州市	宿州发布	四川省自贡市	自贡发布
安徽省蚌埠市	蚌埠发布	四川省泸州市	泸州发布
安徽省阜阳市	阜阳发布	四川省宜宾市	宜宾发布
安徽省淮南市	淮南发布	四川省攀枝花市	微攀枝花
安徽省滁州市	美好滁州	四川省阿坝藏族羌族自治州	阿坝州政府网
安徽省六安市	六安发布	四川省甘孜藏族自治州	微甘孜
安徽省马鞍山市	马鞍山发布	四川省凉山彝族自治州	微凉山
安徽省芜湖市	芜湖市人民政府发布	贵州省贵阳市	贵阳发布
安徽省宣城市	宣城市委、政府发布	贵州省遵义市	遵义发布
安徽省铜陵市	铜陵发布	贵州省六盘水市	六盘水政务微博
安徽省池州市	池州市人民政府发布	贵州省安顺市	安顺发布
安徽省安庆市	安庆发布	贵州省铜仁市	铜仁发布

续表

地级市	采集数据源（名称）	地级市	采集数据源（名称）
安徽省黄山市	黄山发布	贵州省毕节市	微毕节
福建省福州市	福州发布	贵州省黔西南布依族苗族自治州	黔西南发布
福建省宁德市	宁德政务	贵州省黔东南苗族侗族自治州	黔东南政务微博
福建省南平市	南平市政府门户网站	贵州省黔南布依族苗族自治州	中国黔南
福建省三明市	无	云南省昆明市	昆明发布
福建省莆田市	无	云南省昭通市	微昭通
福建省龙岩市	e龙岩	云南省丽江市	丽江发布
福建省泉州市	泉州城市瞭望	云南省曲靖市	微博曲靖
福建省漳州市	无	云南省保山市	微博保山
福建省厦门市	厦门发布	云南省玉溪市	玉溪发布厅
江西省南昌市	南昌发布	云南省临沧市	秘境临沧
江西省九江市	九江发布	云南省普洱市	普洱发布
江西省景德镇市	景德镇发布	云南省楚雄彝族自治州	楚雄网信
江西省上饶市	上饶发布	云南省红河哈尼族彝族自治州	无
江西省鹰潭市	鹰潭发布	云南省文山壮族苗族自治州	无
江西省抚州市	抚州发布	云南省西双版纳傣族自治州	西双版纳发布
江西省新余市	新余发布	云南省大理白族自治州	大理发布
江西省宜春市	宜春发布	云南省德宏傣族景颇族自治州	美丽德宏
江西省萍乡市	萍乡发布	云南省怒江傈僳族	无
江西省吉安市	吉安发布	云南省迪庆藏族自治州	你好迪庆
江西省赣州市	赣州发布	西藏自治区拉萨市	拉萨发布
山东省济南市	微博济南	西藏自治区昌都市	网信昌都
山东省德州市	德州发布	西藏自治区日喀则市	日喀则发布

续表

地级市	采集数据源（名称）	地级市	采集数据源（名称）
山东省滨州市	阳光滨州	西藏自治区林芝市	无
山东省东营市	东营发布	西藏自治区山南市	西藏山南网
山东省烟台市	烟台发布	西藏自治区那曲地区	无
山东省威海市	威海发布	西藏自治区阿里地区	无
山东省淄博市	淄博发布	陕西省西安市	西安发布
山东省潍坊市	潍坊发布	陕西省榆林市	榆林发布
山东省聊城市	聊城发布	陕西省延安市	延安发布
山东省泰安市	泰安12345	陕西省铜川市	铜川发布
山东省青岛市	青岛发布	陕西省渭南市	渭南发布
山东省日照市	日照发布	陕西省宝鸡市	宝鸡发布
山东省济宁市	济宁发布	陕西省咸阳市	咸阳宣传
山东省菏泽市	菏泽发布	陕西省商洛市	商洛发布
山东省临沂市	临沂发布	陕西省汉中市	汉中发布
山东省枣庄市	枣庄发布	陕西省安康市	安康发布
新疆维吾尔自治区乌鲁木齐市	乌鲁木齐发布	甘肃省兰州市	兰州发布
新疆维吾尔自治区克拉玛依市	克拉玛依发布	甘肃省嘉峪关市	嘉峪关发布
新疆维吾尔自治区吐鲁番市	吐鲁番地区政府网	甘肃省酒泉市	酒泉发布
新疆维吾尔自治区哈密市	哈密发布	甘肃省张掖市	张掖发布
新疆维吾尔自治区昌吉回族自治州	无	甘肃省金昌市	金昌发布
新疆维吾尔自治区博尔塔拉蒙古自治州	博州发布	甘肃省武威市	武威发布
新疆维吾尔自治区巴音郭楞蒙古自治州	巴州发布	甘肃省白银市	白银发布
新疆维吾尔自治区阿克苏地区	无	甘肃省庆阳市	庆阳发布

续表

地级市	采集数据源（名称）	地级市	采集数据源（名称）
新疆维吾尔自治区克孜勒苏柯尔克孜自治州	克州政府网	甘肃省平凉市	平凉发布
新疆维吾尔自治区喀什地区	喀什发布	甘肃省定西市	定西发布
新疆维吾尔自治区和田地区	和田发布	甘肃省天水市	天水发布
新疆维吾尔自治区伊犁哈萨克自治州	伊犁政府网	甘肃省陇南市	陇南发布
新疆维吾尔自治区塔城地区	塔城地区政务微博	甘肃省临夏回族自治州	临夏发布
新疆维吾尔自治区阿勒泰地区	阿勒泰地区政府网	甘肃省甘南藏族自治州	甘南发布
青海省西宁市	夏都西宁	青海省黄南藏族自治州	黄南政务
青海省海东市	无	青海省果洛藏族自治州	无
青海省海北藏族自治州	无	青海省海西藏族自治州	中国柴达木
青海省海南藏族自治州	无	宁夏回族自治区石嘴山市	石嘴山发布
青海省玉树藏族自治州	玉树发布	宁夏回族自治区中卫市	中卫发布
宁夏回族自治区银川市	微博银川		
宁夏回族自治区吴忠市	无		
宁夏回族自治区固原市	固原发布		

附表3-5　省（自治区、直辖市）政务微信来源

省级	采集数据源（名称）	省级	采集数据源（名称）
北京市	首都之窗	辽宁省	辽宁发布
天津市	天津政务服务	四川省	四川发布

续表

省级	采集数据源（名称）	省级	采集数据源（名称）
上海市	上海发布	云南省	云南省人民政府网
重庆市	重庆发布	青海省	青海政务
广东省	广东省人民政府门户网站	山东省	山东发布
甘肃省	甘肃政务	山西省	山西省人民政府
贵州省	贵州省人民政府网	陕西省	陕西发布
海南省	海南省政府网	福建省	中国福建
河北省	河北省人民政府	浙江省	浙江发布
河南省	河南发布	安徽省	安徽省人民政府网
黑龙江省	黑龙江政务	内蒙古自治区	内蒙古自治区人民政府发布
湖北省	湖北省人民政府网	新疆维吾尔自治区	新疆政务网
湖南省	湖南省政府门户网	宁夏回族自治区	宁夏政府网
吉林省	吉林发布	广西壮族自治区	中国广西政府网
江苏省	微讯江苏	西藏自治区	西藏发布
江西省	江西发布		

附表3-6　　　　地级行政区划单位政务微信来源

地级市	采集数据源（名称）	地级市	采集数据源（名称）
河北省石家庄市	石家庄发布	河南省郑州市	郑州发布
河北省张家口市	张家口发布	河南省安阳市	安阳市政府网
河北省承德市	承德发布	河南省鹤壁市	鹤壁政务
河北省唐山市	唐山发布	河南省濮阳市	濮阳政务
河北省秦皇岛市	秦皇岛发布	河南省新乡市	新乡政务服务
河北省廊坊市	廊坊发布	河南省焦作市	焦作市政务公开与政务服务
河北省保定市	保定微讯	河南省三门峡市	三门峡政务
河北省沧州市	沧州发布	河南省开封市	开封政务服务
河北省衡水市	衡水微讯	河南省洛阳市	洛阳政务服务

续表

地级市	采集数据源（名称）	地级市	采集数据源（名称）
河北省邢台市	邢台发布	河南省商丘市	商丘市政府网
河北省邯郸市	邯郸发布	河南省许昌市	许昌市人民政府
山西省太原市	我的太原	河南省平顶山市	平顶山发布
山西省大同市	大同市12345	河南省周口市	周口市行政服务及公共资源交易中心
山西省朔州市	朔州市人民政府	河南省漯河市	漯河政务
山西省忻州市	忻州随手拍官方	河南省南阳市	南阳政务服务
山西省阳泉市	阳泉政府网	河南省驻马店市	中国驻马店
山西省晋中市	晋中发布	河南省信阳市	信阳政务
山西省吕梁市	吕梁发布（lvliangfabu）	湖北省武汉市	武汉市人民政府网
山西省长治市	长治政务服务	湖北省十堰市	十堰发布
山西省临汾市	临汾市人民政府	湖北省襄阳市	襄阳发布
山西省晋城市	晋城在线	湖北省随州市	随州市政府门户网站
山西省运城市	运城发布（sxycfb）	湖北省荆门市	荆门市人民政府
内蒙古自治区呼和浩特市	呼和浩特发布	湖北省孝感市	孝感市民之家
内蒙古自治区呼伦贝尔市	呼伦贝尔市人民政府官方网站发布	湖北省宜昌市	宜昌市政务服务中心
内蒙古自治区通辽市	通辽政务信息	湖北省黄冈市	黄冈政府网
内蒙古自治区赤峰市	赤峰市人民政府发布	湖北省鄂州市	鄂州发布
内蒙古自治区巴彦淖尔市	巴彦淖尔发布	湖北省荆州市	荆州发布
内蒙古自治区乌兰察布市	活力乌兰察布	湖北省黄石市	黄石发布
内蒙古自治区包头市	包头市人民政府发布	湖北省咸宁市	咸宁市政务服务和大数据管理局
内蒙古自治区鄂尔多斯市	鄂尔多斯市政务服务	湖北省恩施土家族苗族自治州	恩施发布
内蒙古自治区乌海市	乌海政府信息网	湖南省长沙市	中国长沙
内蒙古自治区兴安盟	兴安盟行政公署发布	湖南省岳阳市	岳阳市政府网

续表

地级市	采集数据源（名称）	地级市	采集数据源（名称）
内蒙古自治区锡林郭勒盟	锡林郭勒盟政务门户网	湖南省张家界市	张家界政务通
内蒙古自治区阿拉善盟	阿拉善政务服务	湖南省常德市	常德市人民政府
黑龙江省哈尔滨市	哈尔滨市政府网	湖南省益阳市	益阳发布
黑龙江省黑河市	黑河政务	湖南省湘潭市	湘潭微政务
黑龙江省伊春市	伊春发布	湖南省株洲市	株洲市政府门户网站
黑龙江省齐齐哈尔市	齐齐哈尔市政府政务服务中心	湖南省娄底市	娄底市政府服务门户网
黑龙江省鹤岗市	鹤岗发布	湖南省怀化市	怀化市政府门户网
黑龙江省佳木斯市	佳木斯政务	湖南省邵阳市	邵阳市人民政府
黑龙江省双鸭山市	双鸭山政务	湖南省衡阳市	衡阳发布
黑龙江省绥化市	绥化政务	湖南省永州市	永州发布
黑龙江省大庆市	微大庆	湖南省郴州市	郴州市政府门户网站
黑龙江省七台河市	七台河市政务服务中心	湖南省湘西土家族苗族自治州	无
黑龙江省鸡西市	鸡西政务	广东省广州市	广州政府网
黑龙江省牡丹江市	牡丹江发布	广东省韶关市	韶关政务服务
黑龙江省大兴安岭地区	大兴安岭政务	广东省梅州市	梅州政务
辽宁省沈阳市	沈阳政务	广东省河源市	河源市人民政府门户网站
辽宁省铁岭市	铁岭民生	广东省清远市	清远政务
辽宁省阜新市	阜新政务	广东省潮州市	潮州发布
辽宁省抚顺市	抚顺政务	广东省揭阳市	揭阳市政府网
辽宁省朝阳市	朝阳发布	广东省汕头市	汕头政府网
辽宁省本溪市	本溪发布厅	广东省肇庆市	肇庆政府网
辽宁省辽阳市	辽阳政务	广东省惠州市	惠州市微服务
辽宁省鞍山市	微鞍山	广东省佛山市	佛山政务服务

续表

地级市	采集数据源（名称）	地级市	采集数据源（名称）
辽宁省盘锦市	盘锦发布	广东省东莞市	莞香花开
辽宁省锦州市	锦州发布	广东省云浮市	云浮政府网
辽宁省葫芦岛市	中国葫芦岛	广东省汕尾市	汕尾市人民政府网站
辽宁省营口市	营口发布	广东省江门市	江门发布
辽宁省丹东市	丹东发布	广东省中山市	中山市政府门户网站
辽宁省大连市	大连发布	广东省深圳市	深圳发布
吉林省长春市	长春发布	广东省珠海市	珠海政府网
吉林省白城市	白城发布	广东省阳江市	阳江政府网
吉林省松原市	松原市人民政府网	广东省茂名市	茂名市人民政府
吉林省吉林市	吉林市发布	广东省湛江市	湛江政府网
吉林省四平市	四平市人民政府网	广西壮族自治区南宁市	广西南宁政府网
吉林省辽源市	辽源政务	广西壮族自治区桂林市	广西桂林政府网
吉林省白山市	白山发布	广西壮族自治区河池市	河池市人民政府办公室
吉林省通化市	通化发布	广西壮族自治区贺州市	贺州市人民政府办公室
吉林省延边朝鲜族自治州	延边发布	广西壮族自治区柳州市	柳州政府网
江苏省南京市	南京发布	广西壮族自治区百色市	百色市政务服务中心
江苏省连云港市	连云港发布	广西壮族自治区来宾市	来宾发布
江苏省徐州市	徐州发布	广西壮族自治区梧州市	梧州政府网
江苏省宿迁市	宿迁之声	广西壮族自治区贵港市	智慧荷城
江苏省淮安市	淮安发布	广西壮族自治区玉林市	玉林政务服务
江苏省盐城市	盐城发布	广西壮族自治区崇左市	崇左政府发布

续表

地级市	采集数据源（名称）	地级市	采集数据源（名称）
江苏省泰州市	泰州发布	广西壮族自治区钦州市	钦州发布
江苏省扬州市	扬州政务服务	广西壮族自治区防城港市	防城港政务服务
江苏省镇江市	镇江发布	广西壮族自治区北海市	北海市政务服务中心
江苏省南通市	e政南通	海南省海口市	海口发布
江苏省常州市	常州政府网站	海南省三亚市	三亚市人民政府网
江苏省无锡市	无锡政务服务指尖大厅	海南省儋州市	儋州市政府
江苏省苏州市	苏州发布	海南省三沙市	中国三沙
浙江省杭州市	杭州发布	四川省成都市	成都网络理政
浙江省湖州市	湖州发布	四川省广元市	广元政务
浙江省嘉兴市	嘉兴发布（jxfabu）	四川省巴中市	美丽巴中
浙江省绍兴市	绍兴发布	四川省绵阳市	绵阳政事
浙江省舟山市	舟山发布	四川省德阳市	德阳发布
浙江省宁波市	宁波政务	四川省达州市	达州发布
浙江省金华市	金华发布	四川省南充市	南充政管
浙江省衢州市	衢州政务	四川省遂宁市	遂宁政务服务
浙江省台州市	台州市府办微平台	四川省广安市	广安市人民政府网
浙江省丽水市	丽水发布	四川省资阳市	资阳市政务服务和大数据管理局
浙江省温州市	温州发布	四川省眉山市	微眉山
安徽省合肥市	合肥市人民政府发布	四川省雅安市	四川雅安
安徽省淮北市	淮北市人民政府发布	四川省内江市	内江市政务服务局
安徽省亳州市	亳州发布	四川省乐山市	乐山发布
安徽省宿州市	宿州发布	四川省自贡市	微自贡
安徽省蚌埠市	蚌埠市人民政府发布	四川省泸州市	泸州发布
安徽省阜阳市	阜阳政务服务	四川省宜宾市	宜宾发布
安徽省淮南市	淮南市人民政府发布	四川省攀枝花市	攀枝花发布

续表

地级市	采集数据源（名称）	地级市	采集数据源（名称）
安徽省滁州市	滁州市人民政府发布	四川省阿坝藏族羌族自治州	微阿坝
安徽省六安市	六安市人民政府发布	四川省甘孜藏族自治州	微甘孜
安徽省马鞍山市	马鞍山市政务服务	四川省凉山彝族自治州	凉山政务
安徽省芜湖市	芜湖市人民政府发布	贵州省贵阳市	贵阳市人民政府政务服务中心
安徽省宣城市	宣城市人民政府发布	贵州省遵义市	遵义市人民政府网
安徽省铜陵市	铜陵发布	贵州省六盘水市	六盘水市人民政府网
安徽省池州市	池州市人民政府发布	贵州省安顺市	安顺市人民政府网
安徽省安庆市	安庆市人民政府发布	贵州省铜仁市	铜仁市人民政府网
安徽省黄山市	黄山市人民政府发布	贵州省毕节市	毕节市人民政府网
福建省福州市	e福州	贵州省黔西南布依族苗族自治州	黔西南政务
福建省宁德市	宁德政务	贵州省黔东南苗族侗族自治州	黔东南州政府
福建省南平市	南平微门户	贵州省黔南布依族苗族自治州	黔南州人民政府网
福建省三明市	中国三明	云南省昆明市	昆明政务服务
福建省莆田市	中国莆田	云南省昭通市	昭通市政务服务
福建省龙岩市	龙岩市人民政府	云南省丽江市	丽江市人民政府门户网站
福建省泉州市	泉州政务	云南省曲靖市	曲靖市政务服务
福建省漳州市	中国漳州	云南省保山市	保山市人民政府办公室
福建省厦门市	厦门发布	云南省玉溪市	玉溪发布
江西省南昌市	南昌市人民政府发布	云南省临沧市	临沧政务服务
江西省九江市	九江市人民政府发布	云南省普洱市	普洱市人民政府发布
江西省景德镇市	瓷都政务服务	云南省楚雄彝族自治州	楚雄州人民政府网
江西省上饶市	上饶市人民政府发布	云南省红河哈尼族彝族自治州	红河政务服务

续表

地级市	采集数据源（名称）	地级市	采集数据源（名称）
江西省鹰潭市	鹰潭智慧新城	云南省文山壮族苗族自治州	文山州政务服务
江西省抚州市	抚州发布	云南省西双版纳自治州	西双版纳傣族自治州人民政府网
江西省新余市	新余政务	云南省大理白族自治州	大理州人民政府网
江西省宜春市	宜春发布	云南省德宏傣族景颇族自治州	德宏政务
江西省萍乡市	萍乡发布	云南省怒江傈僳族	怒江州人民政府网
江西省吉安市	吉安市人民政府网	云南省迪庆藏族自治州	迪庆藏族自治州人民政府网
江西省赣州市	赣州政务服务	西藏自治区拉萨市	拉萨政务服务
山东省济南市	济南政务	西藏自治区昌都市	昌都市政府网
山东省德州市	德州政务服务	西藏自治区日喀则市	日喀则市人民政府办公室
山东省滨州市	滨州政务	西藏自治区林芝市	微林芝
山东省东营市	东营政府网	西藏自治区山南市	微山南官方
山东省烟台市	烟台政府网	西藏自治区那曲地区	那曲发布
山东省威海市	威海发布	西藏自治区阿里地区	天上阿里
山东省淄博市	淄博发布	陕西省西安市	西安政务
山东省潍坊市	潍坊发布	陕西省榆林市	榆林市政务服务中心
山东省聊城市	聊城发布	陕西省延安市	延安市为民服务大厅
山东省泰安市	泰安发布	陕西省铜川市	铜川政府网
山东省青岛市	青岛政务网	陕西省渭南市	渭南发布
山东省日照市	日照市政府办公室	陕西省宝鸡市	宝鸡发布
山东省济宁市	济宁政务服务	陕西省咸阳市	咸阳政务
山东省菏泽市	菏泽发布	陕西省商洛市	商洛政务服务
山东省临沂市	临沂政府网	陕西省汉中市	汉中发布
山东省枣庄市	枣庄发布	陕西省安康市	安康发布

续表

地级市	采集数据源（名称）	地级市	采集数据源（名称）
新疆维吾尔自治区乌鲁木齐市	乌鲁木齐政府网	甘肃省兰州市	兰州12345
新疆维吾尔自治区克拉玛依市	克拉玛依区零距离	甘肃省嘉峪关市	嘉峪关政府网
新疆维吾尔自治区吐鲁番市	吐鲁番政府网	甘肃省酒泉市	酒泉政务服务
新疆维吾尔自治区哈密市	哈密发布	甘肃省张掖市	网信张掖
新疆维吾尔自治区昌吉回族自治州	昌吉政务	甘肃省金昌市	金昌市人民政府
新疆维吾尔自治区博尔塔拉蒙古自治州	博州政府网	甘肃省武威市	武威发布
新疆维吾尔自治区巴音郭楞蒙古自治州	巴州零距离	甘肃省白银市	白银市人民政府办公室
新疆维吾尔自治区阿克苏地区	阿克苏政府网	甘肃省庆阳市	庆阳政务服务
新疆维吾尔自治区克孜勒苏柯尔克孜自治州	克州政府网	甘肃省平凉市	平凉发布
新疆维吾尔自治区喀什地区	喀什零距离	甘肃省定西市	定西市人民政府
新疆维吾尔自治区和田地区	和田政务在线	甘肃省天水市	天水发布
新疆维吾尔自治区伊犁哈萨克自治州	网信伊犁	甘肃省陇南市	陇南政务
新疆维吾尔自治区塔城地区	塔城市政府网	甘肃省临夏回族自治州	临夏回族自治州人民政府办公室
新疆维吾尔自治区阿勒泰地区	阿勒泰地区行政服务中心	甘肃省甘南藏族自治州	甘南藏族自治州人民政府
青海省西宁市	西宁发布	青海省海东市	海东市政府网
青海省海北藏族自治州	海北政务	青海省黄南藏族自治州	黄南州政务服务监督管理局
青海省海南藏族自治州	海南州政务	青海省果洛藏族自治州	果洛政务

续表

地级市	采集数据源（名称）	地级市	采集数据源（名称）
青海省玉树藏族自治州	玉树政务	青海省海西藏族自治州	海西政务
宁夏回族自治区银川市	银川政府网	宁夏回族自治区石嘴山市	石嘴山市政务服务
宁夏回族自治区吴忠市	吴忠市人民政府	宁夏回族自治区中卫市	中卫政府网
宁夏回族自治区固原市	固原阳光政务		

附表 3-7　省（自治区、直辖市）政务 App 来源

省级	采集数据源（名称）	省级	采集数据源（名称）
北京市	北京通	辽宁省	辽事通
天津市	津心办	四川省	天府通办
上海市	随申办	云南省	办事通
重庆市	渝快办	青海省	青松办
广东省	粤省事	山东省	爱山东
甘肃省	甘快办	山西省	三晋通
贵州省	多彩宝	陕西省	秦务员
海南省	海易办	福建省	闽政通
河北省	冀时办	浙江省	浙里办
河南省	豫事办	安徽省	皖事通
黑龙江省	黑龙江省政府	内蒙古自治区	蒙速办
湖北省	鄂汇办	新疆维吾尔自治区	新疆政务通
湖南省	新湘事成	宁夏回族自治区	我的宁夏
吉林省	吉事办	广西壮族自治区	广西政务
江苏省	江苏政务服务	西藏自治区	西藏政务
江西省	赣服通		

附表 3-8　　地级行政区划单位政务 App 来源

地级市	采集数据源（名称）	地级市	采集数据源（名称）
河北省石家庄市	冀时办	河南省郑州市	豫事办
河北省张家口市	冀时办	河南省安阳市	豫事办
河北省承德市	冀时办	河南省鹤壁市	豫事办
河北省唐山市	冀时办	河南省濮阳市	豫事办
河北省秦皇岛市	冀时办	河南省新乡市	豫事办
河北省廊坊市	冀时办	河南省焦作市	豫事办
河北省保定市	冀时办	河南省三门峡市	豫事办
河北省沧州市	冀时办	河南省开封市	豫事办
河北省衡水市	冀时办	河南省洛阳市	豫事办
河北省邢台市	冀时办	河南省商丘市	豫事办
河北省邯郸市	冀时办	河南省许昌市	豫事办
山西省太原市	三晋通	河南省平顶山市	豫事办
山西省大同市	三晋通	河南省周口市	豫事办
山西省朔州市	三晋通	河南省漯河市	豫事办
山西省忻州市	三晋通	河南省南阳市	豫事办
山西省阳泉市	三晋通	河南省驻马店市	豫事办
山西省晋中市	三晋通	河南省信阳市	豫事办
山西省吕梁市	三晋通	湖北省武汉市	鄂汇办
山西省长治市	三晋通	湖北省十堰市	鄂汇办
山西省临汾市	三晋通	湖北省襄阳市	鄂汇办
山西省晋城市	三晋通	湖北省随州市	鄂汇办
山西省运城市	三晋通	湖北省荆门市	鄂汇办
内蒙古自治区呼和浩特市	蒙速办	湖北省孝感市	鄂汇办
内蒙古自治区呼伦贝尔市	蒙速办	湖北省宜昌市	鄂汇办
内蒙古自治区通辽市	蒙速办	湖北省黄冈市	鄂汇办
内蒙古自治区赤峰市	蒙速办	湖北省鄂州市	鄂汇办

续表

地级市	采集数据源（名称）	地级市	采集数据源（名称）
内蒙古自治区巴彦淖尔市	蒙速办	湖北省荆州市	鄂汇办
内蒙古自治区乌兰察布市	蒙速办	湖北省黄石市	鄂汇办
内蒙古自治区包头市	蒙速办	湖北省咸宁市	鄂汇办
内蒙古自治区鄂尔多斯市	蒙速办	湖北省恩施土家族苗族自治州	鄂汇办
内蒙古自治区乌海市	蒙速办	湖南省长沙市	新湘事成
内蒙古自治区兴安盟	蒙速办	湖南省岳阳市	新湘事成
内蒙古自治区锡林郭勒盟	蒙速办	湖南省张家界市	新湘事成
内蒙古自治区阿拉善盟	蒙速办	湖南省常德市	新湘事成
黑龙江省哈尔滨市	黑龙江省政府	湖南省益阳市	新湘事成
黑龙江省黑河市	黑龙江省政府	湖南省湘潭市	新湘事成
黑龙江省伊春市	黑龙江省政府	湖南省株洲市	新湘事成
黑龙江省齐齐哈尔市	黑龙江省政府	湖南省娄底市	新湘事成
黑龙江省鹤岗市	黑龙江省政府	湖南省怀化市	新湘事成
黑龙江省佳木斯市	黑龙江省政府	湖南省邵阳市	新湘事成
黑龙江省双鸭山市	黑龙江省政府	湖南省衡阳市	新湘事成
黑龙江省绥化市	黑龙江省政府	湖南省永州市	新湘事成
黑龙江省大庆市	黑龙江省政府	湖南省郴州市	新湘事成
黑龙江省七台河市	黑龙江省政府	湖南省湘西土家族苗族自治州	新湘事成
黑龙江省鸡西市	黑龙江省政府	广东省广州市	穗好办
黑龙江省牡丹江市	黑龙江省政府	广东省韶关市	韶关发布
黑龙江省大兴安岭地区	黑龙江省政府	广东省梅州市	梅州市人民政府

续表

地级市	采集数据源（名称）	地级市	采集数据源（名称）
辽宁省沈阳市	辽事通	广东省河源市	智慧河源
辽宁省铁岭市	辽事通	广东省清远市	最清远
辽宁省阜新市	辽事通	广东省潮州市	i 潮州
辽宁省抚顺市	辽事通	广东省揭阳市	智慧揭阳
辽宁省朝阳市	辽事通	广东省汕头市	无
辽宁省本溪市	辽事通	广东省肇庆市	无
辽宁省辽阳市	辽事通	广东省惠州市	无
辽宁省鞍山市	辽事通	广东省佛山市	佛山通
辽宁省盘锦市	辽事通	广东省东莞市	i 莞家
辽宁省锦州市	辽事通	广东省云浮市	云浮通
辽宁省葫芦岛市	辽事通	广东省汕尾市	无
辽宁省营口市	辽事通	广东省江门市	江门易办事
辽宁省丹东市	辽事通	广东省中山市	无
辽宁省大连市	辽事通	广东省深圳市	最珠海
吉林省长春市	吉事办	广东省珠海市	最珠海
吉林省白城市	吉事办	广东省阳江市	无
吉林省松原市	吉事办	广东省茂名市	茂名在线
吉林省吉林市	吉事办	广东省湛江市	无
吉林省四平市	吉事办	广西壮族自治区南宁市	广西政务
吉林省辽源市	吉事办	广西壮族自治区桂林市	广西政务
吉林省白山市	吉事办	广西壮族自治区河池市	广西政务
吉林省通化市	吉事办	广西壮族自治区贺州市	广西政务
吉林省延边朝鲜族自治州	吉事办	广西壮族自治区柳州市	广西政务
江苏省南京市	江苏政务服务	广西壮族自治区百色市	广西政务
江苏省连云港市	江苏政务服务	广西壮族自治区来宾市	广西政务

续表

地级市	采集数据源（名称）	地级市	采集数据源（名称）
江苏省徐州市	江苏政务服务	广西壮族自治区梧州市	广西政务
江苏省宿迁市	江苏政务服务	广西壮族自治区贵港市	广西政务
江苏省淮安市	江苏政务服务	广西壮族自治区玉林市	广西政务
江苏省盐城市	江苏政务服务	广西壮族自治区崇左市	广西政务
江苏省泰州市	江苏政务服务	广西壮族自治区钦州市	广西政务
江苏省扬州市	江苏政务服务	广西壮族自治区防城港市	广西政务
江苏省镇江市	江苏政务服务	广西壮族自治区北海市	广西政务
江苏省南通市	江苏政务服务	海南省海口市	海易办
江苏省常州市	江苏政务服务	海南省三亚市	海易办
江苏省无锡市	江苏政务服务	海南省儋州市	海易办
江苏省苏州市	江苏政务服务	海南省三沙市	天府通办
浙江省杭州市	浙里办	四川省成都市	天府通办
浙江省湖州市	浙里办	四川省广元市	天府通办
浙江省嘉兴市	浙里办	四川省巴中市	天府通办
浙江省绍兴市	浙里办	四川省绵阳市	天府通办
浙江省舟山市	浙里办	四川省德阳市	天府通办
浙江省宁波市	浙里办	四川省达州市	天府通办
浙江省金华市	浙里办	四川省南充市	天府通办
浙江省衢州市	浙里办	四川省遂宁市	天府通办
浙江省台州市	浙里办	四川省广安市	天府通办
浙江省丽水市	浙里办	四川省资阳市	天府通办
浙江省温州市	浙里办	四川省眉山市	天府通办
安徽省合肥市	皖事通	四川省雅安市	天府通办
安徽省淮北市	皖事通	四川省内江市	天府通办
安徽省亳州市	皖事通	四川省乐山市	天府通办

续表

地级市	采集数据源（名称）	地级市	采集数据源（名称）
安徽省宿州市	皖事通	四川省自贡市	天府通办
安徽省蚌埠市	皖事通	四川省泸州市	天府通办
安徽省阜阳市	皖事通	四川省宜宾市	天府通办
安徽省淮南市	皖事通	四川省攀枝花市	天府通办
安徽省滁州市	皖事通	四川省阿坝藏族羌族自治州	天府通办
安徽省六安市	皖事通	四川省甘孜藏族自治州	天府通办
安徽省马鞍山市	皖事通	四川省凉山彝族自治州	多彩宝
安徽省芜湖市	皖事通	贵州省贵阳市	多彩宝
安徽省宣城市	皖事通	贵州省遵义市	多彩宝
安徽省铜陵市	皖事通	贵州省六盘水市	多彩宝
安徽省池州市	皖事通	贵州省安顺市	多彩宝
安徽省安庆市	皖事通	贵州省铜仁市	多彩宝
安徽省黄山市	皖事通	贵州省毕节市	多彩宝
福建省福州市	闽政通	贵州省黔西南布依族苗族自治州	多彩宝
福建省宁德市	闽政通	贵州省黔东南苗族侗族自治州	多彩宝
福建省南平市	闽政通	贵州省黔南布依族苗族自治州	多彩宝
福建省三明市	闽政通	云南省昆明市	办事通
福建省莆田市	闽政通	云南省昭通市	办事通
福建省龙岩市	闽政通	云南省丽江市	办事通
福建省泉州市	闽政通	云南省曲靖市	办事通
福建省漳州市	闽政通	云南省保山市	办事通
福建省厦门市	闽政通	云南省玉溪市	办事通
江西省南昌市	赣服通	云南省临沧市	办事通
江西省九江市	赣服通	云南省普洱市	办事通
江西省景德镇市	赣服通	云南省楚雄彝族自治州	办事通

续表

地级市	采集数据源（名称）	地级市	采集数据源（名称）
江西省上饶市	赣服通	云南省红河哈尼族彝族自治州	办事通
江西省鹰潭市	赣服通	云南省文山壮族苗族自治州	办事通
江西省抚州市	赣服通	云南省西双版纳傣族自治州	办事通
江西省新余市	赣服通	云南省大理白族自治州	办事通
江西省宜春市	赣服通	云南省德宏傣族景颇族自治州	办事通
江西省萍乡市	赣服通	云南省怒江傈僳族	办事通
江西省吉安市	赣服通	云南省迪庆藏族自治州	办事通
江西省赣州市	赣服通	西藏自治区拉萨市	西藏政务
山东省济南市	爱山东	西藏自治区昌都市	西藏政务
山东省德州市	爱山东	西藏自治区日喀则市	西藏政务
山东省滨州市	爱山东	西藏自治区林芝市	西藏政务
山东省东营市	爱山东	西藏自治区山南市	西藏政务
山东省烟台市	爱山东	西藏自治区那曲地区	西藏政务
山东省威海市	爱山东	西藏自治区阿里地区	西藏政务
山东省淄博市	爱山东	陕西省西安市	秦务员
山东省潍坊市	爱山东	陕西省榆林市	秦务员
山东省聊城市	爱山东	陕西省延安市	秦务员
山东省泰安市	爱山东	陕西省铜川市	秦务员
山东省青岛市	爱山东	陕西省渭南市	秦务员
山东省日照市	爱山东	陕西省宝鸡市	秦务员
山东省济宁市	爱山东	陕西省咸阳市	秦务员
山东省菏泽市	爱山东	陕西省商洛市	秦务员
山东省临沂市	爱山东	陕西省汉中市	秦务员
山东省枣庄市	爱山东	陕西省安康市	秦务员

续表

地级市	采集数据源（名称）	地级市	采集数据源（名称）
新疆维吾尔自治区乌鲁木齐市	新疆政务通	甘肃省兰州市	甘快办
新疆维吾尔自治区克拉玛依市	新疆政务通	甘肃省嘉峪关市	甘快办
新疆维吾尔自治区吐鲁番市	新疆政务通	甘肃省酒泉市	甘快办
新疆维吾尔自治区哈密市	新疆政务通	甘肃省张掖市	甘快办
新疆维吾尔自治区昌吉回族自治州	新疆政务通	甘肃省金昌市	甘快办
新疆维吾尔自治区博尔塔拉蒙古自治州	新疆政务通	甘肃省武威市	甘快办
新疆维吾尔自治区巴音郭楞蒙古自治州	新疆政务通	甘肃省白银市	甘快办
新疆维吾尔自治区阿克苏地区	新疆政务通	甘肃省庆阳市	甘快办
新疆维吾尔自治区克孜勒苏柯尔克孜自治州	新疆政务通	甘肃省平凉市	甘快办
新疆维吾尔自治区喀什地区	新疆政务通	甘肃省定西市	甘快办
新疆维吾尔自治区和田地区	新疆政务通	甘肃省天水市	甘快办
新疆维吾尔自治区伊犁哈萨克自治州	新疆政务通	甘肃省陇南市	甘快办
新疆维吾尔自治区塔城地区	新疆政务通	甘肃省临夏回族自治州	甘快办
新疆维吾尔自治区阿勒泰地区	新疆政务通	甘肃省甘南藏族自治州	甘快办
青海省西宁市	青松办	青海省海东市	青松办

续表

地级市	采集数据源（名称）	地级市	采集数据源（名称）
青海省海北藏族自治州	青松办	青海省黄南藏族自治州	青松办
青海省海南藏族自治州	青松办	青海省果洛藏族自治州	青松办
青海省玉树藏族自治州	青松办	青海省海西藏族自治州	青松办
宁夏回族自治区银川市	我的宁夏	宁夏回族自治区石嘴山市	我的宁夏
宁夏回族自治区吴忠市	我的宁夏	宁夏回族自治区中卫市	我的宁夏
宁夏回族自治区固原市	我的宁夏		

附表 3-9 省（自治区、直辖市）政务短视频（抖音、快手）来源

省级	采集数据源（名称）	省级	采集数据源（名称）
北京市	北京发布	辽宁省	无
天津市	网信天津	四川省	四川发布
上海市	上海发布	云南省	云南发布
重庆市	重庆发布	青海省	无
广东省	无	山东省	无
甘肃省	甘肃网信	山西省	无
贵州省	无	陕西省	无
海南省	海南发布	福建省	无
河北省	无	浙江省	美丽浙江
河南省	网信河南	安徽省	安徽发布
黑龙江省	无	内蒙古自治区	活力内蒙古
湖北省	湖北发布	新疆维吾尔自治区	网信新疆
湖南省	湖南微政务	宁夏回族自治区	无
吉林省	吉林发布	广西壮族自治区	无
江苏省	无	西藏自治区	网信西藏
江西省	江西发布		

附表3-10　地级行政区划单位政务短视频（抖音、快手）来源

地级市	采集数据源（名称）	地级市	采集数据源（名称）
河北省石家庄市	石家庄发布	河南省郑州市	郑州发布
河北省张家口市	张家口发布	河南省安阳市	网信安阳
河北省承德市	中国承德	河南省鹤壁市	无
河北省唐山市	唐山发布	河南省濮阳市	网信濮阳
河北省秦皇岛市	秦皇岛发布	河南省新乡市	网信新乡
河北省廊坊市	网信廊坊	河南省焦作市	无
河北省保定市	无	河南省三门峡市	三门峡网信
河北省沧州市	网信沧州	河南省开封市	网信开封
河北省衡水市	衡水发布	河南省洛阳市	无
河北省邢台市	邢台发布	河南省商丘市	商丘发布
河北省邯郸市	无	河南省许昌市	网信许昌
山西省太原市	太原发布	河南省平顶山市	平顶山发布
山西省大同市	大同网信	河南省周口市	网信周口
山西省朔州市	朔州发布	河南省漯河市	漯河网信
山西省忻州市	无	河南省南阳市	南阳网信
山西省阳泉市	网信阳泉	河南省驻马店市	网信驻马店
山西省晋中市	无	河南省信阳市	信阳网信
山西省吕梁市	无	湖北省武汉市	武汉发布
山西省长治市	无	湖北省十堰市	无
山西省临汾市	无	湖北省襄阳市	无
山西省晋城市	网信晋城	湖北省随州市	无
山西省运城市	运城网信	湖北省荆门市	无
内蒙古自治区呼和浩特市	呼和浩特新闻网	湖北省孝感市	孝感网宣
内蒙古自治区呼伦贝尔市	呼伦贝尔发布	湖北省宜昌市	宜昌发布
内蒙古自治区通辽市	Mr.通辽	湖北省黄冈市	黄冈市信息中心
内蒙古自治区赤峰市	赤峰市委网信办	湖北省鄂州市	鄂州政府网

续表

地级市	采集数据源（名称）	地级市	采集数据源（名称）
内蒙古自治区巴彦淖尔市	巴彦淖尔发布	湖北省荆州市	荆州发布
内蒙古自治区乌兰察布市	乌兰察布市委宣传部	湖北省黄石市	无
内蒙古自治区包头市	包头发布	湖北省咸宁市	咸宁发布
内蒙古自治区鄂尔多斯市	鄂尔多斯发布	湖北省恩施土家族苗族自治州	网信恩施
内蒙古自治区乌海市	乌海宣传	湖南省长沙市	长沙发布
内蒙古自治区兴安盟	魅力兴安盟	湖南省岳阳市	无
内蒙古自治区锡林郭勒盟	无	湖南省张家界市	张家界发布
内蒙古自治区阿拉善盟	中共阿拉善盟委员会宣传部	湖南省常德市	常德发布
黑龙江省哈尔滨市	无	湖南省益阳市	无
黑龙江省黑河市	黑河宣传	湖南省湘潭市	无
黑龙江省伊春市	伊春发布	湖南省株洲市	株洲发布
黑龙江省齐齐哈尔市	鹤城观察	湖南省娄底市	娄底发布
黑龙江省鹤岗市	无	湖南省怀化市	怀化发布
黑龙江省佳木斯市	无	湖南省邵阳市	无
黑龙江省双鸭山市	无	湖南省衡阳市	衡阳发布
黑龙江省绥化市	绥化发布	湖南省永州市	无
黑龙江省大庆市	大庆市网络问政平台	湖南省郴州市	无
黑龙江省七台河市	网信七台河	湖南省湘西土家族苗族自治州	无
黑龙江省鸡西市	无	广东省广州市	中国广州发布
黑龙江省牡丹江市	牡丹江发布	广东省韶关市	善美韶关

续表

地级市	采集数据源（名称）	地级市	采集数据源（名称）
黑龙江省大兴安岭地区	无	广东省梅州市	无
辽宁省沈阳市	沈阳发布	广东省河源市	无
辽宁省铁岭市	无	广东省清远市	清远发布
辽宁省阜新市	无	广东省潮州市	潮州发布
辽宁省抚顺市	无	广东省揭阳市	揭阳发布
辽宁省朝阳市	无	广东省汕头市	无
辽宁省本溪市	无	广东省肇庆市	肇庆发布
辽宁省辽阳市	无	广东省惠州市	惠州发布
辽宁省鞍山市	网信鞍山	广东省佛山市	佛山发布
辽宁省盘锦市	盘锦网信办	广东省东莞市	东莞发布
辽宁省锦州市	锦州发布	广东省云浮市	云浮发布
辽宁省葫芦岛市	葫芦岛发布	广东省汕尾市	善美汕尾
辽宁省营口市	网信营口	广东省江门市	魅力江门
辽宁省丹东市	丹东发布	广东省中山市	中山发布
辽宁省大连市	大连发布	广东省深圳市	无
吉林省长春市	长春发布	广东省珠海市	无
吉林省白城市	无	广东省阳江市	无
吉林省松原市	松原发布	广东省茂名市	茂名发布
吉林省吉林市	网信吉林市	广东省湛江市	网信湛江
吉林省四平市	四平市委宣传部	广西壮族自治区南宁市	南宁发布
吉林省辽源市	无	广西壮族自治区桂林市	桂林发布
吉林省白山市	白山发布	广西壮族自治区河池市	无
吉林省通化市	通化发布	广西壮族自治区贺州市	长寿贺州
吉林省延边朝鲜族自治州	无	广西壮族自治区柳州市	无
江苏省南京市	南京发布	广西壮族自治区百色市	无

续表

地级市	采集数据源（名称）	地级市	采集数据源（名称）
江苏省连云港市	无	广西壮族自治区来宾市	来宾发布
江苏省徐州市	无	广西壮族自治区梧州市	梧州发布
江苏省宿迁市	无	广西壮族自治区贵港市	无
江苏省淮安市	真淮安．正淮安	广西壮族自治区玉林市	无
江苏省盐城市	盐城发布	广西壮族自治区崇左市	网信崇左
江苏省泰州市	无	广西壮族自治区钦州市	钦州发布
江苏省扬州市	网信扬州	广西壮族自治区防城港市	防城港发布
江苏省镇江市	网信镇江	广西壮族自治区北海市	北海先锋
江苏省南通市	无	海南省海口市	海口发布
江苏省常州市	常州发布	海南省三亚市	三亚发布
江苏省无锡市	网信无锡	海南省儋州市	这里是儋州
江苏省苏州市	苏州蛮灵噶	海南省三沙市	无
浙江省杭州市	杭州发布	四川省成都市	成都发布
浙江省湖州市	美丽湖州	四川省广元市	无
浙江省嘉兴市	无	四川省巴中市	宣传人在巴中
浙江省绍兴市	绍兴发布	四川省绵阳市	无
浙江省舟山市	无	四川省德阳市	无
浙江省宁波市	宁波发布	四川省达州市	达州发布
浙江省金华市	无	四川省南充市	南充播报
浙江省衢州市	衢州影像	四川省遂宁市	无
浙江省台州市	台州发布	四川省广安市	无
浙江省丽水市	丽水发布	四川省资阳市	无
浙江省温州市	无	四川省眉山市	无
安徽省合肥市	合肥发布	四川省雅安市	无

续表

地级市	采集数据源（名称）	地级市	采集数据源（名称）
安徽省淮北市	无	四川省内江市	微内江
安徽省亳州市	亳州发布	四川省乐山市	无
安徽省宿州市	宿州发布	四川省自贡市	无
安徽省蚌埠市	无	四川省泸州市	无
安徽省阜阳市	阜阳发布	四川省宜宾市	无
安徽省淮南市	淮南发布	四川省攀枝花市	无
安徽省滁州市	美好滁州	四川省阿坝藏族羌族自治州	无
安徽省六安市	六安发布	四川省甘孜藏族自治州	无
安徽省马鞍山市	无	四川省凉山彝族自治州	无
安徽省芜湖市	芜湖发布	贵州省贵阳市	贵阳发布
安徽省宣城市	宣城发布	贵州省遵义市	遵义发布
安徽省铜陵市	无	贵州省六盘水市	六盘水发布
安徽省池州市	无	贵州省安顺市	安顺发布
安徽省安庆市	安庆发布	贵州省铜仁市	抖视铜仁
安徽省黄山市	黄山发布	贵州省毕节市	无
福建省福州市	无	贵州省黔西南布依族苗族自治州	无
福建省宁德市	无	贵州省黔东南苗族侗族自治州	无
福建省南平市	无	贵州省黔南布依族苗族自治州	无
福建省三明市	无	云南省昆明市	昆明发布
福建省莆田市	文明莆田	云南省昭通市	微昭通
福建省龙岩市	无	云南省丽江市	丽江发布
福建省泉州市	泉州市委网信办	云南省曲靖市	曲靖发布
福建省漳州市	无	云南省保山市	宝山发布
福建省厦门市	无	云南省玉溪市	玉溪市委宣传部
江西省南昌市	南昌发布	云南省临沧市	临沧发布

续表

地级市	采集数据源（名称）	地级市	采集数据源（名称）
江西省九江市	无	云南省普洱市	无
江西省景德镇市	景德镇发布	云南省楚雄彝族自治州	楚雄发布
江西省上饶市	上饶宣传	云南省红河哈尼族彝族自治州	云南红河发布
江西省鹰潭市	安全鹰潭视角	云南省文山壮族苗族自治州	文山发布
江西省抚州市	抚州发布	云南省西双版纳傣族自治州	无
江西省新余市	每日新余	云南省大理白族自治州	大理发布
江西省宜春市	宜春发布	云南省德宏傣族景颇族自治州	美丽德宏
江西省萍乡市	无	云南省怒江傈僳族	无
江西省吉安市	无	云南省迪庆藏族自治州	无
江西省赣州	无	西藏拉萨市	无
山东省济南市	无	西藏自治区昌都市	无
山东省德州市	无	西藏自治区日喀则市	无
山东省滨州市	无	西藏自治区林芝市	无
山东省东营市	无	西藏自治区山南市	山南融媒
山东省烟台市	烟台发布	西藏自治区那曲地区	无
山东省威海市	威海发布	西藏自治区阿里地区	无
山东省淄博市	淄博发布	陕西省西安市	无
山东省潍坊市	潍坊发布	陕西省榆林市	无
山东省聊城市	无	陕西省延安市	无
山东省泰安市	无	陕西省铜川市	无
山东省青岛市	青岛发布	陕西省渭南市	无
山东省日照市	无	陕西省宝鸡市	无
山东省济宁市	无	陕西省咸阳市	无

续表

地级市	采集数据源（名称）	地级市	采集数据源（名称）
山东省菏泽市	菏泽发布	陕西省商洛市	无
山东省临沂市	无	陕西省汉中市	无
山东省枣庄市	无	陕西省安康市	无
新疆维吾尔自治区乌鲁木齐市	无	甘肃省兰州市	兰州发布
新疆维吾尔自治区克拉玛依市	印象克拉玛依	甘肃省嘉峪关市	无
新疆维吾尔自治区吐鲁番市	网信吐鲁番	甘肃省酒泉市	网信酒泉
新疆维吾尔自治区哈密市	无	甘肃省张掖市	网信张掖
新疆维吾尔自治区昌吉回族自治州	昌吉网事	甘肃省金昌市	金昌发布
新疆维吾尔自治区博尔塔拉蒙古自治州	无	甘肃省武威市	无
新疆维吾尔自治区巴音郭楞蒙古自治州	无	甘肃省白银市	你好白银区
新疆维吾尔自治区阿克苏地区	无	甘肃省庆阳市	庆阳发布
新疆维吾尔自治区克孜勒苏柯尔克孜自治州	无	甘肃省平凉市	平凉发布
新疆维吾尔自治区喀什地区	无	甘肃省定西市	无
新疆维吾尔自治区和田地区	网信和田	甘肃省天水市	无
新疆维吾尔自治区伊犁哈萨克自治州	无	甘肃省陇南市	陇南发布
新疆维吾尔自治区塔城地区	网信塔城	甘肃省临夏回族自治州	临夏发布
新疆维吾尔自治区阿勒泰地区	无	甘肃省甘南藏族自治州	甘南发布
青海省西宁市	无	青海省海东市	无

续表

地级市	采集数据源（名称）	地级市	采集数据源（名称）
青海省海北藏族自治州	无	青海省黄南藏族自治州	无
青海省海南藏族自治州	无	青海省果洛藏族自治州	无
青海省玉树藏族自治州	无	青海省海西藏族自治州	活力海西
宁夏回族自治区银川市	网信银川	宁夏回族自治区石嘴山市	今日石嘴山
宁夏回族自治区吴忠市	无	宁夏回族自治区中卫市	网信中卫
宁夏回族自治区固原市	固原阳光政务		

胡广伟，管理学博士，南京大学信息管理学院副院长，教授、博士生导师，政务数据资源研究所所长，档案与电子政务系系主任，国家社科基金重大项目首席专家。美国佐治亚理工学院（GIT）访问研究员，荣获教育部"新世纪优秀人才"、江苏省"六大人才高峰"等称号，担任多个国际、国内学术期刊编委，国际会议TPC；兼任江苏省大数据（原信息）中心顾问、江苏省电子政务工作小组专家、南京市信息安全与病人隐私保护专业委员会第一届副主任委员。从事政务大数据、数据智能、自主系统、电力大数据、深度学习、自然语言处理（NLP）等方向的研究工作。主持包括国家社科基金重大项目、国家自然科学基金、教育部人文社科项目、江苏省社科基金等15项。发表SSCI、SCI、EI、CSSCI一流期刊学术论文120余篇，出版专著8部，获软件著作权15项，受理专利3项，软件产品3项，国家重点新产品1项，高新技术产品1项。获省部级奖励4项。